经济学理论
与中国式现代化

ECONOMIC THEORY AND CHINESE PATH TO
MODERNIZATION

—— 重读厉以宁 ——

Rereading Li Yining

尹俊 著

社会科学文献出版社

SOCIAL SCIENCES ACADEMIC PRESS (CHINA)

献给我敬爱的老师厉以宁先生

十年前，感谢先生为我打开经济学研究之窗，

培养了我的经济观

目　录

代　序　中国特色经济学理论创新的重要成果 / I
　　　　——论厉以宁的经济学贡献

　　　一　厉以宁关于中国经济改革的思路与股份制
　　　　　改革设计 / 3

　　　二　厉以宁提出的中国特色社会主义经济运行的理论 / 7

　　　三　厉以宁的三种调节机制与三次分配理论 / I5

前　言 / I

　　　中国特色经济学理论的形成 / I

　　　为什么要重读厉以宁? / 3

　　　本书的框架结构和主要内容 / 7

　　　一生治学当如此 / IO

第一篇　兼容并蓄终宽阔——经济学之源与流 / I

第一章　经济学的理论框架 / 7

第一节　经济学是社会启蒙和社会设计的科学 / 8

　　　一　经济学研究什么 / 8

　　　二　经济学怎么研究 / II

三　经济学理论的层次 / 15

第二节　经济学的伦理 / 26

　　一　经济学伦理与人的研究 / 26

　　二　经济学伦理与目标的研究 / 30

第三节　经济运行与体制 / 44

　　一　怎样实现效率与公平 / 45

　　二　经济体制与资源配置 / 53

第四节　经济学家的三大法宝 / 6I

　　一　历史 / 62

　　二　理论 / 66

　　三　统计 / 68

第二章　经济学的百花齐放 / 71

第一节　经济学说史的镜鉴 / 72

　　一　经济学的分类 / 72

　　二　经济学说简史 / 80

　　三　现代西方经济学理论的危机 / 9I

第二节　集大成的马克思主义政治经济学 / 97

　　一　马克思主义政治经济学的创立与发展 / 97

　　二　马克思主义政治经济学揭示的科学规律 / I08

第三节　经济学与其他学科的交叉 / II3

　　一　学科交叉的趋势 / II3

　　二　经济学与其他学科的交叉 / II7

目 录

第三章　中国特色经济学的繁荣 / 125

第一节　中国特色经济学的理论起点与创新发展 / 126

　　一　理论起点 / 126

　　二　中国共产党领导经济工作的实践探索与理论

　　　　创新 / 131

第二节　中国特色经济学的理论特征 / 142

　　一　以人民为中心的经济学 / 142

　　二　社会主义经济运行的基本特征 / 145

第三节　中国特色经济学的发展趋势 / 153

　　一　系统化的经济学说 / 153

　　二　百家争鸣与中国经济学家的使命 / 156

第二篇　经史探微后代知——世界现代化之成与失 / 161

第四章　世界现代化简史 / 167

第一节　西欧国家的现代化 / 168

　　一　西欧国家现代化简史 / 168

　　二　二十世纪英国现代化之失 / 181

第二节　美国的现代化 / 187

　　一　美国资本主义制度的建立 / 187

　　二　美国的经济现代化进程 / 190

第三节　其他国家的现代化 / 194

　　一　其他欧洲国家的现代化 / 194

　　二　亚洲、大洋洲、非洲、拉美国家的现代化 / 201

第五章　世界现代化成与失的经济学分析/ 211

第一节　比较经济史与现代化/ 212

　　一　比较经济学的研究方法/ 212

　　二　比较经济史视角下的现代化/ 217

第二节　经济现代化的基本规律/ 225

　　一　经济现代化的经济学分析框架/ 225

　　二　经济现代化的影响因素/ 229

第三节　制度现代化的基本规律/ 233

　　一　制度现代化的经济学分析框架/ 233

　　二　制度现代化的影响因素/ 240

第三篇　从来新路新人找——中国式现代化之同与殊/ 245

第六章　中国式现代化同与殊的经济学分析/ 251

第一节　经济学视角下的中国式现代化一般性/ 252

　　一　一以贯之的经济现代化逻辑/ 252

　　二　一以贯之的制度现代化逻辑/ 256

第二节　经济现代化视角下的中国特殊性/ 261

　　一　发展经济学与两类转型/ 261

　　二　经济运行与两类非均衡/ 271

第三节　制度现代化视角下的中国特殊性/ 276

　　一　中国特色的规划制度/ 276

　　二　中国特色的开发性金融制度/ 282

目 录

第七章　中国式现代化的知行合一 / 287

第一节　改革开放以前的中国式现代化/ 287

　　　一　近代的中国现代化/ 287

　　　二　改革开放以前中国共产党领导的中国式

　　　　　现代化/ 292

第二节　改革开放与社会主义现代化建设新时期的

　　　　中国式现代化/ 297

　　　一　社会主义市场经济体制的建立与"思想先行"/ 297

　　　二　改革开放与社会主义现代化建设新时期的

　　　　　现代化/ 30I

第三节　中国式现代化新征程与理论创新/ 312

　　　一　高质量发展是新时代的硬道理/ 312

　　　二　贯彻新发展理念/ 323

　　　三　中国式现代化的世界意义/ 332

结束语　现代化终结于何处？/ 339

跋　十年踪迹十年心/ 343

附　录　厉以宁中文著作目录/ 350

中国特色经济学理论创新的重要成果

——论厉以宁的经济学贡献

（代序）

现在全国上下都在努力创立有中国特色的学术体系，创造有中国特色的经济学理论体系，其实，厉以宁教授从 1980 年代至今所出版、发表的全部论著就已经形成了一个具有中国特色的经济学理论的重要成果。

尹俊同志是厉以宁老师的学生，他在学习厉以宁的全部著作后，以经济学理论与中国式现代化为框架，对厉以宁教授的经济学思想进行了梳理和研究，写成专著，并向我求序。借此机会，对厉以宁教授在经济学上的主要贡献，我谈些个人看法。

厉以宁是江苏仪征人，1930 年出生于南京，在上海上的小学，1941 年不满 11 岁时考入上海南洋模范中学。1943 年随家迁到湘西沅陵，考上雅礼中学。1946 年回南京，在金陵大学附中完成高中。南洋模范中学、雅礼中学和金陵大学附中这三所名校奠定了厉以宁一生的事业基础。高中毕业后，厉以宁回到湖南沅陵，在一个消费合作社里当过两年会计，从而积累了与顾准、薛暮桥一样的从会计出身，学习、研究经济学的宝贵经历。1951年厉以宁考入北京大学，1955年毕业留校，长期担任北京大学经济系资料员，他认真研读《经济史评论》等外国学术刊物上的论文，编写内部学术资料。厉以宁在"文革"前就与马雍（后成为历史学者）一起翻译《罗马帝国社会经济史》，研究罗马帝国衰亡的原因。他在北京大学经济系历任助教、讲师、副教授、教授，1985年出任北京大学经济管理系主任，1993年任北京大学工商管理学院院长，1994~2005年担任北京大学光华管理学院院长。厉以宁在1988~2002年担任中华人民共和国全国人民代表大会第七届、八届、九届常务委员，2003~2018年担任中国人民政治协商会议全国委员会第十届、十一届、十二届常务委员。2018年厉以宁获得"改革先锋"奖章。

厉以宁的经济学研究经历大体分两段。第一段是1978~2000年，即前22年。在这一时期，厉以宁以现实的中国经济与世界经济运行为主要研究对象，比较系统地提出了中国经济改革的理论和他的经济学基本理论。第二段是从2000年至今，即后22年。这一时期，厉以宁也关心、参与现实经济问题与改革发展的讨论和设计，在民营经济发展与土地确权等重大改革上提出了一系列理论见解和政策主张，但其主要精力是在比较经济史和文化经济学的研究上，是以史为主，兼顾现实问题研究。

在1978年至今长达44年的学术生涯里，厉以宁出版、发表了80多部著作和数百篇论文，撰写近2000万字，其思想容量之大，可

与前辈学者于光远先生媲美。我认为，厉以宁的经济学研究贡献主要
有五个方面：（1）独立提出了中国经济改革思路与股份制改革设计；
（2）形成了一个比较有中国特色的社会主义经济运行理论；（3）提出
了"三种调节与三次分配"理论；（4）作为一个中国学者，厉以宁对外
国经济史和外国经济思想史贡献了独立的、系统的研究成果；（5）初
步形成了文化经济学与经济伦理学理论框架。

在这篇序里，我主要谈谈厉以宁的社会主义经济体制改革和社会主
义经济运行的经济学理论成果，即集中于讨论他的前三个贡献。关于厉
教授的比较经济史研究和文化经济学贡献，当由另外的文章来加以讨论。

一　厉以宁关于中国经济改革的思路与股份制改革设计

厉以宁提出了经济改革要以企业改革为基础、为重心的思想。同
时，他主张以股份制改革来改造传统的国有企业体制，以资产交易机制
来启动对计划经济下的公有制模式的改革，这是在坚持公有制的前提下
实行的对原来的所有制结构的再改造，以上市公司治理结构来替换原来
的全民所有制的实现方式。因此，厉以宁的改革经济学理论又被称为
"所有制改革论"和"股份制改革方案"。这个思想是厉以宁在1980年
初步酝酿、小范围建议，到1986年正式系统提出并公开讨论的。[1]

1986年之前，尤其是在1984年，中国经济学界关于经济改革的
主流观点是以价格改革为中心。这个思想不但体现在大量公开发表的

---

[1]　厉以宁：《所有制改革和股份制企业的管理》，《中国经济体制改革》1986年第12期、
1987年第1、2期；厉以宁：《社会主义所有制体制的探索》，《河北学刊》1987年第1期。

论文里，而且也写进了最高决策层的决议与文件里。以价格为中心进行经济改革的主张的依据是：既然是搞商品经济，商品经济的机制在本质上就是价格机制，让价格调节供求乃是最基本的。而且，当时现实里发生的价格"双轨制"把经济关系搞得很乱，各种投机倒把引发腐败。因此需要理顺价格体系，消除价格"双轨制"，这就是价格改革。至于如何进行价格改革，是调还是放，内部又有若干分歧。

价格改革当然是重要的。但是厉以宁提出两个问题：首先，如果经济中仍然是政府经营的全民所有制企业为主体，政企不分，即使价格放开了，这类企业会对市场价格做出正确的反应吗？其次，如果作为市场的供方主要是政企不分的国营企业，其所决定的价格能反映资源稀缺程度，从而改善资源配置的效率吗？

因此，厉以宁主张要将由政府经营的国有企业改为股份制企业，使之成为按市场调节的全民企业，以市场价值来评判企业效率，使全民所有制企业成为真正是为全体劳动者谋利的企业，真正解决经济中的利益、责任、激励、动力问题。厉以宁认为，价格改革虽然也关系到经济利益与动力，但是若没有所有制改革，价格改革和其他各种改革能够起到的作用是有限的。

整个 1986 年，厉以宁集中精力就如何让全民所有制企业上市成为股份制企业进行设计。他创造性地提出了"增量资产上市"与"存量资产上市"的方案，提出国有企业改革为股份制企业可分为两大阶段。第一阶段是资金增量的股份化，即新创办的企业按股份集资方式建立，以及原有企业扩大经营时采取发行股票的方式。第二阶段是资金存量的股份化，即将原有企业的固定资产核定价值折成股份，这部分股份又可分为"国有股"和"法人股"：原有企业资金存量里由国家投资的部分形成"国有股"；而原有企业资金存量里由企业本身投资的部分形成"法人股"。所以，"国有股"和"法人股"是起源于全民所有制企业存量资金的股份化，本来是为了防止在股份制改革中国有资产流失才设计的股权控制模式，后来由于"国有股"与"法人股"流转滞后，影响了资本市场深度与效率，才在 20 年后（2006 年）又进行了深化股权流转的资本市场改革。

在提出股份制改革设想的同时，在 1986 年，厉以宁还在所有制改革上提出了公有制为主体、多种经济成分同时并存的混合所有制模式：不但整个国民经济是全民所有制企业、集体所有制企业与个体并存的混合经济，而且一个企业也可以是全民、集体与个体等多种经济所有制共同投资而组成的混合所有制企业。厉以宁还提出了"金融控股公司"的设想：即国有商业银行可以通过对企业的参与而形成社会主义银行财团，社会主义银行财团与社会主义公司财团一起实行跨部门、跨地区的经营。这个设想比金融控股公司大力推广的今天提早了 40 年。

对于国有企业通过股份改造后能否保持全民所有制性质的问题，厉以宁提出了国家投资公司和国家控股基金的方案。他认为，国有企业上市后，只要国有股份是有控制权的，则企业性质就还是全民所有制的。他主张将国家出售企业股份所得到的资金集中起来，形成国家基金，国家可再以这个基金对别的企业与产业进行投资、控股。这实质是国有投资公司和国家控股公司的概念。

因此，在厉以宁的股份制改革思路里，不但主张全民所有制企业上市，而且对于公有制为主体、多种经济成分共同发展，对于混合所有制改革和混合经济，金融控股公司、国家控股公司与国有投资公司等方面都有周密的考虑。这些思想在 80 年代以来的国有企业改革实践中产生了重要影响。

实践证明，从传统的社会主义计划经济转变为社会主义市场经济，价格改革与企业改革是相互补充的，说不上孰先孰后。事实是，20 世纪 80 年代，中国一方面放开了部分产品和生产资料的价格，另一方面也在国有企业推进诸如利润留成承包制的改革，还在准备股份制改革。到 1993 年，价格"双轨制"在中国走向尾声，而中国股市也在前一年正式开市。但厉以宁以企业改革为基础的理论仍是成立的。在作为社会主义市场机制的两个部分之间，即价格机制与产业组织之间，厉以宁实质上认为产业组织建设是更为根本的。价格机制说到底就是要以竞争性价格作为资源配置的信号，以价格来提高资源配置的有效性。但在计划经济条件下，产业组织恰恰不是完全竞争的，苏联模式下的产业组织和全民所有制企业体制，是根本阻遏竞争性价格机制的形成的，更谈不上让价格机制发挥作用了。由此可见，厉以宁提出以企业改革为中心，是从中国实际出发的，这是对西方经济学在既定资源条件和价格机制条件下运用价格理论的主张的否定。因此，厉以宁的改革理论是对社会主义经济改革理论的重要创新。

后来的中国改革实践表明，价格改革是快于企业改革的步伐的。中国的价格改革从 1984 年左右起步，大约到 1994 年就基本放开价格了，即价格改革基本上花了 10 年时间。可是，中国的国企改革实质是从 1995 年起才动真格进行改革，到 2007 年才基本告一段落。这说明，第一，价格改革并没有自动带来国企效率的提高，国企恰恰是在市场价格全面放开后才全面陷入困境的。说明价格改革不是改革的全部，也不是改革的中心任务。改革的中心任务是让中国经济全面焕发活力，而价格改革没有担当起来这个任务。第二，国企效益的改善要靠企业本身的改革，而中国的实践证明，国企改革是比价格改革更艰难的改革，需要企业本身在动力机制、产权配置、劳动用工制度和治理结构上进行深入改革。第三，国企改革的基本思路还是大型国有企业走股份制的道路，中小企业实行并购重组、租赁、拍卖的方式，这恰恰是厉以宁提出的企业改革思路。第四，许多重要的生产资料与要素，如煤电、盐、药品、产权价格、劳务价格、土地价格等，在1994年后长久没有实行市场定价，有的还是价格"双轨制"，其背后与企业制度有关，需要进行深层次的制度改革。

这样看来，厉以宁在1986年系统提出企业改革中心论与所有制改革理论，是被中国改革实践所证实的经济改革理论，既具有中国特色，又具有国际意义。这个理论的国际意义在于：在社会主义改革中，对于国有企业，既不能全盘私有化，也不能在原来的全民所有制企业原封不动的前提下就放开价格，而要在公有制基础上对国有资产实行市场化改造，并且在股份化过程中保持国有股的控制权，同时实行多种经济共同发展。

二 厉以宁提出的中国特色社会主义经济运行的理论

厉以宁在1985~1990年系统提出了具有中国特色的社会主义经济运行理论。这个理论主要是体现在其三本书中：1986年出版的《社会主义政治经济学》、1988 年出版的《国民经济管理学》和 1990 年出版的《非均衡的中国经济》。

1.《社会主义政治经济学》

《社会主义政治经济学》是一本教科书，这本书贡献了到那个时期为止的最新的社会主义政治经济学体系。从今天来看，这当然只是中国众多的社会主义政治经济学教科书中的一本，但是与同类教科书相比，厉以宁教授的这本书有其特色。

其一，其研究对象与理论内容有创新。厉以宁遵循社会主义经济是以公有制为基础、在分配上实行按劳分配这一基本原则。从劳动价值论出发，他当时还固守非生产领域不创造收入的观点，并且认为边际收益等于边际成本的原则不能成立，理由是成本属于旧价值转移，而利润属于新价值创造，两者不能在同一个价值层面比较。然而，从总体上说，厉以宁的社会主义政治经济学在体系上有两大创新：第一，他主张把财富作为政治经济学的研究对象；第二，他主张把社会主义经济体制改革下的经济运行作为考察的重点。这就区别于以前的政治经济学体系。

其二，厉以宁的政治经济学体系在考察经济运行过程时，明确区分了"封闭型扩大再生产"和"开放型扩大再生产"的价值平衡与实物平衡。尽管开放条件下的宏观经济分析在 20 世纪 80 年代的国内经济学界已比较普及，不过，厉以宁在该书里指出，无论封闭型的总供给与总需求，还是开放型的总供给与总需求，都有实物部门之间的结构问题，因此在内循环和外循环中要关注结构问题。这是中国经济学界关于"内循环"和"外循环"的最早的理论分析之一。

其三，厉以宁在《社会主义政治经济学》里明确提出了"三种经济成分"共同发展的思想：全民所有制经济是社会主义经济的主导力量，集体所有制经济是社会主义经济的重要组成部分，个体经济是社会主义经济的有益补充，应该大力发展。当时还没有民营资本企业和外资企业，但是，集体经济与个体经济后来成为"非国有经济"，与"国有经济"相对应，全民、集体经济合称"公有经济"，与个体、民营资本企业、外资企业合称的"非公经济"相对应，这都是以国有经济为主导、多种经济共同发展的格局。这个思想并不是厉以宁的独创，厉以宁的可贵之处在于，他不仅在1986年的教科书里论述了多种经济共同发展，而且一直坚持并发展这一思想，使之在21世纪初成为他坚持民营经济发展的理论出发点。

其四，厉以宁认为，在社会主义经济运行中，有"四个要素"缺一不可：一是一套完善的市场体制；二是高度有效的政府；三是一批有企业家精神的人；四是符合社会主义伦理原则的经济行为规范。可见，对政府调节的评价标准不应该是"有为"，而应该是"有效"，离开有效的"有为"就是乱为。并且，在社会主义经济运行体系里，光提市场与政府是不完全的，还应该加上企业家和伦理规范。

其五，什么才是完善的社会主义市场体系？厉以宁提出了"五个市场"：消费品市场、生产资料市场、资本市场、劳务市场、技术市场。

因此，"一个前提"（公有制和按劳分配是社会主义经济的前提）、"两个循环"（封闭与开放）、"三种经济成分"（全民、集体与个人）、

"四种要素"、"五个市场"，这些综合起来形成了社会主义经济运行体系。

厉以宁在创立社会主义政治经济学体系时，遇到了两个不可回避的难题：如何解决社会主义经济增长过程中发生的收入不平等问题？劳动价值论如何与作为资源配置的信号的市场价格体系相协调？

关于收入不平等问题，厉以宁从三个方面加以讨论：一是判断不同劳动者之间的收入差距的合理程度，认为劳动者之间的收入差距不是导致危害社会安全稳定的问题；二是非按劳分配收入差距的合理程度的判断，认为这需要适当控制；三是非正常收入方面的差异与不平等，即由财富占有不平等所引起的问题，这才是应引起重视与控制的。这是一个分层次、分结构的收入不平等问题的分析架构，他区分了收入的不平等与财富的不平等，认为财富的不平等才是更应该控制的；在收入不平等里又区分了按劳动分配收入与非按劳动分配收入，认为后者比前者更应该引起重视。

在劳动价值论与作为资源配置的信号的市场价格体系之间，显然有一个价值转型的理论问题。厉以宁在《社会主义政治经济学》一书中提出两条研究思路：一是承认劳动价值论，但价格可围绕价值波动，价格层面就是资源配置价格，按每种资源在市场中带来的边际收益确定其收益分配水平；二是在研究中不直接涉及价值形成和价值量决定问题，也不再涉及价值与价格之间的背离问题，而是直接研究资源配置价格的决定，按资源的市场边际收益决定收入分配。无论是哪一种思路，他都主张从要素边际贡献与要素所有者的收益角度来研究资源配置价格。这至今仍是我们"按要素的市场贡献决定其收益报酬"的分配原则的理论基础。

2.《国民经济管理学》提出作为政府调节理论基础的短期、中期和长期的宏观经济学

不同于《社会主义政治经济学》主要是从"横"的角度全方位分析社会主义经济里的企业、个人、市场和政府行为及其相互关系，《国民经济管理学》是从"纵"的角度，以"近期"、"中期"和"长期"这三个时间长度，讨论、分析了社会主义经济运行中的宏观经济学的基本问题。

厉以宁在《国民经济管理学》里明确指出，社会主义宏观经济管理的近期任务是维持经济稳定，应当通过政府调节来维持社会总需求与总供给之间的基本平衡。这种总供给与总需求之间的平衡，既是总量的，又是结构的，即要协调总量与结构之间的诸多不平衡问题。厉老师将总需求与总供给之间的平衡关系分为投资、消费和国际收支这三个子领域，由于每个子领域都有供大于求、供小于求、供求相等这三种可能，所以，近期的宏观经济管理格局实质上有 27（=3×3×3）种可能。比如，消费领域的供不应求可能会与投资领域的供过于求并存，国内消费和投资领域的供求均衡可能会与国际收支领域的不平衡并存，等等。《国民经济管理学》共讨论了 20 种短期宏观经济不平衡的格局。

与国内外讨论分析宏观经济问题的诸多论著相比，这本书最显著的特色是，在理论上第一个提出"中期"的宏观经济管理任务是解决经济结构问题。具体是三个结构：产业结构、技术结构和区域结构的转变、升级。这就是说，在客观上存在一个既非短期、又非长期的

"中期宏观经济学"（Medium-Run Macroeconomics）问题，而"中期"的形成是由于经济结构的调整时间一般需要 8~10 年，为中期。

厉以宁进一步指出，经济结构的调整，是以社会主义市场体系为基础的。产业结构调整、技术结构调整和地区经济结构调整的主体，不是政府，而是企业。[1] 是企业按市场需求结构变化而在生产资料市场和投资品市场上调整投资方向，才引起产业结构的变化。而企业调整产品结构和产业结构又必须依托资金市场（20 世纪 80 年代还不提资本市场）与外贸市场、国际资本市场。这就是说，经济结构调整的实施主体、调整的手段、调整所依托的基础，都是市场导向的，而不是计划经济的导向。

同时，厉以宁教授讨论、分析了"中期"宏观经济学中产业结构变化与周期之间的关系。他思考了为什么任何产业都会有周期，即会发生上升、高峰、衰落的变化，为什么产品的发展会经历"投资增长—投资显著增长—投资热情衰退"这样的过程，并发现，这样的周期不是几十年的长周期，而是中周期。"中周期"的休整阶段就是产品结构、产业结构调整发生的时期。厉以宁还认为，中期宏观管理与短期宏观管理相比，短期管理侧重于需求管理，而中期宏观管理则侧重于供给管理；需求易增不易减，而供给易减不易增。

至于长期宏观管理，厉以宁认为应侧重于环境管理、收入水平的调节和社会保障体制的建设。因此，长期的宏观经济管理是与社会管理结合在一起的，这同样已被中国 30 多年的经济发展实践所证实。

---

[1]　厉以宁：《国民经济管理学》，河北人民出版社，1988，第 238 页。

厉以宁教授关于近期、中期和长期宏观经济管理的理论体系是一个独创，尤其是"中期"宏观经济管理的理论在国际学术界也是领先的。美国经济学界是在 1997 年以后才发现"中期"宏观经济学具有与短期、长期宏观调控问题不同的特殊内容。也就是说，厉以宁教授关于"中期"宏观管理的思想，至少比西方主流经济学家提早了 10 年以上。

3.《非均衡的中国经济》一书从方法论上为厉以宁的经济改革理论提供了基础

"非均衡"的概念并不是厉以宁的创造，它最早出现在西方经济学文献里。非均衡还是一种均衡，只是非瓦尔拉斯那种市场出清的均衡。非均衡是指不存在完善的市场，不存在灵敏的价格体系的条件下所达到的均衡。有一些凯恩斯理论的解释者认为，凯恩斯经济学就是一种最初的非均衡理论。非均衡理论在 20 世纪 60 年代至 80 年代在西方有较大的发展，主要用于研究在市场不完善和价格机制不能自行调节供求时，各种经济力量如何被调整到彼此相适合的位置，并在这个位置上达到均衡。

厉以宁的非均衡理论并非照搬西方的非均衡理论，他首先提出两类非均衡。

第一类经济非均衡是指市场不完善，价格不灵活，超额需要或超额供给都是存在的，需求约束与供给约束都存在，但作为市场主体的微观单位都是自主经营、自负盈亏的独立商品生产者，有自由选择权，自行承担风险。厉以宁认为，西方学者所讨论的非均衡，是这类非均衡。

但厉以宁辨别出当时中国经济所面临的是另一类经济非均衡：市

场不完善，价格不灵活，超额需要或超额供给都是存在的，需求约束与供给约束都存在，但作为市场主体的微观单位并非自主经营、自负盈亏的独立商品生产者，它们缺乏自由选择投资机会与经营方式的自主权，也不自行承担投资风险与经营风险。这样的微观经济单位，没有摆脱行政机构附属物的地位。

这就是说，两种非均衡之间的区分主要是微观经济单位的性质和行为不同而造成的。如果说西方的经济非均衡是由于价格与市场机制失灵造成的，那么中国的非均衡除了价格与市场机制失灵以外，还有企业作为微观经济单位是政府的附属物这一特性造成的，是市场价格体系失灵与微观经济单位不自主之间互为因果的产物。因此，厉以宁指出，中国只有通过企业改革，将国有企业改造成自负盈亏、自担风险的微观单位，先由第二类非均衡过渡到第一类非均衡，然后再使第一类非均衡中的非均衡程度逐步缩小。

从非均衡出发，厉以宁对社会主义经济运行又有新的发现。

（1）作为非均衡表现形式的"滞涨"，在社会主义经济里会呈现结构复杂的"滞涨"："涨"有公开的涨和隐蔽的"涨"（即表面上价格未变，实际上有价无货），"滞"也有公开的滞和隐蔽的"滞"（即表面上 GDP 增长，实际上有效供给并未增加）。所以，"滞"和"涨"的组合共有四种，应对这四种组合方式下的"滞涨"，也应该采取不同的政策组合方式。

（2）中国经济的非均衡与产业结构问题有密切关系，产业结构的调整之所以困难，与企业运行机制的弊病、企业行为短期化以及社会行为短期化有关。只有加速企业改革，改造企业运行机制，克服第二类非均衡中微观经济单位的弊端，才能促进产业结构合理化。

（3）在中国的第二类非均衡经济里存在着各种"刚性"，除了"工资刚性""就业刚性""福利刚性"以外，还存在一种特殊的刚性——"企业刚性"：企业负盈不负亏，企业破产难以实现，这就是我们今天所说的"僵尸企业"问题。即非均衡不但表现在产品市场与要素市场上，还表现在制度市场上。

（4）非均衡会导致价格"双轨制"长期存在。在商品短缺条件下，如果存在较大的资源约束，那么即使表面上取消了两种价格（计划价格与非计划价格），实际上仍会形成新的两种价格（公开价格与地下价格）之差。在条件尚未成熟之时过早全面放开价格，除可能引起社会经济动荡外，还会使一些人利用公开价格与地下价格之差牟利。

总而言之，《非均衡的中国经济》一书不仅指出了两类非均衡，更是以第二类非均衡为基础论述了中国社会主义市场体系建立所面临的一系列问题，从而深化了具有中国特色的社会主义经济调节理论，对于中国特色的微观经济学和宏观经济学的建设都具有十分重要的意义。

三　厉以宁的三种调节机制与三次分配理论

三种调节机制（或力量）与三次分配理论是厉以宁经济学的独创，是他在 20 世纪 90 年代的经济学研究的主要成果。尽管这个理论在 80 年代的《社会主义政治经济学》里已有端倪，在那本书里也论证了道德力量在经济中的作用，但当时只论述市场调节和政府调节两种调节机制，没有把道德作为"第三种调节力量"来论述，因此没有"三种调节机制"，也没有"三次分配"理论。"三种调节机制"和"三次分配"理论主要是在1994年出版的《股份制与现代市场经济》、1995年出版的《经济学的伦理问题》和1999年出版的《超越市场与超越政府——论道德力量在经济中的作用》三本书中系统阐述的，在2018年出版的《文化经济学》里也有许多论述。

1. "三种调节机制"理论

三种调节，就是市场调节、政府调节和道德力量调节。关于市场调节和政府调节的定义，厉以宁教授的解释与别人没有什么区别，他的"三种调节机制"理论的新意在于对道德力量的调节作用赋予与市场、政府相同甚至更高的地位，同时，对市场、政府与道德力量三者之间的关系给出了新颖的论证。

厉以宁在《社会主义政治经济学》里就已经提出了"第二次调节理论"。那是在市场调节与政府调节之间的关系上，他认为市场调节是"第一次调节"，政府调节是"第二次调节"。这就鲜明地把市场机制放在基础性的地位上，在当时是具有创新性的理论。在20世纪90年代改为"三种调节机制"理论，就不仅仅是从"二"到"三"的"加一"的变化，而是有质的飞跃。

第一，厉以宁指出，如按历史上发生的次序来排，道德调节是先于市场调节和政府调节的。市场出现在原始社会解体阶段，但在这以前，人类社会至少已存在几万年了，那时既没有市场，也没有政府，当然就没有市场调节和政府调节。人类社会在那漫长的岁月里是靠什么力量进行调节的呢？靠的是道德力量的调节，其中包括了习惯的调节、风俗的调节以及共同遵守的设定或惯例的调节。这种靠道德力量作为唯一调节机制的经济就是希克斯在《经济史理论》中所称的"习俗经济"。

第二，就是在市场调节和政府调节机制产生并起作用之后，在一些边远地区或封闭的海岛上，仍有可能既没有市场调节，也没有政府调节（天高皇帝远）。那就只能依靠道德力量来调节经济活动。还由于人类经常发生大的战乱，"小乱居城，大乱居乡"，无论是居城还是居乡，在战乱期间，道德力量的调节使得不论官员还是普通民众，都不至于饿死、冻死。

第三，在当今高度发达的市场调节机制和政府调节的法规、政策与文件的条件下，道德调节仍然是基础性的。市场调节的方式主要是定价，但定价的均衡点其实焦距于人们内心，价格不可能持久地离谱，人人心中有杆秤，这杆秤就是基于道德的公平。市场讲究的就是诚信，不守规矩、损人利己，这样的市场是无序的。政府调节首先必须廉洁清正，从皇帝办公厅到地方政府衙门的法庭，都悬挂着"正大光明"的匾额，如果没有道德调节，皇帝和官员很难做到廉洁清明。因此，政府调节必须建立在反腐的基础之上。

第四，社会活动分为交易领域与非交易领域。在交易领域，是市场、政府与道德力量共同调节；在非交易领域，如家庭关系、家族关系、邻居关系、同乡关系、同学关系、师生关系、同事关系等，还有如学术活动、宗教活动、公益活动等，市场调节进不去，政府调节的法规只能设一个边界与底线，平时的活动主要依靠道德力量进行调节。

因此，厉以宁关于三种调节机制的理论，是对人类经济活动和社会活动的调节机制的全方位的研究，他将"有形之手"和"无形之手"相结合，将经济调节与道德调节相结合，实质上是将经济学与伦理学相结合，这是社会主义经济学研究对亚当·斯密学说中的合理内容的批判性继承。

2. "三次分配"学说

与"三种调节力量"或"三种调节机制"相对应，厉以宁教授提出了"三次分配"学说。

与市场调节相对应的收入分配是收入的第一次分配。收入按其构成可分为工资、薪酬以及与工资和薪酬联系在一起的奖金、补贴等。这是由市场决定的收入分配。市场是根据各类人员所提供的生产要素的数量、质量和效率，经过市场评价，来决定第一次分配中的各种收入水平。

社会收入的第二次分配是政府主持下的收入再分配。第二次收入分配是与政府调节相对应的，但是并不是与政府调节的全部机制相对应，而只是与政府的收入调节相对应。政府一方面通过征收个人所得税、遗产税、赠予税、财产转移税，另一方面通过建设社会保障制度，对失业人员和低收入家庭、老弱病残群体给予补助、救济或津贴，以此实行收入的再分配。这叫作"第二次分配"。

第三次收入分配是在第一次分配、第二次分配后形成的个人可支配收入的基础上展开的，是个人出于自愿和爱心和社会责任感而做出的捐赠。这是基于道德力量而做出的收入再转移、再分配。显然，第三次收入分配是与道德调节机制相对应的。

厉以宁的"三次分配"学说的创新点有三个。第一个创新点，厉以宁将这三次分配置于社会主义经济中的三种调节机制之下，是由三种调节机制衍生出来三次分配方式。第二个创新点，厉以宁论证了第三次分配区别于第一次、第二次分配的社会内涵，即第三次分配是在道德力量引导下，带有人情味的收入转移，而非市场调节下的第一次分配那种冷冰冰的生产要素转移后的收入分配，也不像政府调节那种依靠法律、法规、规章制度的收入转移。第三次分配增进了人与人之间的相互关系，是一种捐献人与受助人双方都感到幸福的交往过程。第三次分配完全是基于个人自愿的公益活动，不像第一次分配中各种生产要素所有者多多少少要被迫服从市场价值评价才能获得属于自己的收益回报，也不像第二次分配时人们必须服从国家法律纳税，第三次分配完全是个人自主的。这三次分配实质上揭示了人类在分配关系上三种不同的自由程度。第三个创新点，第三次分配实质上填补了第一次、第二次分配后留下的社会空白：第一次分配发生于市场交易领域，第二次分配发生于政府法律、法规所覆盖的领域，但是社会尚有既非市场又非政府调控所覆盖的空白区，这些广大的社会空间需要公益事业、慈善事业的发展来弥补，来投入，来支持其发展，这个领域同样是全面建设社会主义社会和为人民谋利益的重要领域。我们可以说，厉以宁的"第三次分配"理论实质是拓宽了社会主义经济学理论的研究领域。

总之，厉以宁的经济学研究，提出了从传统的社会主义体制如何向社会主义市场经济转型改革的经济学理论，提出了"股份制改革"的制度设计；而且从中国实际出发，从微观、宏观和市场调节体系提出一整套社会主义经济运行的理论，尤其是提出了"中期宏观经济管理理论"和"第二种非均衡经济理论"；还将市场调节、政府调节和道德力量调节统一起来，提出了一个全面的社会主义经济调节理论，提出"三种调节"和"三次分配"的学说，将社会主义经济分析与经济伦理学相结合，将对"有形之手"的调节与"无形之手"的调节的分析相结合，这实质上已经初步形成了一个比较系统的中国式的经济学理论成果。

尹俊同志的《经济学理论与中国式现代化——重读厉以宁》一书，对于厉以宁教授的经济学贡献的总结比我在这个序言里所谈到的内容更广，他还分析了厉以宁在经济学若干分支如教育经济学、文化经济学、环境经济学等学科的贡献，并且从经济史的角度分析了厉以宁教授的研究成果及其对中国现代化建设的重要意义，这些总结分析全面且有价值。

我们正处于中国社会主义发展的新时期，正在以习近平同志为核心的党中央领导下向全面建设现代化的方向前进。在这个历史关头，学习总结中国社会主义改革和发展实践中形成的中国学人自己的经济学成果，包括像厉以宁教授这样的经济学家的研究成果，对我们继续探索真理大有裨益。

平新乔

2022 年 8 月 29 日于北京大学经济学院

前　言

　　现代化是一个多维的概念，包括经济现代化、社会现代化、制度现代化、文明现代化等多个方面，其中经济现代化是现代化的主要方面。新中国成立后，尤其是改革开放以来，中国取得了举世瞩目的经济建设成就，用几十年时间走完了发达国家几百年走过的工业化进程，创造了世所罕见的经济快速发展奇迹，也创造了中国式现代化新道路。然而，中国的经济奇迹和现代化成就却面临着"两个匮乏"：一是经济理论的匮乏，即传统的经济学理论无法准确解释中国的经济发展和现代化实践；二是经济问题解决方案的匮乏，即传统的经济学理论无法科学解决经济快速发展和现代化过程中面临的问题。

中国特色经济学理论的形成

　　恩格斯说："一个民族要想站在科学的最高峰，就一刻也不能没有理论思维。"[1]时代是思想之母，实践是理论之源。在不断总结中国经济发展经验和教训的基础上，在马克思主义指导下，中国特色经济学理论应运而生，既在传统经济学理论体系基础上发展出一系列新概念、新规律、新范式，也在指导思想、学科体系、学术体系、话语体系等方面逐步形成了系统化的学说，既对中国经济发展和现代化实践有着深刻的解释和科学的指导，也对世界经济学理论的发展做出了重要的原创性贡献。

中国特色经济学理论的形成是对传统经济学理论的重要创新，这既是中国经济发展成就和中国式现代化道路提供的特殊机遇所造就的，也是由中国经济学共同体艰辛探索的大量研究成果凝聚而成的。实际上，从1901年严复翻译出版《原富》开始，中国经济学界就开始了长期的探索。十月革命一声炮响，给中国送来了马克思主义及其经济学说，使之成为中国共产党的指导思想。中国经济学界把马克思主义基本原理与中国国情结合起来，在建设新民主主义社会、逐步向社会主义过渡、社会主义建设等时期提出了大量的经济理论。改革开放以后，中国经济学界继续将马克思主义及其经济学说时代化，立足国情，创新性地借鉴西方经济学的科学部分，形成了中国特色的经济学理论，并在实践的检验中不断发展、不断丰富，展现出强大的生命力和解释力。

在这一过程中涌现出许多杰出的经济学家，他们以经世济民为使命，以马克思主义为指导，立足国情、融会百家，形成了独具特色的

---

[1]《马克思恩格斯选集》第3卷，人民出版社，2012，第875页。

经济学理论，为中国经济发展和现代化实践提供重要指引，也为中国特色经济学理论体系的繁荣发展做出重大贡献。厉以宁先生就是其中的杰出代表之一。他是中国经济体制改革的探索者和理论家，为社会主义市场经济理论的建立和发展做出了重要贡献。他是最早提出股份制改革理论的学者之一，参与推动了国有企业产权制度改革。他主持起草《中华人民共和国证券法》（简称《证券法》）和《中华人民共和国证券投资基金法》（简称《证券投资基金法》），推动出台《关于鼓励支持和引导个体私营等非公有制经济发展的若干意见》（简称"非公经济 36 条"）以及《关于鼓励和引导民间投资健康发展的若干意见》（简称"非公经济新 36 条"），对中国经济改革发展产生了重要影响，并在国有林权制度改革、国有农垦经济体制改革以及低碳经济发展等方面做出了突出贡献，被党中央授予"改革先锋"荣誉称号。厉以宁先生对经济学的诸多领域都有深入研究，并形成了一套内容系统、紧切现实、论证科学、重视实践的经济理论，是中国特色经济学理论体系的重要组成部分。

为什么要重读厉以宁？

厉以宁先生自 1951 年入学北京大学经济系以来，研究经济学已70 余载，他的学术著作之多、经济研究领域之广泛在我国经济学界是少有的。笔者自 2012 年 2 月成为厉以宁先生的学生以来，在先生身边耳濡目染 10 年有余，有幸研读了先生的许多经济学著作，其中有一些在市场上已经难以买到。笔者认为，厉以宁先生重要的学术创新集中表现在三个领域：经济学理论、经济史、中国经济改革发展，这三个领域几乎覆盖了经济学科的方方面面，也几乎覆盖了中国式现代化的方方面面，因此，厉以宁先生不仅是一位经济学家，还是一位经济思想家。

在经济学理论方面，厉以宁先生系统阐述了"经济学理论的源与流体系"，在此基础上，先生提出了一些中国特色经济学的原创性理论。在20世纪70年代，新凯恩斯主义学派再度讨论非均衡问题时，厉以宁先生是同时期国内研究非均衡理论的第一人，他拓展了传统的非均衡理论，提出在经济学中存在两类非均衡经济，第一类是市场不完善条件下的非均衡，第二类是市场不完善以及企业缺乏利益约束和预算约束条件下的非均衡，中国经济属于第二类非均衡，应该首先通过企业改革由第二类非均衡过渡到第一类非均衡，进而在社会主义市场经济体制下不断逼近均衡的效率状态，实现资源优化配置。厉以宁先生提出的转型发展理论也是一项重要的创新。兴起于二战后期的发展经济学，主要探讨的问题是发展中国家如何由农业社会向工业社会过渡，以及如何使与此有关的资本、土地、劳动力、技术等生产要素组合和发挥作用的问题。厉以宁先生拓展了发展经济学的边界，认为转型问题不仅包括发展转型（从农业社会转向工业社会），还包括体制转型（从一种经济体制转向另一种经济体制），为发展经济学贡献了从计划经济体制转向市场经济体制的大量理论成果。此外，厉以宁先生还将经济学与其他学科进行交叉研究，形成了教育经济学、文化经济学、环境经济学、经济伦理学等一系列原创性理论成果。

前　言

　　在经济史方面，厉以宁先生认为开展世界现代化史的比较研究可以帮助中国找到适合自身国情的现代化道路。他曾在 77 岁生日（2007年）时对一些学生说："经济史是我的老本行，经济学理论和经济改革实践问题是在中国经济改革大潮推动下我从事研究的新领域。对我来说，老本行和新领域是不矛盾的。"[1] 厉以宁先生擅长综合运用经济史、文化史等比较研究方法开展研究，他的经济史著作贯通古今，分析深刻，常常让人有"一篇读罢头飞雪"的感觉。他的《资本主义的起源——比较经济史研究》一书从历史史实出发，创新性地提出了制度分化和制度调整的理论框架，构建了解释资本主义起源和体制变迁的一个新的理论体系。他的多部经济史著作被翻译为各国语言，产生了重要的国际影响。他的代表作《超越市场与超越政府——论道德力量在经济中的作用》一书，提出了介于"无形之手"市场和"有形之手"政府之间的第三种资源配置方式——道德调节，也得益于其研究比较经济史和文化史多年的心得感悟。

　　在中国经济改革发展方面，厉以宁先生认为中国式现代化需要走一条不同于西方国家现代化的新路，并在改革开放以后深度参与了中国经济体制改革的基本思路设计。他在《资本主义的起源——比较经济史研究》一书中回忆道，"从 1979 年到 1998 年这 20 年之间，我关心的主要问题是：1. 什么是中国经济改革的基本思路？我提出了两类非均衡和企业改革主线论。2. 社会主义微观经济基础怎样重新构造？我提出了股份制改革的建议。3. 体制转轨阶段最大的社会问题是什么？

---

[1]　厉以宁：《西方经济史探索》，首都师范大学出版社，2010，第 2 页。

我提出了就业优先，兼顾物价稳定的主张。4.怎样才能使社会主义市场经济顺利运行？我提出了第三种调节即道德调节的论点。"[1]这四个问题，是厉以宁先生对中国经济体制改革思路和路径的集中概括。比如针对改革开放初期"价格改革主线论"的诸多问题，厉以宁先生提出了"企业改革主线论"（以所有制改革为主的渐进式改革路线）方案，认为"经济改革的失败可能是由于价格改革的失败，但经济改革的成功并不取决于价格改革，而取决于所有制的改革，也就是企业体制的改革"。厉以宁先生认为，所有制改革是改革的关键，必须把国有企业改革放在首位，即必须把政企不分、产权不清晰的国有企业通过股份制改造为自负盈亏、自主经营的多元投资主体的企业。厉以宁先生的改革思路在实践中得到了充分证明，对中国经济改革基本思路做出了重要的理论贡献。厉以宁先生还亲自主导或参与了《证券法》等法律文件的起草、支持非公有制经济发展政策起草、国有林权制度改革、国有农垦经济体制改革、中国低碳经济发展与改革等若干重大政策实践。此外，厉以宁先生还提出了加大教育投资、进出口替代兼用战略、建立宏微观经济统一调节机制、就业优先、注重环境保护和可持续发展、推动城乡二元体制改革、扩大内需、加快调整经济结构、在供给侧发力等一系列政策建议，涉及中国经济的大部分领域，为解决中国经济发展过程中遇到的问题提供了重要决策参考。

正因为如此，我们重读厉以宁先生的经济学著作，既可以以小见

---

[1] 厉以宁:《资本主义的起源——比较经济史研究》，商务印书馆，2015，第615页。

大、举一反三、见微知著，进而了解中国特色经济学理论体系的发展历程和丰富成果，也可以从经济学理论视角和比较经济史视角科学理解中国式现代化的光辉历程。近年来，厉以宁先生的多部早期经济学著作再版，受到读者的热烈欢迎。尤其是当前中央把"共同富裕"放在更为重要的位置，许多读者发现，厉以宁先生已在1991年《论共同富裕的经济发展道路》一文中，预见性地提出了"共同富裕"的理论并做了详细阐释。

当然，重读厉以宁经济学著作的目的并不止于掌握一些经济学知识，而是要"由表及里""推本溯源"，进一步学习和理解厉以宁先生研究中外经济问题的系统性理论框架与思维方式，包括怎样理解中国特色经济学的理论体系和分析方法、怎样从经济学的视角理解世界现代化、怎样从经济学的视角理解中国式现代化等重要问题，进而帮助我们在发展中国特色哲学社会科学理论、开展全面建设社会主义现代化国家新征程上走得更好，走得更远。

本书的框架结构和主要内容

本书的主题是经济学理论与中国式现代化，这两者是一对辩证的关系。一方面，中国特色经济学理论来源于中国式现代化的伟大实践。在人口规模巨大的文明古国开展现代化建设，是世界上既独一无二、又影响巨大的一次尝试。正如诺贝尔经济学奖获得者弗里德曼感叹的：谁能解释中国经济，谁就可以获诺贝尔经济学奖。无论是19世纪的英国还是 20 世纪的美国，经济理论的重大创新往往与重要经济体的发展成就紧密联系在一起，并且相互促进。当前中国已经成为世界第二大经济体，中国式现代化的伟大成就和实践历程为经济学理论的重大创新提供了广阔的舞台。另一方面，实现中国式现代化需要中国特色经济学理论的科学指导。中国特色经济学理论体系是对中外经济史、经济学说史得失成败总结探究后得出的适应中国当前国情的科学理论，理应成为新时代中国式现代化的经济理论指南，也应该成为经济领域与其他领域协调发展的理论指南。

研究阐释好经济学理论与中国式现代化这一主题，需要回答"是什么、为什么、怎么办"的问题，即经济学理论是什么，或者中国特色经济学理论体系是什么，世界现代化和中国式现代化的规律是什么；为什么经济学理论与现代化关系如此密切，为什么世界现代化可以用经济学理论来解释；怎样用中国特色经济学理论体系解释和指导中国式现代化。这些问题是贯穿本书的主线，也恰好对应着厉以宁先生学术创新的三个领域。因此，本书由三篇内容组成。第一篇是"兼容并蓄终宽阔——经济学之源与流"，第二篇是"经史探微后代知——世界现代化之成与失"，第三篇是"从来新路新人找——中国式现代化之同与殊"。这三篇的主标题都来自厉以宁先生创作的诗词作品，用在这里非常合适。

第一篇主要回答的问题是怎样理解中国特色经济学的理论体系和分析方法，包括经济学理论的基本框架是什么，中国特色经济学理论来源于何处，是如何继承与发展传统经济学理论，又是如何实现自身不断发展和演进等内容。笔者认为，厉以宁先生关于经济学理论的研究成果可以指导我们回答好这些问题。中国特色经济学理论体系是融会百家之长、兼容并蓄的辽阔大海，正可谓"兼容并蓄终宽阔"。

第二篇主要回答的问题是怎样从经济学的视角理解世界现代化，包括世界现代化成功的经验和失败的教训有哪些，如何从世界各国现代化的历史进程中找到经济学的基本规律等。笔者认为，厉以宁先生关于经济史的研究成果可以指导我们回答好这些问题。世界现代化历史悠久，通常认为是始于16世纪和17世纪的科学革命、英国17世纪和法国18世纪的政治革命以及18世纪末和19世纪初的工业革命，数百年的现代化历程蕴含着丰富的一般性规律，为发展中国家"以史为鉴"提供了理论智慧，正可谓"经史探微后代知"。

第三篇主要回答的问题是怎样从经济学的视角理解中国式现代化，包括怎样用中国特色经济学理论阐释中国式现代化道路的历程，怎样用中国特色经济学理论指导中国式现代化道路新征程，如何应对未来可能面临的各种问题和挑战等。笔者认为，厉以宁先生关于中国经济改革发展的研究成果可以指导我们回答好这些问题。近代以来，中国一直在探索现代化道路。历史和实践证明，中国式现代化是把世界现代化的一般性规律与中国国情的特殊性相结合的新道路，只能由中国人民自己探索和创造，而不能生搬硬套或者按图索骥，正可谓"从来新路新人找"。

需要说明的是，这三篇并不力求概述厉以宁先生的所有经济观点或研究领域，这绝非一位作者或是一本著作所能概括的，而是一个需要长期研究的重大课题。

一生治学当如此

厉以宁先生是经济学家，也是严谨治学、厚积薄发的典范。先生之所以有如此大的学术成就，是与其治学风格分不开的，这也是本书想传达给读者的内容。在学习经济学方面，先生主张"万丈高楼平地起"，鼓励学生们务必要打好经济学基础，并十分强调经济史和经济学说史的基础性作用。先生提倡"不动笔墨不读书"，读完经济学著作之后要及时写下读书笔记，这样才能把经济学著作的内容内化于心，而且多年的积累也会成为非常可观的学术资料。先生的学习方法也独具特色，他在研习经济学著作时制作过许多卡片，内容简明扼要，又十分便于后期检索和记忆。先生笔耕不辍，耄耋之年依然坚持每天6点起床写作1000字的习惯，"每天写1000字，一年就是36.5万字，就可以出一本书了"，这让学生们倍受激励，丝毫不敢懈怠。他的手稿字迹工整、层次清晰、重点突出、条理分明，每次被记者拍到发布后，总是风靡网络。

厉以宁先生还主张做经济学研究要具备宏大的哲学视野、世界视野、历史视野、跨学科视野。学生们印象最深的是，先生不仅有深厚的经济学理论功底，对哲学、历史、地理、文学等学科也涉猎广泛，这使得先生的著作和文章总是贯古通今、融会贯通。事实上，历史上许多著名的经济学家皆是如此，比如，经济学家凯恩斯在哲学、数学、文学等学科方面都很有建树，经济学家萨缪尔森更是被称为经济学界的"最后一个通才"和经济学的"集大成者"。

先生还主张教学相长，他是北大最受欢迎的老师之一，上课深入浅出、鞭辟入里、幽默风趣，对学生循循善诱、严格要求，桃李满天下，他的学生们如今正在各行各业发挥着重要作用。

晴空万里的清晨，总能从北大校园内看到绵延起伏的西山，常常想起毛泽东《清平乐·会昌》的词句："东方欲晓，莫道君行早。踏遍青山人未老，风景这边独好。"中国特色经济学理论是一座风景壮观的巍峨高山，耋寿高龄的厉以宁先生依然行走在经济学的高山之上。重读先生的经济学著作，从中学习经济学的理论思维、治学方法，对我们紧跟先生的脚步，走好中国特色经济学和中国式现代化的登山之路大有裨益。

第 一 篇

兼容并蓄终宽阔
——经济学之源与流

鹧鸪天
——大学毕业自勉

溪水清清下石沟，
千弯百折不回头，
兼容并蓄终宽阔，
若谷虚怀鱼自游。
心寂寂，念休休，
沉沙无意却成洲，
一生治学当如此，
只计耕耘莫问收。

厉以宁一九五五年作，一九八五年修改

南宋理学家朱熹是"格物致知"的大思想家，所谓"格物致知"，是指推究事物原理，从而获得知识。朱熹在《观书有感二首》中有一名句："问渠哪得清如许？为有源头活水来。"要理解中国特色经济学，必须推究其来自哪里？去往哪里？或者更广义地看，必须推究经济学来自哪里？去往哪里？即经济学的"源与流"。

　　何谓经济学之源？也就是回答经济学来自哪里。与一切社会科学一样，经济学来自实践，来自历史之问、时代之问。以马克思主义政治经济学为例，19世纪上半叶，西欧资本主义国家的社会生产力有了相当大的发展，但是出现了两个问题：一是社会两极分化十分严重，二是周期性的经济危机频繁爆发。这时就出现了时代之问，财富的增加为什么伴随着两极分化和贫困的扩散呢？为什么生产力的发展却带来经济危机呢？进一步来看，时代之问又可以上升为历史之问，人类社会经济发展的规律到底是什么？资本主义经济的未来会是什么样？为了回答历史之问、时代之问，马克思基于资本主义经济实践和人类社会的经济实践撰写了《资本论》，回答了资本主义经济规律的时代之问，并基于历史唯物主义回答了人类社会经济发展规律的历史之问，形成了马克思主义政治经济学。正所谓时代是思想之母，实践是理论之源。其他经济学理论的出现也大抵如此。

根据这一逻辑，中国特色经济学理论的来源是什么呢？同样来自中国建设社会主义现代化国家的经济实践，来自时代之问、历史之问。比如，当今世界正经历百年未有之大变局，经济方面怎么办？党的十八大以来的经济实践规律是什么？改革开放以来的经济实践规律是什么？再上溯到新中国成立以来的经济实践、党领导的中国式现代化道路、世界各国现代化道路的规律是什么？为什么中国能用几十年的时间走完发达国家几百年走过的现代化历程？人类社会的现代化究竟有没有统一的模板，现代化的历史规律是什么？中国特色经济学理论就来自于诸如此类问题的时代之问、历史之问。恩格斯说过："政治经济学本质上是一门历史的科学。"[1] 正因如此，中国特色经济学理论，归根结底来自对中国当代经济实践、中国经济史乃至世界经济史中科学规律的探寻。

何谓经济学之流？也就是回答经济学理论是如何演进的。伟大的思想往往是"集百家之长，成一家之言"。以马克思主义为例，马克思主义由三部分组成：一是马克思主义哲学，发展了德国古典哲学中黑格尔的辩证法和费尔巴哈的唯物主义；二是马克思主义政治经济学，批判继承了历史上的经济学特别是英国古典经济学的思想成果，比如，对生产关系的分析和关于劳动创造价值的思想；三是科学社会主义，发展了空想社会主义者对资本主义社会的批判和对未来新社会

---

[1]《马克思恩格斯文集》第9卷，人民出版社，2009，第153页。

的展望等。此外，马克思主义还借鉴了 19 世纪的三大科学发现，即细胞学说、能量守恒与转化定律、生物进化论，以及文艺复兴运动的思想成果等许多内容。比如，《资本论》一开始就提出"商品是资本主义经济的细胞"。

　　根据这一逻辑，中国特色经济学理论也集聚了百家之长，既继承和发展了马克思主义政治经济学，也合理借鉴、发展和创新了中外经济学说中的科学内容。正如习近平所说："我们政治经济学的根本只能是马克思主义政治经济学……我们坚持马克思主义政治经济学基本原理和方法论，并不排斥国外经济理论的合理成分……对国外特别是西方经济学，我们要坚持去粗取精、去伪存真，坚持以我为主、为我所用。"[1]

　　本篇将围绕这些问题进行探讨。

---

[1] 习近平：《不断开拓当代中国马克思主义政治经济学新境界》，《求是》2020 年第 16 期，第 4~9。

第一章 经济学的理论框架

经济学主要研究资源配置和现代化的问题，是一门社会启蒙和社会设计的科学。一个完整的经济学理论包含基本假定、基本命题、研究方法三个要素，我们可以从这三个层面去理解和分析经济学理论。基本假定一般回答的是为了什么人的问题；基本命题一般回答的是什么样体制下的什么资源配置方式可以实现什么样的目标，这也对应着经济学的"人、目标、体制"三个研究层次；研究方法方面，经济学需要综合运用实证研究和规范研究的方法。在为了什么人的问题上，经济学面临着伦理的矛盾和选择。在目标和体制方面，经济学的目标是多元的，体制是多样的，因此也面临着不同目标和体制之间的矛盾和选择。由于这些矛盾的不断发展和变化，演进和产生了丰富多彩的经济学理论。历史、理论和统计是经济学家的三大法宝，这三种方法的综合运用使得经济学被称为社会科学"皇冠上的璀璨明珠"。

第一节 经济学是社会启蒙和社会设计的科学

一 经济学研究什么

1. 经济学的起源

世界上最早使用经济这个词的是古希腊思想家色诺芬，他是苏格拉底的学生，写了一部论述经济问题的著作，书名即是《经济论》。但他的这本著作主要论述的是家庭管理，原因在于古希腊的经济生产是以家庭为单位由奴隶进行的，奴隶主阶级把组织和管理奴隶制的各种经济问题都列入家庭管理的范围之内。因此，色诺芬讨论的实际上是奴隶主的家庭经济管理问题。[1]但《经济论》这本书并非学术性的著作，而是语录体，因此只可视为经济学的雏形。

从古希腊、古罗马直到资本主义发展初期涌现出了许多经济学者，他们研究的经济问题也逐步转向宏观的问题。1615年，法国重商主义者安·德·孟克列钦完成了《献给国王和王后的政治经济学》一书，他研究的问题超出了古代和中世纪的家庭管理范围，探讨了整个国家的经济问题，因此他首次使用了"政治经济学"这一概念，表明研究的范围已经拓展为一个国家。尽管孟克列钦提出了政治经济学一词，

---

[1] 李宗正、厉以宁、陈孟熙:《经济学常识（经济学说史部分）》，中国青年出版社，1983，第6页。

但他主要关注的是流通领域，没有关注生产领域，因此也只可视为经济学的雏形。正如马克思所说，政治经济学作为一门真正的科学，是在理论考察由流通领域过渡到生产领域开始的。马克思把英国古典经济学先驱威廉·配第的著作《政治算术》称作经济学的最初形式，因为配第试图探讨客观的经济规律，用算术方法分析经济问题，并从生产领域分析了商品价值问题。[1]经济学成为一门独立学科的标志是亚当·斯密在 1776 年出版了《国富论》，书的全名是《国民财富的性质和原因的研究》。斯密研究了资本主义社会的内部机理，从本质上揭示资本主义生产、分配、交换、消费的规律。[2]

我国古代很早就出现了经济和经济学这些名词，但含义并不是古希腊思想家或者古典经济学家所说的意思，而是经世济物、经国济民之意，也就是治国平天下的意思。清朝末年，西方的经济学传入中国之后，我国最初并未采用经济学这个译名，而是用"富国学""生计学"等，直到辛亥革命之后，经济学这一译名才逐渐在我国被普遍采用。[3]

2. 经济学的研究议题

回顾经济学的诞生历史，有助于我们更好地理解经济学的研究议

---

[1]　李宗正、厉以宁、陈孟熙：《经济学常识（经济学说史部分）》，中国青年出版社，1983，第 53~54 页。

[2]　李宗正、厉以宁、陈孟熙：《经济学常识（经济学说史部分）》，中国青年出版社，1983，第 106 页。

[3]　李宗正、厉以宁、陈孟熙：《经济学常识（经济学说史部分）》，中国青年出版社，1983，第 54 页。

题。经济学研究什么？一个十分流行的答案是资源配置。简单来说，经济学是研究稀缺资源在各种可供选择的用途之间进行配置的科学。经济学的研究从欲望（wants）开始，欲望是指人们的需要，也是人们的一种心理感觉。[1]经济学研究的资源配置是指如何让社会上稀缺性的资源（比如经济资源、时间）尽量满足人的欲望和需要，并使人放弃其他需要，这也被称为机会成本。

资源配置可以分为微观和宏观两个层次。微观层次是指在资源既定的条件下，一个人、一个家庭、一个生产单位、一个部门如何组织并利用这些资源，其合理性反映于如何有效地利用它们，使之发挥尽可能大的作用。宏观层次是指资源如何分配于多个部门、多个地区、多个生产单位，其合理性反映于如何使每一种资源能够有效地配置于最适宜的使用方面。[2]显然，宏观层次资源配置的问题更为复杂，涉及生产、交换、分配、消费的研究。而且，宏观层次资源配置的问题不能仅仅靠经济的手段来解决，还要靠政治、道德规范的手段来解决，因此经济学研究的议题就逐渐扩大到生产力与生产关系、经济基础和上层建筑的研究。

3. 经济学的研究范围与现代化

随着经济学对宏观层次资源配置研究的深入，经济学的研究范围进一步扩大了，不断出现了各类分支和交叉学科，甚至只要与经济相关的问题都开始被纳入经济学的研究范围。这时，一个十分重要的议

---

[1] 厉以宁、秦宛顺：《现代西方经济学概论》，北京大学出版社，1983，第5~6页。

[2] 厉以宁：《非均衡的中国经济》，经济日报出版社，1990，第3页。

题出现了：如何基于稀缺的资源增加或创造整个社会的物质财富，以满足人们普遍的或独特的物质和文化等多方面的需要，进而推动社会的进步。这不只是研究生产力与生产关系，还包括研究物质财富增加过程中人与人之间的关系及其变动趋势，经济基础与上层建筑的协调与演进等问题。[1] 这其实就上升到对于现代化问题的研究了。现代化是一个多维的概念，包括经济现代化、社会现代化、制度现代化、文明现代化等多个方面，但经济现代化或者经济增长是现代化的主要内容。正如诺贝尔经济学奖得主罗伯特·卢卡斯认为，一旦你开始思考经济增长问题，你就很难去想其他问题了。可以说，现代化已成为经济学研究里最热门的议题之一。

二 经济学怎么研究

1. 作为社会科学的经济学

讨论了经济学的研究议题和范围，接下来要讨论经济学如何研究这些议题，也就是经济学的研究方法。简而言之，经济学是一门社会科学，与人文学科不同，必须遵循科学的研究范式。随着方法论的不断进步与完善，经济学以发现世界的客观规律为目标，强调研究结论必须以事实为依据，要经得起实践的检验，其研究范式的科学性日益增强。正因为如此，经济学是社会科学中唯一授予诺贝尔奖的学科。

历史上曾经出现过两种社会科学的研究范式：一种是笛卡尔提出

---

[1] 厉以宁：《社会主义政治经济学》，商务印书馆，1986，第531页。

的理性主义研究范式，强调哲学推理和演绎推理；另一种是培根和孔德提出的经验主义研究范式，后来发展为实证主义，强调要做实证检验和归纳研究。后来，维特根斯坦等人提出了逻辑经验主义观点，也就是将理性主义和经验主义结合起来。波普尔提出了后实证主义研究范式，认为人和人类社会是自然的一部分，可以被客观认识与把握，理论是为了认识世界的目的而提出的一系列命题，这些命题可以被实践来检验。既然社会科学的研究范式有很多种，那么经济学应该选择哪种研究范式呢？我们首先要回答经济学研究的目的。经济学研究的目的归根结底就是一句话——认识世界和改造世界。

2. 社会启蒙与社会设计

一部分经济学家认为，既然经济学研究的目的是认识世界，那么经济学应该"价值中立"，成为一门具有严格经验主义和实证主义性质的社会科学。但事实上，经济学研究者必然对将经验陈述与价值判断严格分离的困难深有体会。比如改革开放之初，中国经济学界为中国经济体制改革建言献策之时，当时大众对制度转型期的道德规范混乱颇感迷茫，因此对改革方案的伦理属性有强烈的渴求，这时"价值中立"的改革方案又如何能满足社会的需要呢？[1]

正如马克思所说："哲学家们只是用不同的方式解释世界，而问题在于改变世界。"[2]经济学不应该只告诉人们世界是什么，还需要告诉人们什么是"值得"向往的、"应该"争取的，什么是"不值得"向

---

[1] 李庆云、鲍寿柏主编《厉以宁经济学著作导读》，经济科学出版社，2005，第119页。

[2]《马克思恩格斯选集》第1卷，人民出版社，2012，第140页。

往的、"不应该"争取的，"应该"选择和制定什么样的目标，"应该"放弃和否定什么样的目标。换言之，经济学研究的第一个目的是"社会启蒙"。只有经济学告诉了人们"应该"争取和向往什么，接下来才能告诉人们，为了使那种"值得"向往的或"应该"争取的目标得以尽快地实现，需要做些什么，不需要做些什么，需要制定和采取什么样的措施，不需要制定和采取什么样的措施。换言之，经济学研究的第二个目的是"社会设计"。无论是哪位现实中的经济学研究者，无论他是否宣称"价值中立"，或者不管他们自己是否意识到这一点，实际上他们都在充当"社会启蒙者"和"社会设计者"的角色。他们发表的有关社会评价和社会目标的各种观点，都可以被看成他们在向社会进行"启蒙"或说服工作，要人们相信他们所认为"应当"争取的才是真正"应该"争取的。他们所提出的有关实现社会目标的途径的各种主张，都可以被看成他们为社会经济运行所做的一种设计，他们自信并且希望人们相信，如果按照这样一种"设计"去"施工"，那么"值得"向往的社会前景就会变成现实。甚至可以说，从事实证研究的人是把价值取向当作既定前提的，与"社会启蒙"不发生任何关系的经济学研究者，几乎是不存在的。[1] 因此，经济学的社会启蒙作用和经济学的社会设计作用在实质上是统一的。经济学作为社会设计的科学，如果不能在明辨是非的前提下进行设计，不能说明一种经济行为究竟对谁有利，对谁不利，不能判断经济运行的后果究竟如何，那么经济学不可能起到促使发展目标实现的作用。同样的道理，尽管经济学作为

---

[1]　厉以宁:《关于经济问题的通信》，上海人民出版社，1984，第 118~120 页。

社会启蒙的科学能够告诉人们如何评价一个目标，但是如果不发挥经济学作为社会设计的科学所应当具有的作用，不研究如何使目标由可能变为现实，那么即使是再美好的目标，它也不会自动实现。[1]

总而言之，从研究目的来看，经济学不仅需要告诉人们世界是什么（社会设计），还需要告诉人们世界应该是什么（社会启蒙），前者需要实证主义的研究范式，后者需要理性主义的研究范式，经济学的研究需要两种研究范式的结合。

3. 实证研究与规范研究

为了实现认识世界与改造世界、社会设计和社会启蒙的目标，当前经济学的研究方法可以归纳为两类，即实证研究与规范研究。新古典经济学派的创始人马歇尔曾经说过，经济学需要冷静的大脑和善良的心地。这其实就对应着这两类研究方法。冷静的大脑，就是实证研究的方法，主要回答经济客观规律是什么，比如什么样的资源配置方式能实现更高的效率，什么样的资源配置方式能实现更广泛的公平？善良的心地，就是规范研究的方法，主要回答经济应该是什么，比如应该效率优先，还是公平优先，目标应该是什么，手段应该是什么？这就涉及价值判断。

经济学的实证研究和规范研究都不可或缺，各有各的适用范围，但经济学的规范研究之所以不同于实证研究，关键在于规范研究涉及是非判断，而是非判断往往是实证研究的前提。假定通过经济学的规范研究已经明确某种经济行为在道德上是应当予以肯定的或应当予以否定的，那么对这种经济行为的实证研究才更有意义。以现代化研究

---

[1] 厉以宁：《社会主义政治经济学》，商务印书馆，1986，第 527~529 页。

为例，经济学作为社会启蒙的科学，需要告诉人们怎样评价一种制度或体制，应该制定什么样的现代化目标，并告诉人们应该发挥积极性、创造性，自觉地为这一目标的实现而努力。经济学作为社会设计的科学，需要告诉人们怎样把应当争取的现代化目标变为现实，提出切实可行的实施方案。实证研究离不开经济学规范研究中的是非判断，因为如果不能说明什么样的目标是应当争取的，实施方案也就是没有意义的。[1]

三　经济学理论的层次

1. 三种科学哲学观

无论是运用实证研究方法，还是规范研究方法，回答经济问题的研究成果就形成了经济学理论。经济学理论是认识世界、改造世界的工具，主要回答为了谁、是什么、为什么、怎么办、谁来办、何时办、何处办等问题。需要注意的是，经济学理论虽然可以无限接近于现实，并非等同于现实，经济学理论是学者们通过一系列证据构建的抽象后的现实。当然，经济学理论也并非越接近现实越好，一个好的经济学理论要做到完整性和简约性的平衡，如果能用简单的逻辑讲清楚复杂的经济现象，这样的经济理论往往具备更大的影响力。

从古至今，经济学家们提出了无数的经济学理论，那么经济学理

---

[1]　厉以宁：《超越市场与超越政府——论道德力量在经济中的作用》，经济科学出版社，1999，第262~263页。

论是如何演进和发展的呢？不同的经济学理论之间是否有内在的联系呢？我们需要回顾三种影响力比较大的科学哲学家的观点。

第一位是波普尔（Popper），他在《科学发现的逻辑》一书中对理论的演进给出了系统的阐释。波普尔认为，理论必须由一系列可证伪的命题所组成，如果命题不可证伪，那么就不是理论。一个科学家，不论是理论家还是实验家，会提出一个命题或者一系列命题，然后一步一步检验它们。说得具体一些，在经验科学的领域里，他们构建一个命题或者一系列命题，然后进行观察和实验，对照经验来检验它们。[1] 根据波普尔的观点，理论的命题不能被完全证实，只能不断得到经验的检验，因此理论的演进就是不断证伪旧的命题，并提出新的命题。

第二位是库恩（Kuhn），他在《科学革命的结构》一书中进一步发展了对于理论的认知。他说，波普尔强调如果经验检验了现有理论的结果是否定的，那么科学家就必须抛弃一个已确立的理论。但是，一方面，如果理论与数据间稍有不合即成为抛弃理论的理由，那么所有的理论在任何时候都该被抛弃。另一方面，如果只有理论与数据的严重不符才构成抛弃理论的理由，那么波普尔主义者就需要某种"不可能性"或"否证程度"的标准。在制定这么一种标准时，他们几乎必然会遇到那些使各种概率论证实理论的提倡者头痛的种种困难。[2] 因此，库恩否定了波普尔"不断革命"的理论演进观，提出了范式的

---

[1] 〔英〕卡尔·波普尔:《科学发现的逻辑》，查汝强、邱仁宗、万木春译，中国美术学院出版社，2008，第3页。

[2] 〔美〕托马斯·塞缪尔·库恩:《科学革命的结构》(第4版)，金吾伦、胡新和译，北京大学出版社，2012，第123页。

概念。库恩认为范式是一个成熟的科学共同体在某段时间内所认可的问题领域、基本假定、研究方法和解题标准的集合，认为理论的演进不是个别命题的证伪，只有范式的演进才可被称为理论的科学革命。[1]

第三位是拉卡托斯（Lakatos），他在《科学研究纲领方法论》一书中重新审视了波普尔和库恩的争论，认为可以发展波普尔的证伪主义，从而避免库恩的批判，在科学发现逻辑的范围内把科学理论的演进重建为合理的。他采用了波普尔提出的科学分界标准，认为一个理论即使没有丝毫有利于它的证据，也可能是科学的；而即使所有的现有证据都支持一个理论，它也可能是伪科学的。确定一个理论的科学性质或非科学性质可以不依靠事实，而在于一项能够证伪理论的判决性实验（或观察）。[2]他进一步发展了这一标准，基于大量的理论观察和反思，提出了研究纲领的概念。研究纲领分为内核和保护带两部分，理论的内核是不用推翻的，但保护带是可以通过证伪不断演进的，这同样构成了理论的演进。[3]他列举从牛顿的理论到爱因斯坦的理论的演进，并不是因为牛顿的理论被"反驳"了，爱因斯坦的理论没有被"反驳"，而是因为牛顿理论所成功地说明过的一切，爱因斯坦的理论都说明了，而且它还在某种程度上说明了一些已知的反常事件，虽然不需要抛弃牛顿的理论

[1]〔美〕托马斯·塞缪尔·库恩:《科学革命的结构》（第4版），金吾伦、胡新和译，北京大学出版社，2012，第88页。

[2]〔英〕伊姆雷·拉卡托斯:《科学研究纲领方法论》，兰征译，上海译文出版社，2016，第4页。

[3]〔英〕伊姆雷·拉卡托斯:《科学研究纲领方法论》，兰征译，上海译文出版社，2016，第56页。

的内核，但保护带扩大了，因此爱因斯坦的理论同牛顿的理论相比体现了理论的演进。[1]

2. 经济学理论的组成要素

波普尔、库恩、拉卡托斯撰写的科学演进的三本"里程碑"式著作为我们理解经济学理论的组成要素提供了科学的框架。综合三位科学哲学家的观点，经济学理论的组成要素可以分为三个方面：一是基本假定，二是基本命题，三是研究方法（见图 1）。

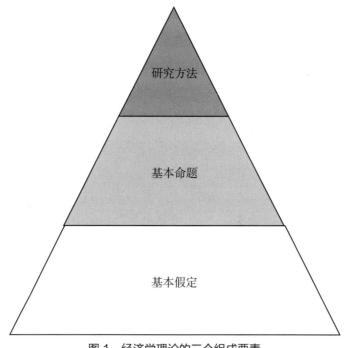

图 1　经济学理论的三个组成要素

---

[1]〔英〕伊姆雷·拉卡托斯：《科学研究纲领方法论》，兰征译，上海译文出版社，2016，第 45 页。

经济学理论组成要素的最底层是基本假定，基本假定是理论的前提。作为社会启蒙的科学，经济学理论是有历史性和阶级性的，这事实上就源于不同经济学理论的基本假定。历史性是指，每个经济学理论都是特定历史时期的产物，目的是反映特定历史时期的生产力与生产关系等问题的规律。阶级性是指，每个社会主流的经济学理论都往往是统治阶级主导的经济学理论。经济学理论最重要的基本假定是回答理论"为了谁"的问题，这里的"谁"就包含了历史性和阶级性的双重内涵，服务的对象有所变化，经济学理论就会发生演进。

第二个要素是基本命题，这是经济学理论组成要素的主体。基本命题也就是回答，在基本假定和一定前提之下，经济的客观规律是什么，基本命题的基础形式是因果关系，也就是找出 A 要素和 B 要素的关系。如果发现了 A 要素和 B 要素之间的新关系，否定了之前的关系，那么经济学理论也会发生演进。基本命题的演进是非常频繁的，按照波普尔的观点，任何理论中要素关系的逻辑都是暂时的，只是目前没有被证伪罢了。基本命题的演进还包括在 A 和 B 要素之外，又发现了新的 C 要素，这也被称为"术语的革命"。正如恩格斯所说"一门科学提出的每一种新见解都包含这门科学的术语的革命。"[1] 比如新古典经济学就是通过对古典经济学的边际革命而形成的。

第三个要素是研究方法，每一个经济学理论都需要经过规范研究或者实证研究的方法得出。比如回答经济学"为了谁"的问题，就需要通过规范研究的方法探讨。而基本命题的研究，往往需要运用实证

---

[1]《马克思恩格斯全集》第 44 卷，人民出版社，2001，第 32 页。

研究的方法。当然，随着实证研究方法的科学化与精密化，运用更科学严谨的方法得出新的基本命题，这也是经济学理论演进的方式之一。

3. 经济学理论的演进

经济学理论的演进可以是三个组成要素中某一个要素的演进，也可以是多个要素的同时演进。

从基本假定来看，根据马克思的观点，每种经济学理论都是为某个历史时期的统治阶级服务的，是统治阶级用来社会启蒙的理论。正如马克思、恩格斯在《德意志意识形态》中说："统治阶级的思想在每一时代都是占统治地位的思想。这就是说，一个阶级是社会上占统治地位的物质力量，同时也是社会上占统治地位的精神力量。支配着物质生产资料的阶级，同时也支配着精神资料的生产，因此，那些没有精神生产资料的人的思想，一般地是受统治阶级支配的。占统治地位的思想不过是占统治地位的物质关系在观念上的表现，不过是表现为思想的占统治地位的物质关系；因而，这就是那些使某一个阶级成为统治阶级的各种关系的表现，因而这也就是这个阶级的统治的思想。"[1]

无论是中国还是西方的经济学理论或者经济思想，皆是如此。以中国古代的经济思想为例，管仲是春秋时期齐国的国相，也是著名的经济思想家，他提出的"治国之道，必先富民；四民分业，士农工商；放活微观，管制宏观；盐铁专营；鼓励消费；以商止战"等经济思想，服务的是齐国争霸。齐国在春秋争霸中成为"五霸之首"，也始于管仲倡导的经济大变革。商鞅是战国时期秦国著名的政治家，也

---

[1]《马克思恩格斯全集》第 3 卷，人民出版社，1960，第 52 页。

是著名的经济思想家，他提出的"废井田、开阡陌，实现土地私有；废除贵族世袭制，奖励耕战；统一秦国度量衡"等经济思想，服务的是秦国争雄。秦国在商鞅变法之后，成为七个诸侯国中实力最强的国家，为统一六国创造了条件。

西方的经济学理论也是如此。在奴隶制经济时期，经济学服务的是奴隶主如何管理奴隶。在封建主义晚期产生的重商主义经济学说，服务的是国王，目标是为国王积累更多金银货币等财富。因此，这一学说提出在国家对经济管制之下，发挥商人的作用，比如伊丽莎白女王只授权东印度公司经略印度次大陆，同时限制进口，防止金银流出。资本主义生产从工场手工业向大机器工业过渡时期出现的古典经济学是为资产阶级个人利益服务的，由于这一学说为个人服务，因此反对重商主义的理论和政策主张，反对国家政权对私人经济活动的限制。虽然古典经济学宣称服务的个人是抽象的、超阶级的"经济人"，但事实上，其所服务的人只是"资产者的化身"，而无产者却是遭到剥削的对象。

19世纪中叶，马克思和恩格斯创立的无产阶级政治经济学，即马克思主义政治经济学，在"为了谁"的问题上的态度更为明显，它不像古典经济学那样用"人权"或"人性"等抽象的、超阶级的概念来掩盖为资产阶级利益服务的本质，而是公开声称要为无产阶级的利益服务，为实现无产阶级的历史使命服务。为什么要为无产阶级服务呢？这是因为一方面，无产阶级是绝大多数人的阶级；另一方面，无产阶级是受压迫和受剥削的阶级，他们只有解放了全人类，才能彻底解放自己，而且全人类的解放也必须要靠无产阶级这样的先进阶级。

因此，马克思主义政治经济学为无产阶级利益服务，本质上就是为全体人民服务。正因为在"为了谁"问题上的不断超越，经济学理论也就处于不断演进的过程中。

从基本命题和研究方法来看，经济学理论的基本命题都是基于某种研究方法探讨的一组因果关系。比如，为了实现经济增长这一结果，有的经济学理论提出了资本和劳动力的因，有的经济学理论提出全要素生产率的因，这一基本命题的演进也带来了经济学理论的演进。此外，如果经济学家进一步运用了更为精密科学的研究方法分析现有经济学理论因果关系的中介机制、调节机制，这也会带来经济学理论的演进。经济学理论的演进就形成了经济学说史，我们将在第二章详细介绍。

4. 经济学研究的三个层次

如上文所述，基本命题是经济学理论的主体内容。现实中，根据研究的内容，我们可以把经济学关于基本命题的研究进一步分为三个层次，这也是经济学研究的三个领域。第一个层次是对现行经济体制以及该种经济体制条件下经济运行的研究。第二个层次是对经济和社会发展目标的研究。第三个层次是对人的研究，也就是对人在社会中的地位和作用的研究。关于经济运行的研究尽管属于第一个层次，但这是基础性的研究。没有这一层次的研究，也就谈不上第二个和第三个层次的研究。[1]

经济学研究的第一个层次是经济体制以及既定经济体制下的经济

---

[1] 厉以宁：《社会主义政治经济学》，商务印书馆，1986，第531~532页。

运行。在这个层次上，主要考察不同的经济体制下经济运行的规律问题。比如计划经济体制下，经济运行的规律是什么？市场经济体制下，经济运行的规律是什么？混合经济体制下，经济运行的规律是什么？此外，经济体制还包括微观经济体制和宏观经济体制。[1]微观经济体制探讨如何使市场主体或企业有效运行的规律，宏观经济体制探讨如何使宏观经济稳定、经济增长、经济和社会协调发展的规律，以及宏观经济体制是集权更为有效，还是分权更为有效等问题。

研究清楚了不同经济体制的规律，并不意味着世界上只存在一种最优的经济体制。不同的经济体制还需要与各个国家的国情、历史、文化传统、政治体制、社会制度相匹配，才能发挥最大的效用，这也是体制层次需要研究的经济问题。

经济学研究的第二个层次是经济社会发展目标以及如何实现经济社会发展目标。经济社会发展的目标往往有多项，而不是单一的，多项目标之间有的彼此协调，有的彼此矛盾。多项目标的协调与一定时期内突出某一项目标，并使之成为重点，并不矛盾。而且一定时期内需要突出的重点也不是固定不变的，不同时期内根据形势和任务的不同也需要改变需要突出的重点。此外，还要注意当一定时期内突出某一项目标时，不要为后来实现其他目标制造困难，尤其不要形成对后来实现其他目标的障碍。[2]确定了目标之后，需要研究运用什么样的手段去实现这样的目标，从手段到目标是一个因果关系，这就回到了

---

[1]　陆昊：《厉以宁评传》，陕西师范大学出版社，2002，第 146 页。

[2]　陆昊：《厉以宁评传》，陕西师范大学出版社，2002，第 147 页。

第一个层次需要研究的经济问题。

经济学研究的第三个层次或者最高层次是人的问题，也就是人在经济学研究中的地位是什么，作用是什么。经济学研究最初以财富为研究目的，只是如何管理家务和财务的一门学问，因此"见物不见人"，忽视了一个重要问题，即人既是经济研究的对象，也是经济研究的主体，也就是不能忽视经济学包括了"人"对"人"的研究。

把"人"作为研究对象时，西方经济学将"理性人"或者"经济人"作为基本假设，人是理性的，所以人就会以最低成本和自身最大利益为目标进行选择，进而交换、分工，顺此逻辑建构起了西方经济学的摩天大厦，"理性人"假设也是西方经济学科学化的重要基础。但"理性人"假设这一根基是不是就不需要推敲呢？事实上，这一假设是为了便于经济学理论的推演，是经济学家们抽象出来的一种情形，而不是实际情况，因此可能会存在一定的问题。比如，把人抽象成"理性人"，实际上就忽略了人的各种需求，就忽视了如何调动人的积极性、主动性、创造性，进而缺乏了人文关怀，也忽视了对人们觉悟的提高和道德水平提升的关注，导致忽视了推动实现社会共同理想的内容。[1]

再比如，"理性人"的基本假设延展后也形成了"理性企业"假设，即把市场上的每个企业都想象成一样的，但现实中的企业则是五花八门。比如西方经济学讨论转型问题时，认为国有企业是低效的，国有企业市场化转型就要像苏联、东欧等国家一样将国有企

[1] 厉以宁：《中国特色经济学的建设和发展》，《人民日报》，2016年6月27日。

业私有化。但事实上，中国在 20 世纪 80 年代的国有企业很多元，比如首钢有中央银行的投资，有财政部的投资，有北京市的投资，还有别的部门的投资，市场化转型又如何是私有化能解决的呢？应该采用符合不同国有企业特征的所有制改革方式推进市场化转型。[1]

正因为如此，一些经济学派比如行为经济学派就不再强调"理性人"，而是强调人在社会中的现实表现，即"社会人"或"现实人"。马克思主义政治经济学强调人的全面自由发展，并作为未来社会的根本目标，也超越了"理性人"的简单范畴。中国特色经济学进一步从人的现实生活出发，既肯定物质生活的重要性，又要重视精神生活的重要性，既把美好的生活看成个人应当通过自己的创造去争取实现的东西，又把它与整个社会事业和国家的前途相联系，同未来的利益、未来的希望相联系，因此对人在社会中地位和行为的理解又进一步加深了。

人作为经济研究的主体，这一点也是需要关注的。人类社会与自然界不同，自然界发生的变化能被人们察觉到、认识到，但自然界并不因它被人们认识而改变自己的活动。社会经济活动是人们进行的活动，人们在活动过程中逐渐认识了社会。但这里的"人"本身也是"社会人"，人们不但会察觉社会经济的变化，认识社会经济的变化，而且还会调整自己的行为来适应社会经济的变化。因此社会经济活动作为人们进行的活动，在被人们察觉到、认识到之后，也会发生变化。总之，在人认识自然界时，这只是单方面的关系，自然界是被动

---

[1]　蔡洪滨主编《春华秋实——中国经济的热点问题学术研讨会暨厉以宁教授从教 60 周年演讲集》，商务印书馆，2017，第 61~62 页。

的，而在人认识社会经济活动时，这是双方面的关系，是双方彼此影响的关系，因此必须根据这一特点来认识社会经济运动的特点和社会的发展趋势，加强对"人在社会中的地位和作用"的研究。[1]

第二节　经济学的伦理

经济学是社会启蒙的科学，涉及价值判断，在回答"应该是什么，不应该是什么，什么是对的，什么是错的"等问题时，需要运用规范研究的方法，这就衍生和带来了经济学的伦理问题。由于经济学规范研究是实证研究的前提，从这个意义上看，经济学只有先解决了伦理问题，之后的理论深入才更有意义。尽管如此，人是经济学的研究主体，是非善恶的评价标准有可能会受经济学研究者个人感情、经验、背景的影响，往往见仁见智，各有主张，只有建立一个基于实践的、达成基本共识的伦理评价标准才有助于经济学研究的深化，这也进一步说明了经济学伦理研究的重要性。

一　经济学伦理与人的研究

1.经济学是为了人

随着经济学理论的复杂化，越来越多的研究者可能会忘了经济学

---

[1]　陆昊:《厉以宁评传》，陕西师范大学出版社，2002，第147~150页。

研究的最终目的，无论是社会启蒙还是社会设计，无论是认识世界还是改造世界，经济学这门科学最终还是为人类服务的，因此经济学研究的最终因变量应该回归到人的方面，这也是经济学研究的最高层次。

为什么这么说呢？核心原因在于人是社会的主体，人是可以支配物的，而物是不能够自行支配人的。如果经济学见物不见人，重物轻人，或者出现物支配人的现象，那么作为社会生活主人的人就会逐步抛弃这样的经济学理论。因此，虽然人或者劳动力是一项重要的生产要素，但人不是为了生产，人不是单纯地作为生产力的要素之一而生活在这个世界上的。相反，生产是为了人，是为了改善人的生产和生活，如果不是为了人而生产，那么生产就失去了意义。[1] 正是因为经济学是为了人，伦理问题就是无法回避的。

2. 人的福利

经济学研究是为了人，需要明确怎么衡量人的福利。根据英国经济学家庇古的观点，人的福利分为两类：一类是广义的福利，即社会福利；另一类是狭义的福利，即经济福利，经济福利对于社会福利具有决定性的影响。一般而言，经济学所研究的福利主要是经济福利，因为社会福利被认为是难以计量的，因此也是难以研究的，而经济福利被认为可以用货币来直接或间接计量。根据庇古的观点，经济福利是由效用构成的，效用意味着满足，人们追求的是最大限度的满足，也就是最大限度的效用。由于效用可以用货币来计量，所以对于个人

---

[1] 厉以宁:《社会主义政治经济学》，商务印书馆，1986，第518~520页。

福利，可以通过商品价格及数量变动来计算效用的大小和增减，用效用的大小和增减来表示福利的多少和福利的增减。至于国民的福利或社会的经济福利总和，西方微观经济学认为可以用国民收入的多少来表示。换句话说，国民收入被认为是一国的经济福利的同义语。一国的国民收入量越大，则一国的经济福利越大，一国国民的个人福利总和也越大。一国经济福利的增加表现为一国国民收入量的增加。[1]

当然，除了货币化的经济福利之外，人的福利还可以用生活质量来衡量。生活质量是反映人们生活和福利状况的一种标志，它包括自然方面和社会方面的内容。生活质量自然方面的内容是指人的生活环境的美化、净化等；生活质量社会方面的内容是指社会文化、教育、卫生、交通、生活服务状况、社会风尚和社会治安状况等。生活质量的高低与人们的福利增减直接有关，即使人们的收入不变，但是环境变好了，社会生活方便了，人们的生活质量也会提升。一般而言，可以用识字率、预计平均寿命、就业率、出生率、人均国民收入、人均公共服务设施、人均住房面积等作为生活质量的衡量标准。当然，人均的概念也不一定能代表每个人的生活质量，这里就要区分名义的生活质量和实际的生活质量。以平均每人的疗养院床位数（名义的生活质量）为例，如果这些疗养院不向社会开放，而仅限于社会极少数人有资格享用，就很难把这类床位数的增长作为居民实际生活质量提高的标志。[2] 只有提高了居民的实际生活质量，才真正体现了人的福利。

---

[1]　厉以宁：《简明西方经济学》，经济科学出版社，1985，第55~56页。

[2]　厉以宁：《社会主义政治经济学》，商务印书馆，1986，第523~526页。

除此之外，人的福利还包括人在社会生活中的地位，比如是否受到尊重、关心和培养，是否享有社会的平等机会和权利，是否能实现物质和精神的全面发展，是否有安全感，是否处在一个具有信任感的社会等[1]，归根结底就是能否成为社会的主人。

3.利益相关者

既然经济学研究是为了人，那么如何在研究中表现出来呢？研究中可以把人的福利作为经济学研究的重要因变量。虽然经济学研究的问题非常多，但是一个好的经济学理论最终需要服务到人的福利方面，甚至从规范研究的角度来看，如何服务人的福利方面可以成为评价经济学理论好坏的一项标准。比如我们来评价一个企业的经济行为，一个企业如果不顾职工的健康、安全和权利，把职工看作是单纯的劳动力，只顾追求产值和利润，这不是服务于人的好企业。一个企业如果不顾消费者的利益和需要，粗制滥造，这也不是服务于人的好企业。一个企业如果不顾周围的环境，造成严重污染而又不设法消除，以致危害周围居民的身体健康，这也不是服务于人的好企业。[2]综合来看，一个企业需要考虑方方面面有关人的福利（利益），这些人也被称为"利益相关者"。

当然，在不同的社会制度下，经济学理论服务的人也不同。比如社会主义国家，就要以"劳动者的最大利益"为尺度，尽可能地满足劳动者的物质和文化生活的需要。凡是符合"劳动者的最大利益"

---

[1]　厉以宁:《社会主义政治经济学》，商务印书馆，1986，第527~528页。

[2]　厉以宁:《社会主义政治经济学》，商务印书馆，1986，第519页。

的，就是"是"或"善"，是应该提倡和肯定的；凡是不符合"劳动者的最大利益"的，就是"非"或"恶"，是必须反对和否定的。当然，还要正确理解"劳动者的最大利益"，不能只看到经济中的表面现象，而必须透过表面现象去发现一种体制、一项政策以及一系列经济行为的本质特征。比如中国改革开放后提出"让一部分劳动者先富起来"这项政策，表面上看只是惠及一部分劳动者，实质上，"让一部分劳动者先富起来"是与社会上广大劳动者共同富裕的发展目标密切相关的。先富带后富，共同致富。"让一部分劳动者先富起来"是实现广大劳动者共同富裕的前提和条件，而共同富裕则是"让一部分劳动者先富起来"这项政策的最终目标。在社会主义经济中，劳动者在富裕程度和致富速度上存在着差别。承认差别，容许这种差别存在，让一部分劳动者先富裕起来，这将大大激发广大劳动者的生产积极性，使社会财富迅速地增长，加速社会经济的繁荣，最终再走向共同富裕的目标，因此是完全符合广大劳动者的最大利益的，是应当予以肯定的。[1]

二 经济学伦理与目标的研究

经济学研究的第二个层次是目标，也涉及伦理问题。经济学追求的目标是多元的，如果目标之间是一致的，那便不存在选择的问题，

---

[1] 李庆云、鲍寿柏主编《厉以宁经济学著作导读》，经济科学出版社，2005，第79~81页。

但如果目标之间存在矛盾，那就需要选择。从某种程度上来看，研究经济学中的伦理问题，实质上就是对一系列两难目标或者多难目标做出估价，做出判断，进而做出选择。对于利与弊、得与失、是与非，固然要进行选择，舍弊取利，求是去非，但即使是得失并存，利弊同在，也要排列先后顺序，才能在前进中有所侧重，避免无所适从。因此，经济学对于目标的研究也充分说明了经济学是一门研究如何选择的科学。一个人为什么选择 A 而不选择 B 或 C？这就必须从各个不同角度对 A、B、C 进行比较权衡，决定取舍。经济学的伦理问题研究，将从规范的角度对上述比较、评价和决策起着重要作用。[1] 通常来说，经济学常见的两难或多难目标包括如下几个方面。

1. 效率与公平

经济学要实现的目标是多元的，经典的两大目标是效率与公平，这两者都应当被视为争取达到的目标。然而它们之间却存在两难选择的问题。

效率是指资源的有效使用与有效配置，一般可以分成两种：一是生产效率，即微观意义上投入和产出之间的关系；二是宏观效率，也被称为资源配置效率。在经济领域内，任何资源总是有限的，如何使用和配置各种有限的资源？使用得当，配置得当，有限的资源可以发挥更大的作用；反之，使用不得当，配置不得当，有限的资源只能发挥较小的作用，甚至可能产生副作用。这就是高效率与低效率的区别。高效率表现为人尽其才，物尽其用，货畅其流。人尽其才意味着工作者

---

[1]　厉以宁：《经济学的伦理问题》，生活·读书·新知三联书店，1995，第 255~256 页。

的劳动能力得到了利用，而且个人工作积极性得到了发挥；物尽其用意味着生产资料得到了充分利用，而不是闲置在一旁，自然资源得到了开发和合理使用，而不是形成浪费；货畅其流意味着商品流通速度的加快，意味着被积压或闲置的商品数量的减少。从伦理来看，追求效率是经济学应该追求的目标，当然这里所说的经济生产或者交换，其前提是对社会有益、社会需要的，如果对社会有害，那便不能构成高效率。[1]效率的主要表现形式是经济中的生产关系是否适宜生产力的发展，如果生产关系有利于促进生产力的发展，那么经济效率就会出现较快增长，由此可以判断：这种与生产力性质相适应的生产关系是"好的"生产关系；相反，如果经济效率增长缓慢，则可以从另一个方面说明导致较低的经济效率产生的原因是那种不能适应生产力性质的"不好的"生产关系。[2]

此外，效率的目标还体现在生产、分配、交换、消费这四个社会生产过程的相互协调。生产是这个过程的起点，消费是这个过程的终点。生产有生产可能性边界，有最有效率的合理的生产规模。消费有消费可能性边界，有最有效率的合理的消费规模。一方面，生产为消费提供消费资料。没有生产，也就没有可供消费的对象。此外，不仅消费的对象，而且消费的方式，都是生产创造出来的，生产方式规定着消费的方式。所以说，生产创造消费。另一方面，任何一件产品，如果没有被人们消费，它还不是现实的产品；消费不但使生产得以最

---

[1] 厉以宁：《经济学的伦理问题》，生活·读书·新知三联书店，1995，第2~3页。

[2] 李庆云、鲍寿柏主编《厉以宁经济学著作导读》，经济科学出版社，2005，第79~81页。

后完成，它还使人们产生新的、更多的需要，这些需要促使生产不断向前发展。所以说，没有消费，也就没有生产。在任何体制下，这种辩证关系都是存在的，因此需要相互协调。[1]

从经济学来看，公平的内涵相对比较丰富，但主要的表现形式是分配，可以指收入分配的公平，或者是财产分配的公平，或者是获取收入与积累财产机会的公平。但什么是公平，本身也涉及价值判断问题。比如说，就收入分配而言，公平是指收入的均等，还是指收入差距的合理？就财产分配而言，公平是指财产的均等，还是指个人之间财产差距的适度？这些都是有争论的。完全均等一般被称为"绝对公平"，但现实中不太可能发生，因为会严重损害效率，但比较容易形成共识的是获取收入或积累财产机会的公平，也就是"机会平等"，在市场竞争中"大家处于同一条起跑线上"。但问题并没有如此简单，事实上，不同的人由于家庭背景不同、教育背景不同、居住地区不同、天赋不同，获取收入或积累财产的机会并不一样。因此，即使让他们站在同一条起跑线上起跑，这条起跑线也很难被称为公平的起跑线，因此又出现了新的概念"能力公平"，但这是较难实现的。[2]

效率与公平无疑都是应当实现的政策目标。但在排列顺序上，究竟该把效率排在前面，还是该把公平排在前面？这是一个对效率与公平的价值判断问题，学术界的争论由来已久，有的争论还有一定的片面性。如果把公平理解为"绝对公平"，也就是收入分配的均等或财

---

[1]　厉以宁:《消费经济学》，人民出版社，1984，第1~2页。

[2]　厉以宁:《经济学的伦理问题》，生活·读书·新知三联书店，1995，第4~6页。

产分配的均等，那么效率与公平之间的关系就被扭曲了，这两者就是对立的关系。如果要追求高效率，由于每个个体是不同的，必然会产生收入分配的差距，而收入分配的差距又会造成财产分配的差距。反之，如果要追求绝对公平，即追求收入分配的均等或财产分配的均等，效率必然要降低。但如果把公平理解为"机会公平"，这时效率与公平的关系就不是对立的，而是可以兼顾的，因为这意味着人尽其才。[1] 即便如此，在现实决策中，还需要考虑效率与公平的先后次序，究竟是效率优先，还是公平优先呢？

支持效率优先的理由一般有两个方面。第一，效率的增长来自市场上的自由参与和竞争，自由参与和竞争是人的一种神圣不可侵犯的天赋权利。第二，在市场竞争中，即使参与主体站在同一条起跑线上实现了"机会公平"，但彼此的努力程度或者积极性往往是不相同的。有人比较勤奋，有人不那么勤奋，把效率放在优先地位，意味着把个人努力程度放在优先地位，收入多是对个人努力的一种奖励，收入少则是对个人不努力或努力较少的一种惩罚。[2] 支持公平优先的理由一般也有两个方面。第一，"机会公平"是人的一种神圣不可侵犯的天赋权利，只有把它放在优先地位，才能体现出社会对这种天赋权利的尊重。否则，为了效率牺牲公平，实际上等于牺牲了一部分人的天赋权利。第二，如果把"机会公平"放在优先位置，会有助于减少收入分配和财产分配的不均等，使得这一差距控制在合理范围以内，进而使

---

[1] 厉以宁:《经济学的伦理问题》，生活·读书·新知三联书店，1995，第 12~13 页。

[2] 厉以宁:《经济学的伦理问题》，生活·读书·新知三联书店，1995，第 15~17 页。

得社会矛盾和社会不协调尽可能小一些，有利于减少社会的不稳定。[1]

面对这两难的目标，需要进行判断和选择。改革开放以后，我国提出了效率优先、兼顾公平的方针，其实就是做出的判断与选择。[2]这一方针可以这样来理解。第一，只有把效率放在优先地位，让生产要素供给者的主动性、积极性充分发挥出来，让每个生产要素供给者有更高的投入产出之比，公平才有实现的可能。丰富的产品和劳务供给是靠高度的效率形成的。效率低下，产品和劳务的供给不足，无论在公平的实现方面做出何种努力，效果总是不理想的。第二，效率与公平尽管都是要达到的政策目标，但它们全都不是具有根本性质的社会目标，根本目标是为了提高人们的物质文化生活水平，可以用共同富裕来综合概括这样两个目标，效率与公平作为政策目标是服从于共同富裕这一社会目标的。共同富裕的实现是一个过程，这需要以经济文化的高度发展为基础。没有丰富的产品和劳务供给，就谈不上不断提高人们的物质文化生活水平。效率之所以应当放在优先地位，正是因为没有效率或效率低下，生产力就发展不了，产品与劳务的供给就不可能充裕。第三，效率低下的情况下，公平也是实现不了的。这可以从两方面来解释。一方面，"机会公平"并不是可以脱离生产力水平而单独存在的。效率越高，市场经济越发达，市场体系越完整，市场机制越健全，劳动力市场越完善，"机会公平"才越有可能实现。另一方面，"机会公平"的实现与市场参与者有没有足够的市场意识、市场规则意识、机会均等

---

[1]　厉以宁:《经济学的伦理问题》，生活·读书·新知三联书店，1995，第13~15页。

[2]　厉以宁:《经济学的伦理问题》，生活·读书·新知三联书店，1995，第253页。

意识密切相关，而这些意识的具备，则是以效率的提高、生产力的发展、市场体系的发展为前提的。从这个意义上说，提高效率，发展生产力，完善市场体系，应被放到优先的位置上。[1]

当然，效率优先，兼顾公平，绝不是不注重公平。尤其在社会主义国家，贫穷不是社会主义，两极分化也不是社会主义。兼顾公平主要是从收入分配的角度提出的。也就是在经济生活中，要把提升效率，提高生产力水平放在优先地位，同时要注意机会均等条件下收入分配的协调，不要造成贫富悬殊，不要使个人之间收入分配差距、财产分配差距过大，不要使地区之间收入分配差距过大。[2]究竟什么是过大，什么是合理，往往用衡量贫富差距的基尼系数这个指标来衡量，基尼系数的值在 0~1 以内，基尼系数越小，越接近收入分配或财产分配的均等化；基尼系数越大，收入分配或财富分配的差距越大。国际上一般把 0.4 作为基尼系数的警戒线，超过了 0.4，贫富差距可能会给经济发展带来不利影响。进一步来看，效率优先、兼顾公平的含义与共同富裕也是一致的，共同富裕的实现要靠先做大蛋糕（效率优先），后分配好蛋糕（兼顾公平）。

2. 经济增长的收益和代价

什么是经济增长？一般是指国内生产总值的提高，国内生产总值是流量的概念，经济增长可以通俗地理解为当年的国内生产总值比上一年度更多。为什么当年的国内生产总值会更多呢？是因为当年人

---

[1] 厉以宁：《经济学的伦理问题》，生活·读书·新知三联书店，1995，第 17~19 页。

[2] 厉以宁：《经济学的伦理问题》，生活·读书·新知三联书店，1995，第 19~20 页。

们的生产或者有效的总供给更多了，这既可以通过资源投入的扩大实现，也可以通过劳动生产率的提高实现。

长期以来，经济增长这一目标被认为是"好"的，因为当年社会有效的总供给比去年更多了，也常常意味着人民当年的生活水平更高了。而且经济增长的收益既有本代人的收益，也有后代人的收益。在本代人的收益中，既有本代人的近期收益，又有本代人的长期收益。经济增长所带来的收益是多方面的，但最基本的就是人们物质文化生活水平的提高。但是经济增长也是有代价的，这是因为在资源有限的条件下，经济增长与资源的有效使用之间存在着尖锐的矛盾。

1958 年，美国经济学家加尔布雷思写了一本十分畅销的经济学著作——《丰裕社会》。在这本书里，他提出了一个问题：在像美国这样的资本主义国家中，物质产品增多了，社会变得"丰裕"了，但"丰裕社会"能给人们真正的幸福吗？他对此表示怀疑。9 年后，加尔布雷思在《新工业国》一书中，把自己的观点做了进一步的发挥。他提出，小汽车的产量比过去多得多，但生产更多的小汽车，岂不是给空气带来更大的污染？或者带来了更多的城市拥堵？香烟的产量比过去多得多，但人们吸了更多的香烟，得肺癌的人不也比过去更多么？因此，"丰裕社会"是有缺陷的，以物质产品丰富为特征的"新工业国"是有弊病的。此外，物质产品越"丰裕"，生活在这种"丰裕"的环境的人越会感到苦恼，因为他们会发现自己越来越陷入了强大的工业大企业力量的支配中。这些大企业控制着价格，控制着产量，控制着销售网，控制着研究和设计机构。以前，消费者同小商店打交道，双方的地位还是相差不多的，现在，消费者同大公司打交道，消费者不得不听命于大公司，受到大公司的剥削。以前，出售原料和购买生产资料的小生产者同为数众多的较小的企业洽谈生意，小生产者还不至于受到太大的盘剥，现在，他们不得不同少数控制了市场的大企业往来，他们变成了完全无权力的原料出售者和生产资料购买者，只好听命于有权力的大公司。所以加尔布雷思认为，大公司是依赖经济增长而壮大起来的，战后资本主义经济增长过程就是大公司的势力膨胀的过程。生产更多的小汽车，生产更多的香烟和烈性酒，特别是生产更多的军火，这些都只有利于大公司，而由此造成的空气污染，肺癌患者增多，酒精中毒者增多，以及因生产和出售军火而造成的死亡人数增多，犯罪率上升，等等，其责任却不由大公司来承担。[1]经济增长的代价还表现在人与自然界的关系方面。美国麻省理工学院教授麦多斯等人在 1972 年出版的《增长的极限》一书中指出，由于人口增长和可耕地面积有限，再加上城市建设、道路建设要占用越来越多的可耕地，所以人类社会迟早会遇到粮食供应不足的危机；由于不能再生的资源（如铁矿石等）被大量消耗，若干年以后，这些资源也会被消耗尽；此外，由于工业的增长，对空气和水源的污染会越来越严重，自然环境破坏、生态破坏的速度加快了，而这些不仅会反过来影响粮食的生产，甚至会威胁人类社会本身的生存。因此，在作者看来，人类社会正面临着可悲的前景。他们甚至预言，到不了 2100 年，人类社会就会因为土地丧失肥力、粮食减产、人口膨胀、资源耗

---

[1] 厉以宁：《关于经济问题的通信》，上海人民出版社，1984，第 32~34 页。

尽以及环境严重污染而崩溃。[1]再进一步分析，经济增长需要消耗资源，本代人多用了资源，经济增长可以快一些，但留给后代人的资源肯定会减少（包括不可再生的资源和一些使用量大于再生数量的可再生资源），后代人的经济增长就会受到限制，甚至后代人的生存也会遇到困难。怎样处理这个两难问题？我们应当选择什么样的经济增长道路？这是经济学的伦理需要关心的问题。社会的可持续发展战略的研究与制定，正是为了协调经济增长、资源、环境之间的关系而拟订的有效对策。[2]

当然，减少经济增长的代价并不意味着要把经济增长率下降到零以保护生态平衡，这对人类而言是不负责任的，而且理论上也是不成立的，假定环境已经污染了，那就只有靠新技术的发展和推广来消除污染和防止污染；假定资源已经被大大浪费了，那就必须发明和采用节约资源的新技术，或者发明和发现有效的代替品，而这些都只有依靠经济的增长和科学技术的发展才能实现。[3]但是，"好"的经济增长还需要判断什么是合理的经济增长率的问题，是保持均衡速度的经济增长，还是容许经济增长过程中有所波动，以便取得更好的效果呢？经济按均衡速度增长，也许是一件好事，因为可以避免经济波动，但经济的波动也未必就是一件坏事，因为经济波动可能意味着经济结构的调整，而经济结构的调整可能又是下一阶段经济较快增长所必需

[1] 厉以宁：《关于经济问题的通信》，上海人民出版社，1984，第35~36页。

[2] 厉以宁：《经济学的伦理问题》，生活·读书·新知三联书店，1995，第255页。

[3] 厉以宁：《关于经济问题的通信》，上海人民出版社，1984，第43~44页。

的。[1] 从这个角度来看，偶尔的经济波动，也就是经济增长率的下降，未必就不是"好"的经济增长。

3. 经济运行的多个目标

从经济运行规律来看，一个好的经济体的运行需要多个目标，有短期的和长期的，有总体的和局部的。经济增长当然是主要目标，但是经济增长与人的福利增加（也可以称为人的发展）并不是同一个概念，可能会出现"有增长无发展"或者"有增长负发展"的情况。这就要求同时考虑经济运行的多个方面的目标：充分就业，维持物价基本稳定，经济增长，实现国际收支平衡。这四个宏观经济政策目标中，被认为最重要的是两个：充分就业和物价基本稳定。至于其余两个政策目标，尽管也相当重要，但可以稍许往后靠一些，这是因为经济增长实际上是同就业目标紧密联系在一起的。经济增长快一些，就业问题就解决得好些；反之，经济停滞了，失业人数就多了，就业问题也就严重了。所以，突出就业目标与突出经济增长目标，基本上是一致的。国际收支平衡目标的重要程度同一国的经济开放程度有关，也在一定程度上同物价基本稳定目标有联系，国际收支逆差增大，国内的物价就难以平稳，通货膨胀率可能就会高一些；国际收支平衡了，国内物价水平也就有较大的可能保持稳定，通货膨胀率也会降低些。因此充分就业与物价基本稳定是两个最重要的经济运行目标。[2]

西方经济学家一般认为失业与通货膨胀之间是相互交替的关系，

---

[1]　厉以宁：《经济学的伦理问题》，生活·读书·新知三联书店，1995，第 255 页。

[2]　厉以宁：《经济学的伦理问题》，生活·读书·新知三联书店，1995，第 76~77 页。

但也一直是有争论的。菲利普斯对 1862~1957 年近 100 年间英国的失业率与货币工资变动率的统计资料进行整理后所得出的论点是，失业率与工资增长率，或失业率与物价上涨率（通货膨胀率）之间存在着此长彼消、此起彼落的关系。这一关系被简称为菲利普斯曲线关系。它对西方国家政府制定宏观经济政策有重要意义，即当政府认为失业率已经成为经济不稳定的主要因素时，则可以用提高通货膨胀率的办法来降低失业率，而当政府认为通货膨胀率很严重的时候，就不必再那么关注失业率。然而，从理论上考察，失业与通货膨胀之间的交替关系并没有科学依据，失业可能由不同的因素引起，通货膨胀也有各种各样的原因。失业可能单独发生，也有可能同通货膨胀一起发生，还有可能因经济增长及其相伴而来的通货膨胀而呈下降趋势。通货膨胀同样如此，它既可能单独发生，也有可能同失业一起发生，还有可能因经济增长率降低及其相伴而来的失业率上升而呈下降趋势。因此，通货膨胀与失业之间没有必然的联系，其变动方向也不是一定的：有可能呈反方向的变动，也有可能呈同方向的变动，还有可能此变彼不变，此不变彼变。用失业率的升降作为通货膨胀率升降的原因，或把失业率的升降当成通货膨胀率升降的结果，都是不妥当的。换言之，菲利普斯曲线关系在理论上的错误之处是：它把本来不是由同一原因所导致的失业现象和通货膨胀现象说成是因果关系，似乎失业率的提高或降低是由通货膨胀率的降低或提高所引起的，这显然既掩盖了失业的真实原因，又掩盖了通货膨胀的真实原因。正因如此，西方国家在用增加失业率的办法来抑制通货膨胀率，或者用提高通货膨胀率的办法来减少失业率，只可能有暂时的效应，至多只能起到应急性措施的作用，而从较长时期来看，都可能是无效的，因为失业问题和通货膨胀问题没有从根本上得到解决。[1]

不论理论上是否相关，但如果从数据上来看，失业与通货膨胀之间存在着交替关系，充分就业和物价基本稳定孰轻孰重呢？这是一个伦理的问题。从根本上来说，必须要把充分就业目标与物价基本稳定目标置于同等重要的地位，否则一个经济体运行就是不正常的，也会带来经济增长的衰落。但同等重要并不意味着一国政府在任何情况下都必须把这两个目标同样对待而无轻重缓急之分。两个目标同等重要与政府根据每个时期的经济形势而排列解决失业和通货膨胀问题的先后顺序，是不矛盾的。经济学中有关宏观经济政策目标的伦理学讨论，主要不在于论证必须把就业与物价基本稳定置于最重要的、同等重要的位置上，而在于排列不同政治、经济形势下解决失业与通货膨胀问题的先后次序。[2]

另一个出现的问题就是如何衡量充分就业和物价基本稳定。充分就业不是指一切有劳动能力的人全部就业，而是指在某一货币工资条件之下愿意就业的人的就业。如果有人认为现行的货币工资水平不符合自己的愿望，因此不愿意就业，那么这被称作"自愿失业"。"自愿失业"被认为可以与充分就业共同存在，实现充分就业并不意味着社会上没有"自愿失业"的人。此外，社会上还可能由于季节性的原因或技术性的原因而引起失业，这种失业称作"摩擦性失业"。"摩擦性

---

[1]　厉以宁:《经济学的伦理问题》，生活·读书·新知三联书店，1995，第77~78页。

[2]　厉以宁:《经济学的伦理问题》，生活·读书·新知三联书店，1995，第79~80页。

失业"也可以与充分就业共同存在，实现充分就业也不意味着社会上没有"摩擦性失业"的人。由于"自愿失业"和"摩擦性失业"是不易消除的，因此充分就业目标是指失业率维持在一定水平但没有超过社会可以承受的失业率界限。西方经济学有一种观点认为失业率界限一般是 4% 左右，但这个指标也会随着各国情况和经济发展阶段不同而变化。另一个问题是物价基本稳定的衡量，虽然从理论上来看，物价稳定与零通货膨胀是同义的，但这一点是不太现实的，现实中的通货膨胀通常是指较明显的、可以被人们察觉到的物价上涨。西方经济学有一种观点认为 3% 或 4% 左右的物价上涨率是一条界线，在这条界线之下，物价上涨是轻微的，人们不一定察觉到，所以不被看成通货膨胀，物价可以被认为是基本稳定的，但该标准也会因各国情况和经济发展阶段不同而变化。[1]

从经济史来看，二战以后的发展中国家往往把充分就业放在优先地位，即"就业优先，兼顾物价基本稳定"，我国改革开放以后也是采用的这一原则。可以用"两害相权取其轻"来理解。通货膨胀有害，失业有害，既然二者都有害，那么，作为宏观经济政策目标的制定者就应当既抑制通货膨胀，又着手消除失业。这当然是最理想的。但实际上很难同时立即实现这两项任务，这往往需要一个过程。比如说，先采取措施把失业（或通货膨胀）压一压，失业率（或通货膨胀率）低了一些，而通货膨胀率（或失业率）又高了一些，于是再压通货膨胀率（或失业率），如此反复几次，才能把失业率和通货膨胀率

---

[1]　厉以宁：《经济学的伦理问题》，生活·读书·新知三联书店，1995，第 81~93 页。

都降下来。但是先抓什么呢？根据世界各国的经验，可以做出如下判断：对宏观经济运行最不利的因素是社会不稳定。社会稳定与否，直接关系经济发展的速度和人民生活水平的提高程度。假定社会不稳定，社会经济秩序乱了，人民的正常工作与生活秩序乱了，那么宏观经济运行必定受到严重的干扰，经济的持续增长与社会的协调发展也就成为一句空话。失业率或通货膨胀率如果超过了社会可以承受的限度，都会引起社会不稳定，也都会干扰宏观经济运行。但相对而言，通货膨胀率的增大对宏观经济运行的干扰小于失业率的上升对宏观经济运行的干扰。[1]通俗地讲，通货膨胀是"生活过得好不好"的问题，失业是"能不能继续生活"的问题，不能继续生活，那就会带来社会动荡，经济会受到更大影响，因此"就业优先，兼顾物价基本稳定"是合理的选择。

第三节　经济运行与体制

经济学是社会启蒙的科学，也是社会设计的科学。有了前两个层次的研究，即人的层次和目标的层次，就明白了应该是什么，不应该是什么，什么是对的，什么是错的，接下来要讨论的就是用什么样的方法可以实现以上这些目标，这就涉及经济运行与体制的研究。就如同一位建筑师一样，在他明确了"应该"建筑什么，"不应该"建

---

[1]　厉以宁：《经济学的伦理问题》，生活·读书·新知三联书店，1995，第104~106页.

筑什么，什么样的建筑是好的，什么样的建筑是不好的之后，就要开始精心的设计。设计时必须需要遵循建筑设计的客观规律，也就是什么样的方法可以实现什么样的目标，之后再去组织人们把建筑建造出来。通常来说，经济运行与体制的研究包括如下几个方面。

一 怎样实现效率与公平

1. 基准点与参照系

怎样实现效率的目标呢？西方经济学提出了均衡的概念。均衡是指市场运行中不同力量处于平衡的状态，也是一种分析方法。具体而言，均衡就是在某一种价格下，市场上生产者愿意供给的产品数量与购买者愿意消费的产品数量刚好相等的一种稳定状态。有一类均衡被称为瓦尔拉均衡，也被称为一般均衡，是指假设存在着完善的市场和灵敏的价格体系条件下，每一个参与市场交易主体的信息完全，在竞争和价格调整的情况下，全部的商品和服务市场都会实现供需相等的均衡稳定状态。[1]

均衡与效率的关系是什么呢？经济体如果实现了瓦尔拉均衡这个理想状态，这时生产者剩余和消费者剩余的总和最大，并且是帕累托最优的状态，也就是不可能再改善某些人的境况，而不使任何其他人受损，这时的经济是最有效率的，也可以被视为一个基准点和参照系。这也就是福利经济学第一定理的内容，也被称为阿罗 - 德布鲁定

---

[1] 厉以宁、秦宛顺编著《现代西方经济学概论》，北京大学出版社，1983，第 20~22 页。

理（Arrow–Debreu Theorem），即在自由竞争、充分信息、完全市场的条件下，如果每个人、每个厂商利润最大化、利益最大化，那么市场的每一个均衡都是有效率的。因此，只需要建立一个完善的市场，就可以实现效率最高。所谓完善的市场，瓦尔拉均衡所假设的是完全竞争市场，这个市场有大量的卖者与买者，任何一个卖者或买者都不能影响商品的价格；产品是同质的、无差别的；各种生产资源可以完全自由流动，这时人力、物力、财力都必然发生流动，各自朝着被认为更有利的行业转移，而在均衡点上，现有的厂商不打算退出（因为没有亏损），新的厂商也不打算加入（因为没有超额利润的吸引），这时，人力、物力、财力被认为可以最合理地分配到每一个部门，于是就实现了"人尽其才，物尽其力"。[1]

但在现实情况中，一般均衡的假设很难实现，因此现实中的均衡往往是非瓦尔拉均衡，也就是不存在完善的市场，不存在灵敏的价格体系的条件下所达到的均衡。[2] 相比于瓦尔拉均衡而言，非瓦尔拉均衡的经济效率不是最高的，但可以随着市场的不断完善以及价格体系的完善向瓦尔拉均衡的效率这一基准点和参照系靠近。

怎样实现公平的目标呢？福利经济学第二定理认为，在完全竞争的市场条件下，政府所要做的事情是改变个人之间禀赋的初始分配状态，其余的一切都可以由市场来解决。换言之，要实现公平目标，政府只要对初始禀赋进行调整，比如通过收入再分配的方式，剩下的交

---

[1]　厉以宁：《简明西方经济学》，经济科学出版社，1985，第 12 页。

[2]　厉以宁：《非均衡的中国经济》，经济日报出版社，1991，第 1~2 页。

给市场即可，这也说明公平和效率是可以兼顾的。

这两个福利经济学定理以及当代一般均衡理论讨论的内容构成了西方现代经济学最基本的理论，因为它们严格证明了亚当·斯密有关"看不见的手"的论断，即在个体逐利和信息完备的前提下，竞争自由的市场制度可以实现效率和公平，其具有最优性（福利经济学第一基本定理）、普适性（福利经济学第二基本定理）、唯一性（经济核极限定理）、公正性（公正定理）及有利于社会的稳定性（经济核定理）。有了这样的基准点和参照系，人们就可以知道什么样的市场是最有效率而且公平的，可以"虽不能至，心向往之"，而且人们还可以对现实中的各种经济体制和市场经济做出评估比较，了解现实市场和理想状态下的市场差距有多大。[1]

2. 现实市场的效率

现实市场距离瓦尔拉均衡的理想状态市场是有差距的，往往是非瓦尔拉均衡，其效率如何呢？这就有必要简单回顾一下经济学说史。18世纪末至19世纪初，法国经济学家萨伊认为只要有自由交换的市场机制，供给就可以自动创造需求。换言之，现实市场和理想状态下市场的差距是不大的。萨伊的理由是，如果你看到一个人正在生产，而没有躺在那里晒太阳，那一定是有东西在驱使他去做事情，也就是有潜在需求。由于任何生产所形成的价值都将以工资、利润、利息和地租等形式构成社会各阶级的收入，以及潜在需求的存在，收入用于

---

[1] 田国强：《如何构建政治经济学的中国学派》，《中国新闻周刊》2018年第12期，第40~43页。

消费的部分就形成了对消费品的需求；收入用于消费后的余额，被称为储蓄；储蓄转用于投资，就形成了对生产资料的需求。由于收入不是用于消费，就用于投资，因此，供给自动创造了需求。换言之，不论产量如何增加，产品的销路都不会发生问题，高效运转的市场一定会把这个需求与供给连接起来，而不管这二者之间隔有多远，即使个别商品由于比例失调而发生暂时性的生产过剩，这种现象也会因市场的自发调节作用而归于消失。[1]

与萨伊定律一样，古典经济学和新古典经济学的经济学家一般皆认为现实市场中冲突导致的低效率是一种例外。这主要出于以下两种考虑。第一种考虑，市场是重秩序的，在市场维持正常秩序时，交易者都会有正常的预期，谁都不希望市场预期紊乱，因此全都希望市场秩序正常化。市场冲突的出现通常被认为是短期的、例外的现象。第二种考虑，假定技术进步了，市场会出现新能源、新原材料、新工艺、新设备、新产品或产品经改进后出现新功能、新用途等情况，新企业和老企业之间会有冲突，但这也是例外的、暂时的现象。[2]

然而，萨伊定律是在工业化初期提出的，它没有预料到资本主义国家在 20 世纪 30 年代会发生严重的经济危机，现实市场距离理想状态市场的均衡差距非常大，出现了低效率情况，比如出现了大量的失业，萨伊定律无法解释了。此时，经济学家凯恩斯提出了有效需求原理，反对萨伊定律，认为供给不能自动创造需求，因为存在三个心理

---

[1]　厉以宁：《简明西方经济学》，经济科学出版社，1985，第 74~75 页。

[2]　厉以宁：《经济与改革：厉以宁文选（2015-2017）》，中国大百科全书出版社，2019，第 245~252 页。

学定律"边际消费倾向递减规律、资本边际效率递减规律、流动偏好规律",这会导致收入不能完全转化为消费或者投资,因此经济体的有效需求不足,进而使得经济出现生产过剩,发生了经济危机。[1]凯恩斯认为,解决的办法是靠政府干预,也就是宏观调控,比如通过政府购买或发债来扩大市场中的有效需求,推动现实市场的均衡状态向瓦尔拉均衡状态靠近。这也成为第二次世界大战结束以后20多年西方国家主流的经济思想。这些国家主要采用财政政策或者货币政策进行宏观调控,在需求不足时刺激需求,在需求过多时抑制需求。

但是20世纪70年代在美国出现了滞胀,也就是既有经济停滞也有通货膨胀,凯恩斯经济学也没法解释了,需求管理也失效了,市场再次陷入了低效率状态,既出现了失业,也出现了通货膨胀。时任美国总统尼克松邀请后凯恩斯主义的经济学家分析发现,当时的美国经济中出现了两个垄断力量,一是工会,工会操纵了工资的涨跌,工资只能升不能降,这就形成了工资刚性,企业家不愿意生产了,成本太高带来了亏损,经济也就停滞了;二是跨国公司,跨国公司垄断了价格,价格只能涨不能跌,形成了价格刚性,价格只会越来越高。工资刚性和价格刚性就形成了一种游戏"青蛙跳",工资物价轮流上涨,因此形成了滞胀。于是尼克松采取管制的政策,工资冻结,物价限制,但美国是市场经济国家,工资不让涨,以奖金、以补助等方式暗涨,不然工人不干了;物价不让涨,那就不卖了,转入地下交易了,结果物价涨得更快。直到里根总统上台以后,采用供给学派的政策,

---

[1]　厉以宁:《简明西方经济学》,经济科学出版社,1985,第75~79页。

没有采用凯恩斯的宏观调控，而是从供给端发力，通过减税使得企业降低成本，愿意生产，增加供给和投资；鼓励私有化，增强企业的创新积极性，进而出现新产品、新营销方式，这样产品竞争越来越多元，价格才能稳定。终于在 20 世纪 80 年代，美国经济摆脱了滞胀。[1] 换言之，供给学派通过供给端发力，使得现实市场的效率提升了。

3. 现实市场的公平

福利经济学第二定理认为，要实现公平目标，政府只要对初始禀赋进行调整，比如通过收入再分配的方式，剩下的交给完全竞争的市场即可。古典经济学家和福利经济学家都认同这一观点，他们认为，根据边际效用递减规律，可以得出这样的论点：货币对于不同收入的人有不同的效用，货币收入越多则货币的边际效用越少，同一数额的货币在富人手中的效用较小，在穷人手中效用较大；因此，如果把富人的一部分货币收入转移给穷人，将会增加效用的总和，从而增加一国的经济福利总量。比如说，穷人手头的 1 英镑的效用比富人手头 1 英镑的效用大，如果向富人征收累进所得税，并通过社会福利津贴等措施把这些收入分配给穷人，那么社会的福利总和就会增加。这就是经济学家庇古从效用和福利学说而得出的收入再分配论点。[2]

但后来的新自由主义经济学家认为收入再分配政策可能会损害经济效率，他们认为，随着效率的提高，自由交换的市场制度会有利于经济体走向公平，即所谓的涓滴效应，因为随着富人的财富越来越

---

[1]　厉以宁:《供给方的改革和结构调整》,《保险理论与实践》2016 年第 1 期, 第 5~10 页。

[2]　厉以宁:《简明西方经济学》, 经济科学出版社, 1985, 第 56 页。

多，会创造更多的社会财富和就业机会，使得穷人有机会就业并享有更多的财富。1955 年，美国经济学家库兹涅茨基于现实的经济数据，发现了收入分配状况随经济发展过程变化而出现了倒 U 形曲线规律，在收入水平较低的阶段，经济增长与收入分配差距扩大相伴随；然而当收入水平达到一定程度后，经济增长有助于缓解收入分配不平等。库兹涅茨把经济部门简单分为两个，一个是农业部门，一个是工业部门，部门间的不平等程度大于部门内的不平等程度，在经济发展的初期，工业部门的比率逐渐加大，部门间的不平等使得整个分配趋于不平等；随着经济发展，伴随着农业部门的劳动力向工业部门转移，工业部门逐渐处于支配地位，部门间不平等逐渐减少，整个分配的不公平程度将会降低。这一理论有着许多理想化的前提，比如假定劳动力自由流动，部门间不平等大于部门内的不平等。

正因如此，现实的经济中，我们并没有发现倒 U 形曲线规律，比如皮凯蒂撰写的《21 世纪资本论》就描述了这个现象，认为美国等西方国家的不平等程度已经达到或超过了历史最高水平，认为不加制约的资本主义加剧了财富不平等现象，而且将继续恶化下去。但皮凯蒂的分析主要仍是从分配领域进行的，因此解决方案也集中在分配领域，就是靠政府进行收入再分配，和福利经济学家的建议其实是一致的。但收入再分配制度也有两个问题。一是再分配多少的问题，对于收入较少的群体，政府无法知道是因为偷懒，还是因为能力不足导致收入少，因此再分配可能会导致奖懒罚勤，进而带来效率低下。二是财产性收入征税的问题。财产性收入既可能是纯粹资本的投机，也可能是企业家为了应对不确定性而追求创新的有效投资，政府采用一个标准征税的话，可能会抑制创新。这也正是新自由主义经济学家所批判的问题。

如何解决公平的问题呢？越来越多的经济学家发现关键在于所有制的问题。科斯定理认为，只要财产权是明确的，并且交易成本为零或者很小，无论在开始时将财产权赋予谁，市场均衡的最终结果都是有效率的，也就是实现资源配置的帕累托最优。科斯定理是一种基准情形，其核心在于强调市场的真谛不是价格，而是产权。产权的问题就是所有制的问题，从所有制方面分析公平问题的集大成者是马克思，他基于资本主义经济规律的深刻洞察，发现了这一科学规律。资本主义社会包括有资本的人——资本家，无资本的人——无产者（工人）。资本家不需要劳动，劳动的是工人。工人在工资之外劳动的工时创造了剩余价值，被资本家占有。因此资本家追求不断延长工时，剥削工人，这就形成了两极分化和不公平。当然这种不公平也带来了资本主义的危机，随着分工的细化，生产越来越社会化，生产效率提升了，但每个工人越来越弱势，收入越来越少，他们无力购买自己生产的产品，导致资本家的商品也售不出去，资本主义就会产生危机。这就是生产社会化和生产资料资本主义私人占有之间的矛盾，是资本主义的基本矛盾，因此资本主义生产方式产生了资本主义的掘墓人。只有生产资料属于全社会，消灭私有制，才不会出现两极分化和不公平问题。当然，马克思在《共产党宣言》里所说的消灭私有制，不是指消灭个人劳动的私有制，也不是所有生活资料都私有制，而是在生产力比较发达之时，生产资料私有制会与生产社会化产生矛盾，并产生两极分化，所以生产资料公有制是应有的选择。马克思的这一观点被社会主义国家进一步创新发展和应用，并在推动公平方面取得了巨大的成效。

二　经济体制与资源配置

1. 社会制度与经济体制

从人类社会发展史来看，社会制度可以分为原始社会、奴隶社会、封建社会、资本主义社会、社会主义社会。在资本主义社会以前，人类社会都是低效率的。这种低效率同当时的生产力发展水平联系在一起，无论从单位时间内劳动投入的成果来看，还是从资源的利用情况而言，都是如此。随着人类社会的生产力逐渐发展，与社会各个发展阶段上的生产力性质相适应的是不同的社会生产关系，一定的效率是一定的生产力与生产关系相互作用的结果。资本主义社会出现以后，效率得到了快速提升。这种效率是怎样形成的呢？一方面是科学技术进步带来了生产力的提高；另一方面，从生产关系来看，资本主义社会中雇佣劳动制度始终存在，这也促进了生产力的提高，但同时也存在着资产阶级对工人的压榨和剥削，存在着大资本对小资本的排挤和吞并，这些积累下的社会矛盾又损害了效率，使得资本主义社会出现经济危机。社会主义社会出现后，显现了其优势。一方面社会主义社会继承了资本主义社会的科学技术，使得生产力较高；另一方面，社会主义社会避免了资本主义社会的阶级矛盾，而且对不适应生产力性质的生产关系不断进行调整和改革，对不适应经济基础的上层建筑不断进行调整和改革，进一步促进了生产力和效率，因此体现了优越性。[1]

再从公平角度来看，原始社会最初的平等是同其低下的生产力水平联系在一起的；奴隶社会和封建社会的不平等是公开的、赤裸裸的不平等，这也与当时的生产力水平低下有关；资本主义条件下，社会在本质上是不平等的，却具有形式上的平等、一种以等价交换形式表现出来的平等，这仍然同资本主义社会的生产力水平相联系，因为在资本主义大机器生产基础上建立的发达的资本主义商品经济，可以做到通过形式上平等的资本主义雇佣关系来实现资本对劳动的剥削。这种形式上的平等（资本主义雇佣关系）既是实质上的不平等（资本家拥有生产资料并对雇佣劳动者进行剥削）的条件，又是实质上的不平等的结果，因为没有人身自由的雇佣劳动者，就不会有资本主义生产，而人身自由的劳动者之所以不得不出卖劳动力，又正是由于他们被剥夺了生产资料的缘故。社会主义社会主张真正的平等是指阶级的消灭、剥削的消灭，强调生产资料公有制，这无疑是社会主义制度在公平性方面优越于资本主义制度的一个重要标志，但这里的平等也需要与生产力的发展阶段和水平结合起来看。社会主义社会分为初级阶段和高级阶段。初级阶段的平等，必须体现在建立促进现阶段生产力发展水平提升的平等的生产关系，也就是各尽所能、机会公平、按劳分配，让每个有积极性的人公平地创造价值，获得收益，而不能是平均主义的"大锅饭"，因为这是不适应当前生产力的，事实上并非一

[1] 厉以宁：《关于经济问题的通信》，上海人民出版社，1984，第 160~163 页。

种公平。[1]当然，相对于资本主义社会的私有制，社会主义社会的公有制也不应是僵化的、产权模糊的公有制概念，中国在改革开放以后进行了股份制改革，成功地将原来产权模糊不清的公有制经济，改革为产权清晰的新型公有制经济，进而彰显了制度的优越性。

每种社会制度下可能有不同的经济体制，经济体制是经济组织和运行形式的统称。为了追求效率和公平，资本主义社会和社会主义社会的国家在现代化进程中逐步形成了两种经济体制，市场经济体制和计划经济体制，前者强调经济组织和运行中的分权，后者强调经济组织和运行中的集权。自亚当·斯密提出"看不见的手"以来，市场经济体制的概念深入人心。马克思主义政治经济学发现了资本主义市场经济体制的局限性后，20世纪20年代，苏联建立了高度集权的经济管理体制，于是计划经济体制和市场经济体制的争论自此开始。西方经济理论认为信息的分散性要求决策的分散性，而计划经济是集中决策的形式，必然导致资源配置缺乏效率。另外，经济上的集中还会引起政治上的集权。奥地利经济学家哈耶克反对任何形式的经济计划和社会主义，认为垄断、计划、国家干预始终与无效率相联系。他明确主张自由化，强调自由市场、自由经营，而且坚持认为私有制是自由的根本前提。20世纪80年代，人们的认识趋向理性化，更加注重从经济研究的比较中总结经验教训，开始客观评价集权与分权的利弊。例如，美国经济学家斯蒂格利茨既不赞成苏联式的过度集权，也不赞成西方国家市场经济的过度分权。而事实上，在不同的国家和地区，

---

[1]　厉以宁：《关于经济问题的通信》，上海人民出版社，1984，第154~159页。

55

集权与分权体制不是对立的，在高度分权化的市场经济中也有集权，在高度集权化的社会主义计划经济中也有分权，人们看到的往往是分权化和集权化的混合体。与之相类似，中国改革开放后认识到，计划经济同生产无政府状态对立，而不是同一般的商品经济对立；计划经济应建立在广泛利用商品货币关系的基础上，在这种思想指导下建立起来的经济体制，将不是排斥市场机制的，而是利用市场机制的。集权与分权结合型的体制不但能给予企业动力和压力，同时，国家也能基本上控制全局，保持宏观经济的稳定。在艰苦求索、反复实践和不断修正的基础上，中国创立了社会主义市场经济体制。[1]

2. 政府、市场与道德

无论在哪种经济体制中，市场和政府都是调节经济或者资源配置的两种主要方式，计划调节是政府调节的一种方式。市场和政府之间的关系应该如何呢？可以用"搅拌机"的比喻来形容。

市场像一个搅拌机，市场作为资源组合的选择者，类似于一个把各种资源投放在内，不断进行搅拌，并提供合乎要求的组合（产品）的大型搅拌机，搅拌过程就是资源组合的选择过程。在日常生活中，把一定数量的沙、石子和水泥投入搅拌机之后，它们将在搅拌中逐渐处于均匀分布状态。当各种资源被投入到市场这个大型搅拌机内，通过它们的不断运动，在生产、销售、分配、消费等多个环节完成资源配置的选择，搅拌的结果一方面满足了人们的需求，另一方面实现了

---

[1] 李庆云、鲍寿柏主编《厉以宁经济学著作导读》，经济科学出版社，2005，第52~54页。

资源的合理配置。[1]

如果把市场比喻为一个大型搅拌机，那么正如搅拌机需要由管理者进行管理一样，市场也需要管理者，政府就像搅拌机的管理者。首先，政府有责任维护市场的秩序；其次，可以在资源供给不足或需求不足的场合，调节资源供给和需求，把有限的资源配置于各个需要资源的领域；再次，可以把有限的资源配置给各个供给者；最后，还可以直接作为供给者和需求者起作用。但政府调节所起的作用，不是把自己的意图强加给各个微观经济单位，而是使微观经济单位产生内在的动力，以自己的选择来谋求利益。也就是政府采取一定的措施，使微观经济单位感到某种资源组合方式对自己比较有利，某种资源组合方式对自己比较不利，从而做出符合政府意图的选择。政府的调节不能挫伤市场调节中微观主体的活力，微观经济单位越有活力，市场的运行就越顺利，从而投入市场的各种资源也就越能在市场这个大型搅拌机内自由地、有效地组合。反之，如果政府的调节使微观经济单位的活力受到抑制，微观经济单位变得呆滞、麻木，搅拌机就不易运转，或者运转得十分缓慢，以至于达不到有效地配置资源的目的。[2]

市场和政府调节的关系还应该用"双覆盖论"来形容。"双覆盖论"是相对于"板块论"而言的。"板块论"是指政府调节经济的一个领域板块，市场调节另一个领域板块，这不是好的资源配置方式。而"双覆盖论"是指政府和市场的调节共同作用于经济领域，两种调

---

[1] 厉以宁：《非均衡的中国经济》，经济日报出版社，1990，第22页。

[2] 厉以宁：《非均衡的中国经济》，经济日报出版社，1990，第50~51页。

节是互补的，市场调节是第一次调节，政府调节是第二次调节、高层次调节，是覆盖于市场调节之上的再覆盖，这是好的资源配置方式。[1]

事实上，经济调节还有第三种方式，即道德调节。在市场尚未形成与政府尚未出现的漫长岁月里，那时既没有市场调节，也没有政府调节，道德调节是这一漫长时间内唯一起作用的调节方式。不仅远古时期的情况是如此，即使在近代社会，在某些未同外界接触或同外界接触不多的部落中间，在边远的山村、孤岛上，甚至在开拓荒芜地带的移民团体中，市场调节不起作用，政府调节也不起作用，唯有道德调节才是在社会经济生活中起作用的调节方式。因此，道德调节是超越市场与政府的一种调节。由于市场力量与政府力量都有局限性，所以这两种调节会留下一些空白。比如由于人是"社会的人"，人不一定只从经济利益的角度来考虑问题和选择行为方式，人也不一定只是被动地接受政府的调节，所以市场调节与政府调节都难以进入到人作为"社会的人"这个层次来发挥作用。市场调节与政府调节留下的空白只有依靠道德调节来弥补。此外，社会生活是一个广泛的领域，其中一部分是交易活动，另一部分是非交易活动。在交易活动中，市场调节起着基础性调节的作用，政府调节起着高层次调节的作用，而在非交易活动中，市场机制是不起作用的，政府调节也只是划定了非交易活动的范围，而并不进入非交易活动范围之内进行干预。这样，非交易活动也要靠道德力量来调节。此外，在市场可能失灵、政府可能

---

[1]　厉以宁：《非均衡的中国经济》，经济日报出版社，1990，第75~77页。

瘫痪的一些情形下，也需要道德的调节。[1]

3. 三次分配

对应于市场、政府、道德的三种调节方式，也可以把收入分配制度分为三次分配。第一次分配在市场经济的环境中进行，着重的是效率，效率优先将在这里体现出来。第二次分配是在政府主持下进行的，既要注意效率，又要注意公平，既要有利于资源的有效配置，又要有利于收入分配的协调。这就是"效率优先，兼顾公平"。如果不这样做，而是颠倒顺序，如第一次分配强调的是收入平等，那么就会得到如下的后果：既没有效率，又没有可能实现公平，资源有效配置与收入分配协调二者都实现不了。[2]

在第一次分配中，主体应该是按劳分配，同时也要结合按效益分配。按劳分配也就是等量劳动领取等量报酬，在劳动这个尺度面前，各个劳动者是平等的。然而，这也可能带来合理的差距，因为各个劳动者的劳动能力不同，在相同的时间里，有些人能提供较多的劳动，另一些人却做不到这一点；为完成同一件生产任务，有些人实际投入的劳动较少，另一些则必须投入较多的劳动。此外，各个劳动者的实际的家庭负担也不一样，因此，即使劳动者的劳动能力相同，并且由于他们提供了等量劳动而取得了等量报酬，在实际家庭负担不一样的劳动者之间仍然出现了生活水平的差距。[3]但这一差距是有一定合理

---

[1]　厉以宁：《超越市场与超越政府——论道德力量在经济中的作用》，经济科学出版社，1999，第1~4页。

[2]　厉以宁：《经济学的伦理问题》，生活·读书·新知三联书店，1995，第21~22页。

[3]　厉以宁：《社会主义政治经济学》，商务印书馆，1986，第426页。

性的。

当然，一个经济体的效率不只是劳动带来的，还是多种生产要素共同带来的。为了进一步提升经济体的效率，在第一次分配中也需要考虑劳动之外其他生产要素的作用，需要多种分配方式的并存，比如按效益分配。按效益分配是指，收入按照各个生产要素供给者所提供的生产要素的数量与质量分配。提供的生产要素越能产生较大的经济效益，由此得到的收入也越多。如果提供的生产要素不被市场所需要，或者说不能产生任何经济效益，也就不可能从市场经济中取得收入。按效益分配原则的实行，一般说来将会促使生产要素供给者更加注意自己所提供的生产要素被市场需要的程度，从而会提高生产要素的质量，并按照市场的需要来调整生产要素的供给量。至于生产要素的需求者，在按效益分配原则的指引下，也会更加注意所得到的生产要素的使用状况，以提高生产要素的利用率，减少对生产要素的不合理使用。因此，无论从微观还是宏观层面来看，效率的增长与按效益分配原则的实行是一致的。此外，由于按效益分配是指按生产要素供给者提供的生产要素的数量、质量及其被市场所需要的程度而取得收入，所以这体现了公平的竞争和机会的均等。人与人之间处于同一条起跑线上竞争，差距是竞争的结果，而出发点则是一致的。这表明按效益分配体现了公平。假定说在经济生活中存在着这种不公平或那种不公平，那么可以说，这些都在不同程度上同按效益分配原则没有得到实施或未能被切实有效地实施有关。[1]

在政府主持的收入的第二次分配过程中，政府可运用所得税、遗产

---

[1] 厉以宁:《经济学的伦理问题》，生活 · 读书 · 新知三联书店，1995，第6~12页。

税等税收调节收入的差距，这属于"事后调节"。政府还可以采取某些措施，如规定个人持股比例、制定工资标准等预防个人收入差距过大，这些措施属于"事前调节"。政府还可以通过对贫困户的补助、统筹社会保障、建立养老保险、失业保险、医疗保险、工伤事故保险等，使贫困户在生活上得到一定保障。除了第一次和第二次分配外，还有第三次分配。第三次分配，即在道德力量作用之下的收入分配，这与个人的信念、社会责任心或对某种事业的感情有关，比如社会上的自愿缴纳、自愿捐献、自愿对他人的接济、慈善事业等，以及带来的示范效应，这也是一种重要的收入分配方式，有利于社会的协调发展。[1]

第四节　经济学家的三大法宝

经济学家熊彼特曾经说过，经济科学家与一般的对经济问题想过、谈过和写过文章的人之间的差别在于经济科学家掌握了三门基础学问：历史、统计和理论。他还说，如果让他重新开始，他将首选历史。其理由有三：第一，如果一个人不掌握历史事实，不具备适当的历史感或所谓历史经验，他就不可能指望理解任何时代（包括当前）的经济现象；第二，历史提供了最好的方法让我们了解经济与非经济的事实是怎样联系在一起的；第三，我相信目前经济分析中所犯的根本性错

---

[1] 李庆云、鲍寿柏主编《厉以宁经济学著作导读》，经济科学出版社，2005，第173~174页。

误，大部分是由于缺乏历史的经验，而经济学家在其他条件方面的欠缺倒是次要的。[1] 历史、统计、理论也被誉为经济学家的三大法宝，随着经济学的发展，三者融会贯通成为当前的趋势。

一 历史

1. 经济史

用好历史的法宝，主要是指用好中外经济史。为什么要研究经济史呢？核心在于"回顾""展望"，回顾是为了了解经济发展的规律，但我们不是为了研究历史而研究，而是为了以史为鉴，展望未来。

漫长的世界经济史可以简化为两次重要的经济革命，其区别在于资源配置方式的不断演进。第一次是农业革命。在大约距今 1.1 万年的时候，人类从狩猎和采集时代过渡到定居农业时代，历史上称为农业革命或新石器革命。农业革命之前，不论是狩猎的动物还是采集的植物，基本都是共有的。但随着人口的增加，人类争夺这些食物时就发生了冲突。为了让资源配置更为合理，人们开始分别占有和使用这些食物，慢慢扩展到占有和使用生产资料，从而导致私有财产的出现。有了私有财产之后，大家积极性就有了，效率提升了，但是与此同时，阶级矛盾也产生了，私有财产越来越多的人成为奴隶主，私有财产比较少的变成了奴隶。正如恩格斯所说："如果我们深入地研究一下这些问题，我们就不得不说——尽管听起来是多么矛盾和离奇——

---

[1] 〔美〕约瑟夫·熊彼特:《经济分析史》(第一卷)，朱泱等译，商务印书馆，1991，第29页。

在当时的情况下，采用奴隶制是一个巨大的进步。"[1] 为什么呢？因为效率提升了。

在农业革命时期，世界上不同地区的资源配置方式也有所不同。马克思将之归纳为三类，这三类的核心区别在于土地制度和劳动制度。第一类是希腊罗马世界的古代生产方式，这是一种典型的奴隶制经济，土地由奴隶主所有，不能交易，奴隶被剥夺自由，被强迫劳动。第二类是日耳曼世界的日耳曼生产方式，也就是西欧封建经济，这是一种典型的封建领主制经济。土地由领主所有，不能或者不容易交易，农民的人身和劳动都依附领主。第三类是东方世界的亚细亚生产方式，以中国为例，最早是奴隶制经济，后来演变为西周的封建领主制经济，土地制度是井田制，土地是周天子分封的，不能交易，领主强迫农民或者庶民耕种，是一种直接的全方位的剥削。后来井田制被废除了，土地私有化了，这时候就逐渐演变形成了封建地主制，土地可以自由买卖，效率提升了。农民不再是奴隶了，而是可以自由选择为哪个地主种地。虽然地主对农民还存在剥削，但不再是人身依附的剥削了，而是变为通过地租等经济手段来剥削，从而缓和了阶级矛盾，因此是一种资源配置方式的进步，优越于前两类生产方式。这也是中国封建制度长期存在，以及资本主义革命没有率先在中国发生的一个重要原因。

尽管农业革命时期资源配置方式也在进步，但仍存在两个难以解决的问题：一是生产效率提升非常缓慢，高度依赖土地等自然资源；二是各个国家之间相对比较封闭。这两个问题使得农业社会长期陷入

---

[1]《马克思恩格斯文集》第 9 卷，人民出版社，2009，第 188 页。

"马尔萨斯陷阱"，人类的发展被严重制约。

第二次经济革命是工业革命。15世纪末新航路的开辟推动了世界市场的建立，资本主义国家通过开拓殖民地，极大地丰富了资源；通过工业革命和技术创新，加上建立的资本主义市场经济制度，开展自由贸易和对外贸易，生产力水平和资源配置效率极大提升，跳出了"马尔萨斯陷阱"。

工业革命以来，人类也有两种资源配置方式。一是资本主义生产方式，包括早期的自由资本主义，后期的垄断资本主义也就是帝国主义，以及当前改进的混合资本主义。二是社会主义生产方式，包括苏联、大部分社会主义国家初期、中国改革开放前的社会主义计划经济体制，和中国改革开放后的社会主义市场经济体制，越南革新开放后也是社会主义市场经济体制。资本主义和社会主义生产方式的一致性在于都追求效率的提升，区别在于，社会主义生产方式将公平放在更重要的位置。

总而言之，中外经济史是当前一切经济学理论的来源，经济学研究的本质就是对经济史规律的探讨。正如黑格尔所说的，研究哲学史就是研究哲学。因此，研究经济史本质上也就是研究经济学，经济学本质上是一门历史的科学。

2. 比较经济史

用好中外经济史的一个有效的方法是开展比较经济史的研究。比较经济史学是经济史学的一个分支，主要考察世界上各个不同国家和地区经济发展过程的差异和共同点，分析这些差异和共同点的原因与后果，以加深对人类社会经济活动的历史过程的认识。历史上，很多经济学家都曾对不同国家的经济史进行过比较研究，尽管这些比较研究并不是系统的。比较经济史学的形成和经济史比较研究的重要性被学术界所认识，主要是在第二次世界大战结束以后，尤其是在 20 世纪 60 年代中期以后，这与当时的世界政治经济形势有关。第二次世界大战结束后，随着旧的世界政治体制的解体和不少后进国家先后走上现代化的道路，关于经济制度、经济发展、经济政策的历史比较成为学术界广泛感兴趣的课题，这方面的研究为比较经济史学的形成创造了重要的条件。比如讷克斯、库兹涅茨、罗斯托、赫尔希曼这样一些以研究经济增长著称的经济学家，都在比较经济史学领域内进行了专门的论述。尽管除了罗斯托以外，其他几位学者都不被归入经济史学家范畴，但他们的著作在比较经济史研究中的地位是不容忽视的。比较经济史学的发展还得益于两个方面的因素：一是诸如人力资本理论、制度创新理论、技术创新理论、政治周期理论、长波理论、政治市场与公共选择理论等产生和发展使得比较经济史研究有了新的理论依据；二是计量经济史学的兴起使得比较经济史研究有了严谨的科学范式，弥补了传统经济史学的缺陷。一般而言，比较经济史可以从两个方面进行比较分析：一是纵向比较分析，是指按照经济发展的历史过程分析一国不同历史时期或若干国家不同历史时期的变化，以探求经济发展的历史规律性；二是横向比较分析，是指对一定时期内或一定时点上一国国内不同地区或若干国家的经济状况进行比较，以说明待比较的各国或各个地区的经济特色。[1]

---

[1] 厉以宁：《厉以宁经济史论文选》，商务印书馆，2015，第 557~560 页。

二 理论

1. 马克思主义政治经济学

用好理论的法宝，既指用好马克思主义政治经济学的理论，也指用好经济学说史。

马克思主义政治经济学是马克思主义的三个组成部分之一，是无产阶级政党制定纲领、路线、政策、策略的理论基础，是建设社会主义和共产主义的强大思想武器。[1]马克思、恩格斯根据辩证唯物主义和历史唯物主义的世界观和方法论，批判继承历史上经济学特别是英国古典经济学的思想成果，通过对人类经济活动的深入研究，创立了马克思主义政治经济学，揭示了人类社会特别是资本主义社会经济运行规律。恩格斯说，无产阶级政党的"全部理论来自对政治经济学的研究"。列宁把政治经济学视为马克思主义理论"最深刻、最全面、最详尽的证明和运用"。[2]正因为如此，我们必须把马克思主义政治经济学基本原理作为最重要的法宝，并在经济发展的实践过程中不断地把马克思主义政治经济学理论研究工作推向前进。

2. 经济学说史

当然，理论方面除了要掌握马克思主义政治经济学之外，还需要掌握中外经济学说史以及现代西方经济学说。缺乏中外经济学说史的

---

[1] 厉以宁：《关于经济问题的通信》，上海人民出版社，1984，第197~199页。

[2] 转引自习近平：《不断开拓当代中国马克思主义政治经济学新境界》，《求是》2020年第16期，第4~9页。

基础知识，缺乏对现代西方经济学说的了解，不仅不可能对现实的经济问题有比较透彻的理解，而且也不可能牢固地掌握马克思主义政治经济学的基础理论。为什么这么说呢？首先，对经济学说史的评介是马克思主义政治经济学的重要参考资料。学习经济学说数百年来的演变历史，不仅有利于我们较深入地了解经济学说是怎样一步步演化的，而且还有利于建设新的经济学理论体系。马克思撰写《资本论》时，阅读、批判、吸收了包括重商主义、官房学派、古典经济学和庸俗经济学家的著作，他坚持了古典学派的劳动价值论，予以更加清晰地解释，还创造了剩余价值论，并写下《剩余价值学说史》。[1]而且，马克思主义政治经济学是一门批判的科学，它也是在同形形色色的资产阶级、小资产阶级经济学说的斗争中发展起来的。因此，经济学工作者应当有广博的经济学说史知识。在这里需要着重指出的是，在研究中外经济学说史的过程中，特别是在研究现代西方经济学说的过程中，要注意分清其中哪些是错误的，哪些是可供借鉴的，不然的话，有可能被一些貌似科学的论点所迷惑。[2]

　　当然，在运用理论这个法宝的时候，还要注意区别经济理论与经济政策。经济理论为经济政策的制定提供理论依据，经济理论应当是自成体系的、相对稳定的，不应随时调整、经常变化。而经济政策则根据经济理论，结合特定的政治经济形势而制定，甚至在执行中还容许有某种程度的弹性，不能犯"本本主义"和"教条主义"的错误。

---

[1]　厉以宁：《中国经济学应加强历史研究和教学》，《光明日报》2017年6月13日。

[2]　厉以宁：《关于经济问题的通信》，上海人民出版社，1984，第197~199页。

经济政策可以而且必须按照客观政治经济形势的变化做相应的调整，并在政治经济形势发生根本的变化之后自然地被新的经济政策所代替。经济政策的研究不能替代经济理论的研究，把经济理论研究工作蜕变为只是对现行经济政策进行解释，实际上无异于取消经济理论。[1]

三 统计

1. 经济史学的革命

用好统计的法宝，是指用好统计学、计量经济学等相关工具和方法。计量经济学是 1926 年由挪威经济学家与统计学家、1969 年第一届诺贝尔经济学奖获得者弗里希按照生物计量学一词的结构仿造出来的，为经济学研究带来了革命性的促进作用，也带来了"经济史学革命"。美国经济学家道格拉斯·诺思刊载于《美国经济评论》（1963年3月）的论文《美国经济史的数量研究》这样写道："美国经济史学中正在进行一场革命。这是由新一代经济史学家发起的，他们怀疑对美国经济史的传统解释，深信新经济史学必须以可靠的统计资料作为坚实的基础。"这里的新经济史学又称计量经济史学或历史计量学，它着重以经济计量学方法来分析经济史发展过程，解释经济史上的重大事件的原因和结果。由于新经济史学的产生，从 20 世纪 70 年代以后，西方经济史学尤其是美国经济史学发生了重要变化，这就是经济史研究日益数量化。经济史研究数量化的后果是：第一，开辟了一

---

[1] 厉以宁：《社会主义政治经济学》，商务印书馆，1986，第533页。

些新的研究领域，如经济统计史学、经济增长史、技术经济史等；第二，改变了以往的、传统的编年史叙述方式、大事记式的叙述方式、传记性的叙述方式，而代之以数量化的解析方式；第三，在一些重大的经济史问题上推翻了过去的结论，提出了新的解释，如美国的黑奴制种植园的效率和赢利问题、铁路在美国经济发展过程中作用的估算等；第四，在新的解释的基础上，对当前的或以后的政策提出建议，经济史研究的实用性增强了，如通过对人力资本在经济发展中的贡献大小的分析，对教育、就业等问题提出了政策建议。又如，对汇率制度演变过程的分析提出了世界货币体系改革的建议等。[1]

正是因为统计学和计量经济学的重要作用，我们要善于在经济研究工作中运用这一法宝，在经济现象和问题的研究中加入数量分析，比如就业的一些问题，必须要有统计数据、调查数据作为支撑，否则就不能说明问题。另外，经济学家提出的一些命题，也需要用数量分析来检验。当然，需要注意的是，经济研究中质的分析和量的分析应当是结合的。经济学没有必要一开始就埋头于数量分析之中，更不能用量的分析来替代质的分析。但应当指出，在已经掌握了基础理论的前提下，在已经经过一定的统计训练之后，应该再深入一步，循着经济理论、数学、统计三者相结合的途径去进行经济计量的研究。但科学的经济计量模型必须以科学的经济理论作为指导，统计和数学方法在这里是一种有用的工具，但如果不是在科学的经济理论指导下进行研究，那么即使数学模型再精密，也很难说明经济的理论和应用问

---

[1]　厉以宁：《厉以宁经济史论文选》，商务印书馆，2015，第332~349页。

题。尤其经济学是有伦理的，单纯的数量分析往往把经济学的伦理原则排除在外，这就是数量分析的局限性，也是在进行现实经济问题分析所应当注意的。[1]

2. 学术性调查

随着统计和计量经济学方法的广泛运用，经济学家还要善于寻找和搜集数据，也就是开展学术性调查。事实上，社会调查的实践已有几千年的历史。古代一些大的工程建设过程中，就有收集数据资料和实地考察的工作。工业化开始后，从 19 世纪开始，学术性社会调查在西方正在进行工业化的国家迅速发展，比如在工业发达国家出现了一系列难以解决的社会问题，诸如环境污染、犯罪率和离婚率上升、失业和贫困加剧等，使人们逐渐认识到，经济增长并不一定意味着社会发展，这就要求从社会整体发展的观点出发，应用社会调查方法，收集大量的、更全面的数据事实来描述、分析社会发展状况和发展趋势，从而监测社会发展并采取相应措施。[2] 因此，学术性调查也是经济学家的重要法宝。

---

[1]　厉以宁:《关于经济问题的通信》，上海人民出版社，1984，第 197~199 页。

[2]　厉以宁:《经济与改革: 厉以宁文选（2015–2017）》，中国大百科全书出版社，2019，第 174~177 页。

第二章　经济学的百花齐放

从经济学说史来看，伴随着人类社会的每一次重大跃进、人类文明每一次重大发展，不同的经济学类别和学派百花齐放、百家争鸣，形成了丰富的经济学理论和流派体系，既有历史周期律的循环往复，也有批判发展式的创新前进。经济学必须满足时代的呼唤，为时代服务，如果不能满足时代的需要，就会出现经济学理论的危机。马克思主义政治经济学的出现是经济学说史上的伟大事件，其在对以往经济学说的批判、继承与创新中，成为经济学理论的集大成者，并随着经济社会实践的变化与时俱进、不断演变。随着学科融合成为一种趋势，经济学在与其他学科交叉的过程中形成了许多新的学科，进一步推动了经济学的大繁荣和大进步。

第一节　经济学说史的镜鉴

一　经济学的分类

从我国经济学的学科门类来看，经济学类主要分为理论经济学和应用经济学两个一级学科，不过这两者的融合研究越来越多，所以 2021 年国务院学位委员会下发的《博士、硕士学位授予和人才培养学科专业目录》（征求意见稿）将理论经济学和应用经济学合并为经济学一级学科。理论经济学主要包括政治经济学、经济思想史、经济史、西方经济学、世界经济以及人口、资源与环境经济学等二级学科；应用经济学主要包括国民经济学、区域经济学、财政学（含税收学）、金融学（含保险学）、产业经济学、国际贸易学、劳动经济学、统计学、数量经济学、国防经济等二级学科。尽管经济思想史是理论经济学的二级学科，但广义来看，所有经济学理论的发展和演变构成了经济思想史（也被称为经济学说史）。经济学说史上百花齐放、百家争鸣，因此本节用"经济学说史的镜鉴"作为标题。

简要来说，理论经济学分为政治经济学和西方经济学。政治经济学主要是马克思主义政治经济学（将在本章第二节论述）。西方经济学主要包括以下几个部分：宏观经济学与微观经济学，以及其他一些专门领域的学科类别，比如制度经济学、发展经济学等。

1. 历史悠久的西方经济学

西方经济学历史悠久，也被称为资产阶级经济学。马克思把资产阶级经济学的发展划分为资产阶级古典经济学和庸俗经济学两个阶段。马克思认为，古典经济学是无产阶级和资产阶级之间的阶级斗争还处于潜伏状态或只是在个别现象上表现出来的时代产生的，古典经济学透过现象探究了事物的内部联系，其中有合理的、科学的成分，应在批判的基础上予以继承。马克思认为，庸俗经济学是在无产阶级与资产阶级之间的阶级斗争已经发展起来的条件下出现的，它只描述了经济现象的表面联系，其本质实际上是为资产阶级的统治进行辩护。[1]

总的来说，资产阶级经济学着重于经济事物的表面联系，把资本主义经济关系看作若干变量之间的数量关系，忽略或者公然抹杀了资本主义经济关系的本质方面，这是不行的。但西方经济学也有不少可以借鉴的地方，至少在理论体系和研究方法方面，西方经济学还是值得借鉴的。西方经济学的理论体系是什么样的呢？按照考察的对象和研究的方法来划分，大体上可以分为宏观经济学和微观经济学两个领域。宏观经济学以整个国民经济活动作为研究对象，分析一国国民生产总值和国民收入的变动及其与社会就业、经济周期波动、通货膨胀、经济增长、财政和金融等之间的关系。微观经济学以单个经济单位（单个生产者、单个消费者）、单个市场的经济活动作为研究对象，分析生产者的成本、价格、产量和雇佣人数等如何确定，分析收入如

---

[1] 厉以宁：《简明西方经济学》，经济科学出版社，1985，第1页。

何在生产者之间进行分配，分析消费者的消费行为受哪些因素的制约，以及分析单个商品的市场价格和供求的变动等。[1]

宏观经济学是一个大范畴，有不同学派（如凯恩斯学派、货币学派、瑞典学派等）的经济理论。这些学派各有自己的理论体系和政策主张。它们的共同点在于全都采取总量分析方法（宏观经济分析方法），即考察国民经济中的有关经济总量的变动，如国民生产总值、国民收入、总投资、总消费支出、银行信贷总额、货币发行量、一般物价水平等的变动。包括凯恩斯学派、货币学派、瑞典学派经济理论等在内的宏观经济学，是现代资本主义经济危机深刻化条件下，为适应垄断资产阶级政府"调节"国民经济、"医治"失业和通货膨胀的需要而产生和发展起来的。[2]

微观经济学往往采取个量分析方法（微观经济分析方法），分析单个经济单位的经济活动。微观经济学来源于新古典经济学，又被称为价格理论。微观经济学也是一个大范畴，比如历史上有奥地利学派、洛桑学派、剑桥学派的经济理论。在现代资产阶级经济学中，微观经济问题的研究者们补充和发展了奥地利学派、洛桑学派、剑桥学派的学说，并以此来解释当前资本主义社会中的垄断与竞争、计划与市场、收入分配与资源配置、消费者行为、投资风险和技术创新等问题。微观经济学与宏观经济学的分析方法是彼此联系的，总量由个量所组成，国民经济活动建立在企业和消费者的经济活动基础上，因此微观经济分析作为一种

---

[1] 厉以宁、秦宛顺编著《现代西方经济学概论》，北京大学出版社，1983，第1页。

[2] 厉以宁、秦宛顺编著《现代西方经济学概论》，北京大学出版社，1983，第1页。

分析方法，被认为是宏观经济分析的前提。[1]

2. 西方经济学的专门领域

宏观经济学和微观经济学是西方经济学的大厦根基，在此基础上，西方经济学还出现了一些专门领域的学科类别，我们选几类进行阐述。

一是制度经济学，强调制度、伦理、文化因素在经济生活中的作用，分析经济活动过程中的权力分配和利益集团的冲突，探讨经济行为的评价标准和选择原则等。制度经济学的正式产生是在 19 世纪末和 20 世纪初，随着世界资本主义向帝国主义阶段过渡，资本主义社会固有的矛盾尖锐起来了，资产阶级需要一些新的理论来为其制度辩护，他们认为制度调整了之后，资本主义的弊病就可以消除。制度经济学不像马歇尔那样用所谓"均衡"的原则来解释资本主义社会经济现象，认为各种相互矛盾的力量最终将趋向调和，形成均势，从而阶级利益是协调的，资本主义秩序是稳定的。它也不认为资本主义社会中的各种矛盾归结为"自然规律"和"自发调节"的结果，而是认为资本主义有必要加以改良，加以调节，并且可以通过调节来消除弊病。制度经济学发展迅速，已先后形成制度学派和新制度经济学派。[2]

二是发展经济学，主要是研究一个国家从不发达向发达，特别是从低收入向高收入过渡的过程。经济发展是所有发展中国家所追求的目标，发展经济学的目的就是为了让低收入国家在短时间内赶上发达

---

[1]　厉以宁、秦宛顺编著《现代西方经济学概论》，北京大学出版社，1983，第 2~3 页。

[2]　厉以宁:《论加尔布雷思的制度经济学说》，商务印书馆，1979，第 43~44 页。

国家。发展经济学的核心观点可以归纳为四句话。第一句话，就业是靠就业扩大的。一批人就业了，就有了收入，花掉，别人就就业了，别人就业了再有收入，花掉，然后又有人就业了。第二句话，富裕是靠富裕带动的。一批人先富裕了，会帮助自己的亲戚、朋友、同乡、熟人，然后还能够起示范作用，有更大的影响。第三句话，繁荣是靠繁荣支撑的。一个地方的经济繁荣了，消费就增加了，投资就增加了，这样为下一个繁荣就准备好了基础。换言之，有了经济的繁荣就有了投资的潜力、投资的机会，收入的增加，进而增加了购买力，支撑了新的繁荣。第四句话，和谐是靠和谐积累的。社会的和谐要从个体做起、从身边做起、从社区做起、从家庭做起，慢慢就成为全社会的和谐，进而可以发挥巨大的社会和谐红利。[1]

三是国际经济学，既关注国际收支调整问题和汇率制度等宏观层面的经济问题，也关心比较利益、生产要素的组合、关税率、外汇管制和跨国公司等微观层面的经济问题。这两个层面的分析往往也以宏观经济学和微观经济学的理论作为基础，比如在国际收支调整方面，主要理论基础是凯恩斯主义的收入决定和均衡学说，有关汇率制度方面，主要理论基础是货币数量论。比如国际分工和比较利益领域内，主要理论基础是均衡价格论，在关税和贸易政策问题方面，主要理论基础是边际效用价值论和边际生产力论。[2]

四是福利经济学，是从福利的观点对经济体系的运行进行评价的

---

[1] 厉以宁:《经济与改革: 厉以宁文选（2011–2014）》，中国大百科全书出版社，2019，第393页。

[2] 厉以宁:《简明西方经济学》，经济科学出版社，1985，第178~182页。

经济学，福利的观点包含了价值判断的标准。换言之，使福利增进就是"好"，使福利减少就是"坏"。福利经济学作为资产阶级经济学的一个分支，在20世纪初形成于英国，后来在美国、瑞典、法国等国得到传播。福利经济学的出现，是西方主要资本主义国家，特别是英国社会经济矛盾和阶级矛盾激化的结果。[1]福利经济学的正式产生一般认为是经济学家庇古的《福利经济学》出版，其也被称作"旧福利经济学"，而把庇古以后的福利经济学称作"新福利经济学"。之所以说后者是新的，主要因为后者不再像庇古那样根据马歇尔的效用基数论和局部均衡论，而是根据帕累托的效用序数论和瓦尔拉的一般均衡论，运用数学表述方法，提出"最优条件""福利标准"的"客观检验"等理论。[2]

五是城市经济学，作为经济学的一门新的分支学科，是20世纪50年代以后才兴起的，以城市的经济活动和经济作用作为基本研究对象。城市经济学主要研究以下三个问题。第一，研究城市的经济发展战略，其中包含城市经济发展的目标和实现这些目标的途径。第二，研究城市经济管理体制和城市的经济作用的发挥。第三，研究城市内部的经济结构以及城市和外界的经济关系。[3]

六是创新经济学，这是经济学家熊彼特最早系统研究的领域，按照熊彼特的定义，创新是指企业家对生产要素的新的结合，它是一个

---

[1]　厉以宁、吴易风、李懿:《西方福利经济学述评》，商务印书馆，1984，第1页。

[2]　厉以宁、吴易风、李懿:《西方福利经济学述评》，商务印书馆，1984，第12~14页。

[3]　李庆云、鲍寿柏主编《厉以宁经济学著作导读》，经济科学出版社，2005，第294~301页。

经济概念，而不是一个技术概念。创新活动使企业家获得利润，并为其他投资者开辟了道路，创新浪潮助推经济繁荣。熊彼特认为，资本主义的前景也是由创新决定的，而创新的核心来源于企业家。基于创新经济学理论，兰斯·戴维斯等经济学家还提出了制度创新理论，提出制度发展的过程就是从制度均衡到制度创新，再到制度均衡的过程。[1]

3. 怎样看待西方经济学

从理论体系上看，西方微观经济学作为研究资本主义社会中个别经济单位的经济行为的一种理论，是以价值理论和分配理论为基础的。一方面，西方微观经济学以边际效用价值论作为自己的价值理论。这一理论的根本问题在于，它否认价值的客观物质属性，否认价值是一定的社会生产关系的体现，把价值同物品满足人的欲望的能力直接联系起来，把价值归结为人对物品效用的主观评价。这样一来，价值只是一个主观心理范畴，而主观价值当然也就无法从数量上加以测定。这种说法歪曲了价值形成的真实过程。另一方面，西方微观经济学的分配理论的核心是生产费用论和边际生产力论。生产费用论宣扬劳动、资本（生产工具）、自然（土地）这三者共同创造价值。它把资本主义生产归结为一般生产，把"资本"等同于生产资料，从而把资本主义生产方式说成是"自然的""永恒的"生产方式。不仅如此，生产费用论还把使用价值和价值混为一谈，把使用价值的生产和商品价值的创造混为一谈。根据这种说法，既然商品的价值是由劳

---

[1] 厉以宁：《简明西方经济学》，经济科学出版社，1985，第221~224页。

动、资本、自然这三个生产要素共同创造的，那么这些生产要素自然
应当分别取得相应的收入，即工资、利息和地租，作为对自身耗费的
补偿。这样一来，资本主义剥削自然也就不存在了。而边际生产力论
则提出，要以劳动和资本按照各自对生产的实际贡献，即按照各自的
边际生产力来决定其收入，以便把资本主义社会中的分配说成是公正
的、自然的。这种所谓劳动创造工资、资本创造利息的分配理论无疑
最符合资产阶级利益，因为它把资产阶级的收入"合法化"了。这些
论述本质上是存在问题的，但尽管如此，西方微观经济学中有些内容
（例如与发展生产、降低成本、活跃市场、增加效益有关的论述）对
我们依然有参考价值。比如西方微观经济学中有关需求和供给的分
析，有关生产要素投入的最优组合、企业扩大再生产应当遵循的途径
的论述，根据西方各国经济发展的史实所总结的若干经验，包括市场
机制的作用、人力投资的重要性、规模不经济的后果、技术推广的条
件等，以及西方微观经济学中通常采用的边际分析，作为一种经济增
量分析方法，都是值得借鉴的。[1]

以凯恩斯经济理论为代表的西方宏观经济学，是在 20 世纪 30 年
代资本主义世界经济危机对资本主义制度的沉重打击下，为了适应垄
断资产阶级的需要而产生的。它的根本问题也在于掩盖资本主义的各
种矛盾，粉饰资本主义现状，否认资本主义社会中的阶级对抗，否定
资本主义的剥削本质。它把资本主义经济危机归结为"心理因素"的
作用，并力图证明经过国家的调节就能使资本主义制度永久存在下

---

[1] 厉以宁:《简明西方经济学》，经济科学出版社，1985，第 60~62 页。

去，这是它的阶级本质所在。从政策目标来看，西方宏观经济学是为维护资本主义制度、维护垄断资产阶级的统治服务的，所以在国内经济政策方面，它的政策的重点就是设法扩大财政赤字，加剧通货膨胀，以应付经济危机，减少失业，也就是利用通货膨胀降低工人的实际工资，加强对工人的剥削，以保证垄断资本获得高额利润。在对外经济政策方面，它的政策重点就是设法利用货币的升值和贬值、进出口贸易的调节以转嫁国内经济危机，也就是用加剧资本主义货币战、贸易战的做法来维持国内垄断资本的高额利润。这些论述本质上是存在问题的，但尽管如此，西方宏观经济学的一些内容还是值得我们参考的。比如有关宏观经济中若干总量之间关系的分析的论述：在总需求与总供给之间的关系方面，有关供不应求和供过于求可能引起的后果，以及在总需求与总供给相适应，但某些关键性产品供不应求的条件下可能引起结构失调的论述。又如在工资增长率与劳动生产率增长率之间的关系，以及工资增长率超过劳动生产率增长率的后果的论述；有关经济调节手段及其效应的分析；有关投资乘数或对外贸易乘数的理论等，可以采取具体问题具体分析的态度，有选择性地参考相关论述。[1]

二 经济学说简史

1. 西方经济学说简史

经济学有很多分类，也有很多学派（流派），二者共同构成了经

---

[1] 厉以宁：《简明西方经济学》，经济科学出版社，1985，第115~117页。

济学说史。经济学派是为了研究经济学的方便，对具有相似学术主张和政策主张的一系列经济学说和经济学家进行的归总。经济学的分类与经济学的学派是相互交叉的，每类别的经济学可能有多种学派，每个经济学派也可能覆盖了多个经济学的分类。

西方经济学说史一般都从 17 世纪算起，17 世纪的西方经济学以重商主义为代表。重商主义以前，西欧处在封建社会。当时，神权统治着西欧社会，强调节制和禁欲，宣称商人是无法进入天堂的。重商主义是针对神权而产生的，它主张王权，主张在国家的管理之下使经济能够不断地发展，特别是主张通过对外贸易增加财富，这在当时是一种进步的思想。但重商主义在经济学方面并没有提出系统的理论，它们主要是考察 16 世纪和 17 世纪前后西方国家的国际贸易政策、财政政策和财富积累的方法，对以后的市场经济发展很少涉及。直到 18 世纪后期古典经济学兴起。古典经济学是作为重商主义的对立面出现的，它所强调的是自由放任的经济，就是国家不要干预经济，而由市场机制充分发挥作用。[1] 古典经济学的产生也与当时的社会思想进步有关。18 世纪初，英国经济学家孟德维尔出版了《蜜蜂的寓言》一书，他以一群蜜蜂为比喻，认为在蜜蜂的社会中，当奢侈之风盛行时，社会各行各业都兴旺，而当节俭之风代替了奢侈之风时，社会反而衰落了。因此个人出于利己心而追求快乐、享受与利益时，反而推动了社会经济的发展。这一反禁欲主义倾向在当时有很重要的进步意义。后来，亚当·斯密在 1776 年出版的《国富论》中对孟德维尔的论述加

---

[1]　厉以宁：《经济·文化与发展》，生活·读书·新知三联书店，1996，第 104~105 页。

以继承与发挥，形成了古典经济学理论的重要基础。[1]

古典经济学的形成与发展是同工业化的启动连接在一起的，亚当·斯密无疑是古典经济学派的奠基人。这时的经济学还没有宏观经济学、微观经济学或制度经济学等之分，亚当·斯密对这些领域都有研究。他的追随者同他一样，既研究微观经济活动，也研究宏观经济活动，还研究制度、伦理、文化方向的问题。古典经济学家提出了劳动价值论、分工理论、市场理论、均衡论，等等，他们从工业化开始以后的实践中懂得，绝对均衡是做不到的，而且难以保持下去，只能做到相对均衡，关键是要发挥市场的调节作用，供给和需求是相互依存、相互依赖的。因此，根据他们的理论，政府的任务主要是当好"看门人""守夜人"，比如制定规则、维护市场秩序、清除经济增长中的障碍。他们还认为，对落后企业的淘汰不可避免，但谁来淘汰落后企业？不是政府，而是市场。李嘉图是古典经济学派最后一位有影响的领军人物，劳动价值论仍是他所坚持的。[2]

19世纪30年代以后，西方经济学分成几个不同的学派。在英国，主要是保持古典经济学的传统，但从19世纪中期以后，舍弃了劳动价值论，代之以形形色色的价值理论，包括生产要素共同创造"价值"的说法，或者用"价格"代替"价值"。在德国兴起了另外一支——历史学派，主要是研究后进的国家怎样发展生产力，怎样赶超先进的国家，国家在经济中的作用受到重视。后来又在美国兴起了

---

[1] 厉以宁：《经济学的伦理问题》，生活·读书·新知三联书店，1995，第123~124页。

[2] 厉以宁：《中国经济学应加强历史研究和教学》，《光明日报》2017年6月13日。

制度学派，认为单纯强调数量的分析是不够的，要从制度因素进行分析。但是，在西方经济学界占主流地位的仍是主张国家不干预经济的经济思想，即古典经济学派思想。19世纪末到20世纪初，以马歇尔为代表的新古典经济学派替代古典经济学成为主流，新古典经济学抛弃了古典经济学的劳动价值论，代之以多种要素共同创造价值，但市场调节仍被坚持，政府仍不干预市场。此后，新古典学派的经济学说一直在西方经济学界居于主流地位。[1]

　　直到1929年美国爆发了空前严重的经济危机，失业浪潮也从美国传递到西欧和世界上许多国家，新古典经济学派提不出任何有效的政策。曾经是新古典经济学派的凯恩斯于1936年出版了他的代表作《就业、利息和货币通论》，这本著作表明凯恩斯已从新古典学派的相对均衡理论家转为他自己的非均衡理论的鼓吹者。凯恩斯从需求角度着手分析，认为在资本主义条件下，需求不足难以避免，所以必须有政府的宏观经济调控，即利用财政政策和货币政策来维持社会经济的稳定。也就是说，在需求不足时，失业率高，这时可以采取刺激需求的宽松的财政或货币政策；在需求过大时，物价上涨，这时可以采取抑制需求的紧缩的财政或货币政策。第二次世界大战结束后，西方经济学中凯恩斯的非均衡理论成为主流经济学说，被许多国家所采纳。凯恩斯经济学是以需求调节作为稳定经济的手段。他认为，这是适应近期的政策。凯恩斯把供给研究视为中期理论，不包括在近期理论之内，所以他不考虑经济增长和结构问题。经济增长和结构调整都留给

---

[1]　厉以宁:《经济·文化与发展》，生活·读书·新知三联书店，1996，第104~105页。

他的追随者继续研究。[1]

凯恩斯的需求调节政策虽然能取得一定效果，但却给资本主义带来不少新的矛盾和难题。20 世纪 60 年代末到 70 年代，西方国家经济发生滞胀，凯恩斯经济学无法解释这种现象，新自由主义开始兴起，主张国家少干预，乃至于不干预，相关学者被认为是西方经济学中的右派。新自由主义学派有两大代表者，一个是货币学派（也被称为现代芝加哥学派）的弗里德曼，另一个是新自由学派的哈耶克，他们都主张中性货币政策，弗里德曼认为要根据经济增长率制定货币流通量。哈耶克则认为一切政府干预最终都是对市场经济的破坏。货币学派遵循西方经济自由主义传统，认为充分发挥市场调节作用，就可以使资本主义经济稳定。货币学派的理由是：只要长时期内保持货币的中性，就可以通过货币数量的增减，既维持经济增长，又避免通货膨胀。关于失业问题，货币学派认为：经济中存在着自然失业率，失业率和通货膨胀率之间不存在此长彼消的关系，所以凯恩斯的需求调节主张是无根据的，也是无效的。新自由主义学派的理论也非常有影响，推动了奥地利学派的复兴，但哈耶克的理论一旦被某个国家作为政策的依据，没有不失败的。20 世纪 80 年代，美国总统里根采纳了供给学派的减税和增加供给政策，滞胀才开始消失，供给学派也是新自由主义的思想。[2] 与此同时，以美国经济学家萨缪尔森、索罗、托宾为代表的新古典综合派，也被称为新凯恩斯主义学派，对凯恩斯主

---

[1] 厉以宁：《中国经济学应加强历史研究和教学》，《光明日报》2017 年 6 月 13 日。

[2] 厉以宁：《经济与改革：厉以宁文选（2015–2017）》，中国大百科全书出版社，2019，第 202~206 页。

义进行补充，综合新古典经济学派的理论加以发展，虽然承认市场机制是非常重要的，但认为市场机制有局限性，国家的宏观调控必不可少，这几位算是中派。另外出现的还有新剑桥学派（又称凯恩斯左派，以英国剑桥大学教授琼·罗宾逊、斯拉法、帕西内蒂等为代表，他们主要发展了凯恩斯的理论，批判新古典综合派，但与以马歇尔为代表的剑桥学派观点不同，因此被称为新剑桥学派）和新制度学派，他们被认为是左派，他们认为市场机制的局限性很大，市场经济带来的主要问题是收入分配不公，因此强调从收入分配方面来研究，由国家采取措施进行收入再分配，以协调社会经济的发展。[1]新古典综合派与新剑桥学派的争论，也被称为"两个剑桥之争"。20世纪末，出现了新新古典主义综合学派，该学派与20世纪50年代新古典综合派相似，将新古典综合派、新古典经济学派和货币学派纳入一个框架，同时吸纳了理性预期理论，并对各理论的部分内容进行了整合，以解释经济是如何运行的。2008年金融危机之后，凯恩斯主义经济学再次成为人们关注的焦点，争论还在继续。

2. 中国经济思想简史

中国是世界文明古国，早在先秦时期就有了经济思想的记载和论述，比如《诗经》《尚书》《国语》《左传》等书籍中都记载了许多经济观点。之所以称为经济思想，是因为这些观点并没有形成体系化的学说，因此我们采用经济思想简史，而不用经济学说简史。

简而言之，中国经济思想大致可以划分为四个阶段。

---

[1] 厉以宁:《经济·文化与发展》，生活·读书·新知三联书店，1996，第106页。

第一阶段是奴隶社会至西周时期，这段时期主要是一些简要的经济思想论述，相对较简单。

第二阶段，是春秋战国时期到西汉宣帝时期，这段时期的经济思想百家争鸣，儒、道、墨、法等各家及其他思想家都提出了许多重要的经济思想，成为中国古代经济思想的高峰。

第三阶段，是西汉汉宣帝之后至第一次鸦片战争之前，在这长达两千多年的时间里，由于封建社会制度的原因，经济思想在限制和束缚中有所发展，但是并未达到第二阶段的高峰。

第四阶段，是近代以来至今，中国开始向西方经济思想学习，在不断探索的过程中，尤其是新中国成立以后，开展了一系列经济思想和学说理论创新，逐步建立起了中国特色经济学理论体系，成为中国经济思想史上乃至世界经济思想史上的高峰时代。

第四阶段的内容将在第三章阐述。因此本部分重点阐述前三阶段，尤其是第二阶段的中国经济思想。概括来看，中国古代经济思想分为自由放任的经济思想和国家干预的经济思想两大流派。

自由放任的经济思想以司马迁为代表，在《史记·货殖列传》中有集中阐述。司马迁认为，人的天性欲望是追求财富和利益的，希望在生活各方面都过得好，正所谓"天下熙熙，皆为利来；天下攘攘，皆为利往"。司马迁认为，为了满足这些欲望，每个人运用自己的能力，各尽所能，从事各项经济活动，是自然而然的规律，不需要国家干预，正所谓："人各任其能，竭其力，以得所欲。故物贱之征贵，贵之征贱，各劝其业，乐其事；若水之趋下，日夜无休时，不召而自来，不求而民出之。岂非道之所符，而自然之验邪？"作为国家，应该"善者因之，其次利道之，其次教诲之，其次整齐之，最下者与之争"。所谓"善者因之"，也就是说国家最好的经济政策是听任个人进行经济活动，顺应形势而不加干预。"其次利导之"，就是说国家在顺应听任个人进行经济活动的前提下，由国家在某些方面进行激励和引导，例如给予优惠政策等，使人因有利可图而趋从之。"其次教诲之"，就是说用教化的办法引导个人从事某些方面的经济活动，或不宜从事某些方面的经济活动。"其次整齐之"，就是说由国家对个人经济活动加以一定的规范和限制。"最下者与之争"，就是说即指国家直接经营工商业，并且与民争利，这是最下策。简而言之，国家经济政策的上策是"因之"，其余的则是中策、下策、下下策、最下策。

国家干预的经济思想以管仲为代表，在《管子》一书中有集中阐述。管仲认为，国家要把对经济活动的支配权牢牢地掌握在自己手中，使国家可以决定任何人的贫富强弱，正所谓"予之在君，夺之在君，贫之在君，富之在君"。在具体政策中，国家要"以轻重御天下"，把握"轻重之势"，就是说通过经济手段，而不是靠政治的、法律的手段来实现，也不是通过赏罚来实现，而是根据"轻重之学"，即商品价格、供求、货币等经济规律，通过对经济规律的认识，进而运用"轻重之术"，比如粮食政策、税赋政策、劳役政策、土地政策、盐铁专卖政策、统一铸币政策等经济手段来实现国家的目标。

这两种经济思想在中国历史上都曾得到实施，并取得了巨大的经济成效。但自汉武帝以后，自由放任的经济思想长期处于沉寂状态，直到唐宋时期才重新兴起，而国家干预的经济思想却一直备受封建社会统治阶级推崇，形成了各式各样的土地政策、经济政策和价格政策等。

3.历史周期律

从人类大历史来看，自然界存在着气候变化的长周期；与此类似，在经济领域，只要时间跨度足够长，也会出现周期，这就是历史的周期律。无论是经济史还是经济学说史，我们都可以看到历史的周期律。

从经济史来看，马克思敏锐地发现了资本主义的内在矛盾，并预测了资本主义一定会爆发经济危机，也就是经济繁荣与萧条的更迭周期律。康德拉季耶夫也提出，资本主义世界存在以固定资产投资为驱动的45~50年的经济周期。熊彼特也提出，以技术创新为驱动，存在48~60年的经济长周期。历史周期性地重复，既有线性的方式，也有非线性的方式，有符合逻辑的精准变化规律，也有逻辑不清的意外变化，甚至还可能有很多无法解释的历史困惑。[1]

经济学说来源于经济史，既然经济史存在周期律，那么我们推测经济学说史也存在周期律。事实上也确是如此，经济学理论的发展不一定是直线上升的，可能是周期循环上升的。最典型的周期律是有的经济学说强调政府作用，有的经济学说强调市场作用，相互争论，三十年河东，三十年河西，被称为"政府与市场"的历史大论战。以时间顺序来看，17世纪的重商主义主张政府干预；18世纪的古典经济学派主张政府少干预，重在发挥市场作用；18世纪末，马尔萨斯提出人口论，再次主张政府干预，限制人口增长；19世纪初，李嘉图提

---

[1] 刘鹤主编《两次全球大危机的比较研究》，中国经济出版社，2013，第3~4页。

出比较优势理论，再次主张政府少干预，重在发挥市场作用；19 世纪中叶，边际学派同样主张政府少干预，重在发挥市场作用；19 世纪中叶以后，马克思主义政治经济学再次主张政府干预；19 世纪 70 年代的洛桑学派主张政府少干预，重在发挥市场作用；19 世纪 90 年代之后，新古典经济学派同样主张政府少干预，重在发挥市场作用；20 世纪初，瑞典学派主张政府干预；20 世纪 30 年代以后，凯恩斯主义经济学再次主张政府干预；20 世纪 40 年代以后，奥地利学派反对任何形式的政府干预；20 世纪中叶以后的制度学派再次主张政府干预，认为政府和制度的作用是重要的；20 世纪 70 年代后新自由主义学派再次反对政府干预，等等，这就是经济学说史的历史周期律。

为什么经济学说史会存在历史周期律呢？这也与经济学理论的演进相关。根据经济学理论演进的基本规律，理论的发展一定是站在前人的肩膀上批判发展与创新的。我们可以看到，无论哪个学派，其伟大的经济学著作都会先回顾以往的经济学说，并进行创新。马克思的《资本论》不仅包括剩余价值理论史，而且在其他各卷正文和附注中包括了许多对前人和他同时代的各种经济学说的评述。列宁的《帝国主义是资本主义的最高阶段》是以马克思的经济学说为指导，在总结霍布森、希法亭以及其他经济学家对帝国主义研究的基础上，对帝国主义经济进行深入分析而写成的。亚当·斯密的《国富论》也有专门篇章论述在他之前产生的重商主义和重农主义的经济学说。马歇尔的《经济学原理》同样有经济学说史的篇章和附录。还有的著作虽然没有专门篇章论述过去经济学说，但在正文中也往往夹杂着对不同经济学说的评论。总之，新的经济学说是在研究客观经济发展情况的基础上，总结过去和当代的经济理论研究而产生的。[1] 这就导致了每个学派都在发展，而不同学派的交替发展创新就自然而然地形成了历史周期律。

经济学说的历史周期律还表现在正宗、异端、外道的此起彼伏，交替演变。什么是正宗呢？就是指在一定时期内被确认为权威的经济学说，一般是统治阶级认同的思想，但是这并非是固定不变的。一方面，正宗可能会被歪曲，不断发展成为新的正统学说。有一些异端、外道可能最初是以经济学正宗的叛逆者的身份出现的，与正宗不断论证，有的论战胜利成为新的正宗，有的论战最终与正宗合流，还有的一直处于边缘被排斥的地位。举例来说，比如亚当·斯密、大卫·李嘉图的古典经济学是正宗，约翰·穆勒自诩为他们的继承者，其实有不少歪曲，但当时被称为正宗。历史学派和边际学派原本是异端和外道，他们挑战了穆勒：历史学派反对的是正宗的研究方法，他们否认理论的作用，否认经济规律的存在；边际学派反对的是正宗的经济理论，他们反对客观生产费用价值论，主张主观效用价值论，之后古典经济学不再占据正宗地位。而马歇尔综合了穆勒、历史学派、边际学派的理论观点，被称为新古典经济学，成为新的经济学正宗。20 世纪30 年代，凯恩斯经济学最初以异端和外道理论出现，经过与新古典经济学的论战，成为新的经济学正宗。[2]

---

[1] 李宗正、厉以宁、陈孟熙：《经济学常识（经济学说史部分）》，中国青年出版社，1983，第 3 页。

[2] 厉以宁：《论加尔布雷思的制度经济学说》，商务印书馆，1979，第 1~15 页。

三 现代西方经济学理论的危机

1.经济学理论的两次危机

在资本主义历史上，经济学理论一旦无法解决经济实践中出现的问题，就会出现经济学理论的危机。通常认为，在资本主义历史上，经济学理论出现过两次重大危机。

第一次危机是在 1929~1933 年间，资本主义世界发生了空前严重的经济危机，这场危机使资产阶级惊慌失措，也使西方经济学界感到束手无策。为什么在资本主义国家中存在这么多的失业人口？怎样才能使资本主义国家减少失业，使经济恢复常态？当时居于正统地位的新古典经济学对这些问题无法解答。因为当时的经济学认为资本主义经济本身是完善的，市场的自动调节可以使资本主义经济处于充分就业的均衡状态，全面的生产过剩不可能发生，资产阶级政府也就没有必要对经济进行干预。然而，事实是无情的，空前严重的资本主义世界经济危机的爆发使传统庸俗经济理论陷于破产。有些经济学家出来为当时的经济学理论辩解。例如，有人提出，造成失业的主要原因是工人要求的货币工资太高了，有的经济学家则认为，造成这场经济灾难的主要责任在于货币流通数量的不正常的变动，但所有这些解释都不能令人满意。持有不同见解的资产阶级经济学家之间就经济危机的原因和对策问题进行着一场混战。这就是西方经济学理论的第一次危机。[1]

---

[1] 厉以宁:《关于经济问题的通信》,上海人民出版社，1984，第3~5页。

凯恩斯主义的出现挽救了第一次危机，凯恩斯认为，资本主义经济中的"有效需求不足"是经常性的、不可避免的，只有通过国家对经济的干预，才能使资本主义经济趋于稳定。凯恩斯主义逐渐成为西方经济学的正统。直到第二次世界大战结束以后的比较长的时期内，西方主要资本主义国家的经济指导理论都是凯恩斯主义，而且各国的经济都曾经有过相对的稳定和较快的增长，国外不少人把这段时期称作"战后的黄金时代"。

直到 20 世纪 60 年代末和 70 年代初，资本主义国家的经济状况发生了一个过去不曾有过的现象，这就是通货膨胀与失业的并发，带来了经济危机的深刻化和复杂化。以前，资本主义经济危机阶段，当社会上存在大量失业人口时，物价是下跌的，而在资本主义经济高涨阶段，市场繁荣，物价上涨，这时社会上的失业人数是减少的，通货膨胀与失业基本上不曾同时存在。然而从 20 世纪 60 年代末期起，情况不同了。资本主义经济中，一方面存在着严重的失业，另一方面物价不断上涨。凯恩斯主义对这种现象无法进行解释，奉行凯恩斯经济理论的人再搬用凯恩斯主张的那种刺激需求的做法，只会加剧通货膨胀，使经济状况进一步恶化，而不可能把失业率降低下来。凯恩斯主义"失灵"了。这在西方经济学界又引起了一场混战。1971 年 12 月，美国经济学会第八十四届年会上，英国经济学家罗宾逊夫人应邀到会，并以"经济理论的第二次危机"为题发表了一篇著名的演讲，从此，西方经济理论第二次危机的说法便流行起来了。[1]经济学理论的

---

[1] 厉以宁:《关于经济问题的通信》，上海人民出版社，1984，第6~8页。

第二次危机又产生了许多新的经济学理论，也可以说，经济学理论就是在一次又一次的危机冲击下不断发展创新的。

2. 社会进步带来的新挑战

随着科学技术进步和信息革命的时代到来，社会进步又给经济学理论带来了新的挑战。从经济学说史来看，科学技术方面的重大变革总是同经济学理论的重大变革紧密地联系在一起。18 世纪末到 19 世纪二三十年代，蒸汽机的使用以及由此引起的工业和交通运输业的革命，以及近代工厂制度的建立，向经济理论界提出了挑战。经济现实的巨大变化是同以英国古典经济学为代表的经济自由主义的兴起相适应的。英国工业革命的胜利，伴随着英国古典经济学彻底取代了重商主义而成为西方经济学说中的主流学派。19 世纪末到 20 世纪初，内燃机的使用以及一系列新工业部门（电力工业、化学工业等）的兴起、社会化大生产的发展和资本主义社会中劳资冲突的加剧，又向当时西方的经济理论提出挑战。为了适应客观形势，西方经济学说中出现了"边际革命"，产生了马歇尔的局部均衡理论和瓦尔拉的一般均衡理论，因此以马歇尔和瓦尔拉的均衡理论为代表的新古典经济学在当时的西方经济学中占据了主流地位。从 20 世纪四五十年代起，钢铁工业、汽车工业、机器制造业、化学工业等部门的迅速发展，带动了整个西方世界的经济和技术的前进。与此相适应的是，以凯恩斯理论为代表的现代西方宏观经济学确立了自己在西方经济学中的主流地位，成为支配当时主要资本主义国家经济政策的指导思想。当前，全球正在进行一场以信息技术、生物技术、新材料技术、新能源技术的成就等为主要内容的新的技术革命。这场新的技术和社会革命将对经济学理论同样产生巨大影响。[1]

为什么这么说呢？我们知道，宏观经济学的基础是微观经济学，微观经济学的基础是厂商（企业）理论，厂商（企业）理论，也就是价格理论。因此，现代西方经济学最基本的理论是价格理论。价格理论的基础是什么？价格理论的基础是决策理论。决策理论的基础是信息理论。换言之，西方经济学可能最终建立在信息理论的基础上。而随着科技和社会进步，我们进入了信息大爆炸时代，这时的信息问题和决策问题就会发生变化，这也会带来经济学理论的变化。举例而言，关于信息和决策方面，存在一个最优原则和次优原则的问题。什么叫最优原则？就是企业考虑最低的成本、最大的利润、最大的市场份额等。最优化所根据的前提是假定信息非常充分。但是现实中，一些人发现最优原则实际上只存在于理想之中，实际生活中是不存在的。为什么说实际生活中没有最优呢？这是因为：第一，信息是不充分的，一个决策者不可能掌握全部的信息，从而不可能在掌握了全部信息以后再做出决定；第二，即使一个决策者能够掌握全部信息，并且有现代的科学手段来计算、分析它们，然而时间和成本是不允许的。因此，西方经济学研究中有一种趋势，就是不一定要求最优化，而只要求次优化。或者说，在最优化不可能实现的条件下，次优化不失为一种可供替代的原则。什么叫次优化？次优化就是说，只要能够过得去，能够使决策者满意，那就是可行的。次优不是最优，但实际上比最优适用。这样，就不要求有完全的信息，而只要求有足够的信息。从时间

---

[1] 厉以宁:《体制·目标·人：经济学面临的挑战》，黑龙江人民出版社，1986，第5~8页。

和成本上来说，这也是合理的。比如美国经济学家西蒙就说过，缝衣服需要一根针，假定根据最优化原则，缝衣服要选择一根最尖的针，但怎么知道哪一根针是最尖的呢？这就需要把所有的针拿来比较，用精密仪器测定，先判断哪一根针最尖，再选择这根针。这样做当然是不必要的，而且付出的代价过大。如果不用最优化原则，而用次优化原则，那就是说，只要针尖得可以缝衣服就行了。这样的话，找到的第一根尖得能够缝衣服的针就是有用的。选到这根针以后，就不必再去比较其他针了，因为这已经符合目标。西蒙认为，你要想找最好的，那是永远找不到的。你要找一个好的，也许能碰上一个最好的。每一个人在实际生活中，都会遇到这样的例子。所以，在实际生活中，可行的原则就是次优的原则。此外，最优化原则还有一个缺点，就是它只能够符合单一目标。而现代的经济生活中，实际上不是单一目标，而是多目标。假定是多目标的话，那么最优化原则就不适用了。比如到食堂里去买饭菜，现在定了三个目标：价钱是最便宜的，口味是最好的，营养价值是最高的。要三个目标同时达到最优，那是达不到的。只能够符合一个目标，最便宜的不一定是最有营养的，最合口味的也不一定最便宜。而次优化决策原则告诉我们，对任何目标，都将制定上限和下限。然后在上、下限之间，想办法来同时符合三个目标。比如说，价钱最便宜这一条，可以把它改为一定价格范围之间。口味如何，酸甜香辣的，各在一定的标准内。营养呢，定在蛋白质含量、维生素含量、脂肪含量多少之内。这样，在三个目标的上、下限之间，就能够使你买到一个满意的菜。这就不是最优目标，它已经是次优目标了。[1]因此，随着信息极大丰富时代的到来，经济学理论也面临新的挑战，会发生新的变化。

3. 经济学必须满足时代的呼唤

在了解了经济学所面临的挑战之后，就可以了解到经济学将朝着什么方向继续发展。归纳起来就是一句话，时代是思想之母，经济学必须满足时代的呼唤，才能凸显其科学性。马克思曾深刻指出："问题就是时代的口号，是它表现自己精神状态的最实际的呼声。"[2]亚当·斯密的《国富论》、马尔萨斯的《人口原理》、凯恩斯的《就业、利息和货币通论》、熊彼特的《经济发展理论》、萨缪尔森的《经济学》、弗里德曼的《资本主义与自由》、西蒙·库兹涅茨的《各国的经济增长》等重要的经济著作都是时代的产物，都是思考和研究当时当地社会突出矛盾和问题的结果。[3]社会经济发展到什么情况，经济学就需要跟着做出相应的创新。当前社会经济状况一方面有很美好的前景，技术进步为人类带来了巨大的福利，效率得以提升，生活质量得以改善；但另一方面，从人口、资源、环境问题来说，人口的增长、资源的消耗、环境的破坏，已经超出了地球在稳定状态下所能承载的能力。即使人口停止增长，但只要经济仍在继续增长，那么最终必将导致资源耗竭和环境的严重污染。新资源的发现、某些新技术的采用可能推迟

[1] 厉以宁：《经济与改革：西方经济学说读书笔记（上）》，中国大百科全书出版社，2019，第357~361页。

[2] 《马克思恩格斯全集》第40卷，人民出版社，1982，第289~290页。

[3] 习近平：《在哲学社会科学工作座谈会上的讲话（2016年5月17日）》，《人民日报》，2016年5月19日。

人类社会最终崩溃的时间，但不能长期推迟，何况，有些新发明会加剧环境破坏，加速资源耗竭，从而不一定使人类赢得足够的时间。此外，贫富差距有所扩大、社会矛盾冲突不断，这也都是经济学理论亟须解决和回答的问题。除了以上一些共同的问题之外，各国先后都走上现代化的道路，但由于各国社会制度不同、经济结构不同、生产力发展水平不同、经济发展的历史背景不同以及自然资源不同，每一个国家都有自己的特殊的问题，因此经济学理论既要具有一般性，也要解决各国的特殊性的问题，需要同各国社会经济的特殊性有关，同各国的社会制度、经济结构、生产力水平、历史背景、自然资源的特殊条件有关，这都是经济学需要满足的时代要求。[1]

第二节　集大成的马克思主义政治经济学

一　马克思主义政治经济学的创立与发展

1. 马克思主义政治经济学的创立

1776 年，亚当·斯密出版《国富论》，标志着古典资产阶级政治经济学的建立，古典经济学将研究由流通过程延伸到资本主义的生产过程，把资本主义生产看作增加国民财富的最有效的源泉，在一定程

---

[1]　厉以宁:《体制·目标·人——经济学面临的挑战》，黑龙江人民出版社，1986，第20~23 页。

度上揭示了资本主义经济的内部联系。古典经济学是马克思主义政治经济学的重要思想来源。马克思批判地继承了古典经济学的科学成分，克服了它的阶级局限和历史局限，全面深刻地揭示了资本主义经济的内在矛盾和发展趋势，完成了政治经济学发展史上的伟大革命，创立了伟大的马克思主义政治经济学。[1]

要理解马克思主义政治经济学的创立，必须理解马克思所处时代的背景。1818 年 5 月 5 日，马克思出生于德国西南部特里尔市的一个律师家庭。当时的德国相比英国、法国而言还是落后的封建国家，不是一个统一国家，最大的王国是普鲁士王国。但是普鲁士曾经被拿破仑占领，因此曾经受到民主进步思想的洗礼。马克思 17 岁上大学，先是在波恩大学法律系学习，后来在柏林大学法律系学习。黑格尔曾经担任过柏林大学的校长，所以柏林大学是哲学的圣地。黑格尔是德国古典哲学的集大成者，提出了辩证法以及三大规律（对立统一规律、质量互变规律、否定之否定规律）和五大范畴（内容形式、原因结果、偶然必然、本质现象、可能现实）。一切辩证法都脱离不了这三大规律、五大范畴，这也是黑格尔的伟大之处。马克思参加了青年黑格尔协会，并在 23 岁获得耶拿大学哲学博士。1842 年，马克思在德国的《莱茵报》当编辑。当时莱茵省议会通过了《林木盗窃法案》，马克思批判这一制度，并开始研究经济问题的本质。1843 年后，莱茵报被停业，马克思在费尔巴哈的唯物主义哲学影响下，批判黑格尔

---

[1] 《马克思主义政治经济学概论》编写组：《马克思主义政治经济学概论》，人民出版社，2011，第 16~17 页。

的唯心主义哲学颠倒国家和市民社会关系的观点，认识到所有制对国家政治制度的决定性影响，后来完成了《〈黑格尔法哲学批判〉导言》等文章，完成了从唯心主义到唯物主义的转变。1845年，马克思和恩格斯合作撰写了《神圣家族》，也叫作《对批判的批判所做的批判》，初步阐述了唯物史观，强调物质生产很重要，无产阶级能够也必须自己解放自己。

1845年夏天，马克思开始研究政治经济学，并在英国曼彻斯特做了深入的调查，英国自18世纪60年代后进入工业革命，经济快速发展，当时是全球最富的国家，但也是穷人的地狱，阶级矛盾逐渐尖锐，社会两极分化严重，2%最富有的人所占财富占国民总财富的40%，而且工厂大量使用童工。马克思十分愤怒，说不列颠工业区像吸血鬼一样。当时曼彻斯特爆发了多次大罢工，工厂要求提高工资，改善工作条件，工人们还成立了协会，比如正义者同盟等，这个组织主张平均共产主义。马克思发现，欧洲无产阶级已经觉醒，迫切需要建立一个理论，迫切需要一个科学理论指导下的政党。

1845年秋，马克思和恩格斯合作撰写了《德意志意识形态》，系统阐述了唯物主义的历史观，从现实人的物质生产实践出发，揭示了社会存在决定社会意识的观点，认为社会意识各种形式都可以从社会经济关系中得到合理的解释。

1847年6月，正义者同盟第一次代表大会在伦敦召开，按照马克思、恩格斯的倡议改名为共产主义者同盟，口号从"人人皆兄弟"变为"全世界无产者联合起来"，第一个无产阶级政党诞生了。1847年11月，共产主义者同盟第二次代表大会，决定委托马克思、恩格斯起草同盟纲领。1847 年 12 月到 1848 年 1 月，马克思和恩格斯用一个月写下了《共产党宣言》，这标志着马克思主义的诞生。《共产党宣言》揭示了资本主义必然灭亡，共产主义必然胜利的历史发展规律，从此无产阶级和被压迫民族争取解放的斗争有了科学的理论指导，也开启了国际共产主义运动的新纪元。之后一场革命风暴就席卷了欧洲大陆，意大利、法国、德国、奥地利、匈牙利相继爆发了大规模起义，马克思积极投入并指导这些革命斗争。但革命失败后，马克思开始深刻总结失败的教训，并力求通过系统研究政治经济学，揭示资本主义的本质和规律。

马克思认为，为了将科学社会主义奠定在牢固的理论基石上，不仅需要辩证唯物主义和历史唯物主义的世界观和方法论，还必须透彻阐明资本主义经济运行的规律和资本家剥削工人的秘密。于是，马克思开展了系统的政治经济学研究，在出版了《1844 年经济学哲学手稿》《哲学的贫困》《雇佣劳动与资本》等著作后，开始集中写作《资本论》。1850 年 6 月，马克思申请了大英博物馆的阅览证，他说自己是贪婪读书的机器，读了大英图书馆所有的政治经济学资料和图书，尤其是当时占统治地位的亚当·斯密和李嘉图的古典经济学著作。马克思深入研究了他们的成果，进行了批判，并阐述了自己的观点。马克思读了 1500 多部书籍，其中 800 多本著作在《资本论》中引用过，还看了大量一手资料，包括《英国的年鉴》蓝皮书，以及《经济学人》杂志，物理学、农学，等等，还撰写了大量笔记。1867 年 9 月 14 日，《资本论》第 1 卷在德国汉堡问世，这是马克思主义最厚重、最丰富的著作，被誉为"工人阶级的圣经"。《资本论》第 1 卷的出版标志着马克思主义政治经济学理论体系的正式创立。1883年3月14日，马克思逝世。恩格斯继续其未竟的事业，花了巨大精力，终于完成了《资本论》第2卷和第3卷的整理和出版。这3卷本的《资本论》，对资本的生产过程、流通过程和资本主义生产总过程做了全面的论述，并以剩余价值学说为核心，揭露了资本主义剥削的秘密，指出了无产阶级贫困化的实质，构成了马克思主义政治经济学的宏伟大厦。

从以上历史可以看出，马克思主义政治经济学是特定历史条件和社会实践的必然产物。从社会经济条件来看，18世纪60年代工业革命的兴起为资本主义经济的迅速发展创造了物质条件，随着工业革命的发生及机器大工业的发展，资本主义社会矛盾的迅速发展和激化，为马克思主义政治经济学的形成提供了客观依据。从政治条件来看，伴随着资本主义矛盾的发展，英国、法国、德国等兴起工人革命运动，这表明无产阶级已经作为独立的政治力量登上了历史舞台，无产阶级不仅提出了消灭私有制的经济要求，而且提出了一系列的政治要求。工人运动呼唤着建立代表无产阶级利益的政治经济学。马克思、恩格斯深入观察和研究分析日益尖锐化的社会化生产和资本主义占有的基本矛盾，并立足于正在不断形成并日益壮大的无产阶级普遍要求，创立了无产阶级自己的政治经济学。[1]

2. 为什么说马克思主义政治经济学是集大成者

之所以说马克思主义政治经济学是集大成者，是因为马克思主义

---

[1]《马克思主义政治经济学概论》编写组:《马克思主义政治经济学概论》，人民出版社，2011，第16~17页。

政治经济学是在系统分析批判资产阶级和一切非无产阶级经济学说中产生和发展起来的，做到了集百家之长。

从根本立场或者基本假定来看，马克思对以往经济学说进行了批判和革命性的发展，将马克思主义政治经济学的根本立场确定为"发展为了人民"。马克思说，"历史活动是群众的活动"。[1] 因此，人民性是马克思主义政治经济学最鲜明的品格。马克思、恩格斯还指出："无产阶级的运动是绝大多数人的、为绝大多数人谋利益的独立的运动"，在未来社会"生产将以所有的人富裕为目的"。[2]

从哲学基础来看，马克思主义政治经济学对以往的经济学理论最伟大的改造是将经济学立足在辩证唯物主义和历史唯物主义这一科学的世界观和方法论之上。唯物史观是人类历史的发展规律，也是马克思主义政治经济学的哲学基础。正因如此，马克思主义政治经济学的研究出发点是物质资料生产，这与西方经济学将交换作为出发点是不同的。马克思主义政治经济学认为，人们首先必须吃、喝、住、穿，然后才能从事政治、科学、艺术、宗教等，所以，直接的物质生活资料的生产构成了经济基础，人们的国家设施、法的观点、艺术乃至宗教观念，是在这个基础上发展起来的，因而，也必须由这个基础来解释。人类社会在从事物质资料生产过程中要发生两个方面的关系：一方面，是人与自然之间的关系，表现为生产力，是生产的自然属性；另一方面，是人与人之间的关系，表现为生产关系，是生产的社会属

---

[1] 《马克思恩格斯文集》第1卷，人民出版社，2009，第287页。

[2] 习近平：《不断开拓当代中国马克思主义政治经济学新境界》，《求是》2020年第16期，第4~9页。

性。[1]马克思主义政治经济学主要将生产关系作为研究对象，并联系生产力和上层建筑研究生产关系。

从理论内容或者基本命题来看，马克思当时几乎把资产阶级古典经济学理论中所有的有价值的东西都进行了批判性的吸收和借鉴，加以革命改造，发展成为科学的无产阶级政治经济学。在批判吸收古典经济学合理成分的基础上，马克思全面总结了国际工人运动的实践经验，深刻剖析了资本主义经济的内在矛盾，创立了剩余价值理论，建立了科学的劳动价值论。剩余价值理论是现代资本主义生产方式和它所产生的资产阶级社会的特殊的运动规律，这也是马克思主义政治经济学的基本理论原理。剩余价值理论揭示了资本主义生产的本质，构成了马克思主义政治经济学科学体系的重要基础。[2]马克思不仅对资产阶级古典经济学的著作采取这种科学的态度，对资产阶级庸俗经济学的著作也是有分析的、区别对待的，对其中的庸俗成分进行彻底批判，予以否定，而对其中的正确成分也予以肯定。例如，在《资本论》第一卷第七篇《资本的积累过程》中，马克思对英国资产阶级庸俗经济学家赛米尔·贝利和德国资产阶级庸俗经济学家约翰·亨利希·杜能的著作都做了深入细致的分析。马克思指出在价值理论上，贝利的观点是庸俗的，因为贝利反对李嘉图的劳动价值论，但贝利能从流通的观点来批判当时大多数资产阶级经济学家把资本看成固定不变的量的教

---

[1]《马克思主义政治经济学概论》编写组：《马克思主义政治经济学概论》，人民出版社，2011，第1页。

[2]《马克思主义政治经济学概论》编写组：《马克思主义政治经济学概论》，人民出版社，2011，第9页。

条。虽然贝利的批判没有打中这一教条的要害，但是贝利所提出的只要资本周转加速，就能使资本所起的作用超过资本量的范围的看法，则是正确的。因此马克思在《资本论》中对贝利的这一看法给予了适当的肯定。[1]

在研究方法上，马克思综合运用辩证唯物主义和历史唯物主义的基本方法，包括对立统一规律、量变质变规律、否定之否定规律的方法，生产力和生产关系、经济基础和上层建筑辩证关系原理的方法，以及如科学抽象法、历史与逻辑相统一的方法、数学定量方法等一系列科学方法，因此也对其他经济学理论在方法论上实现了超越。[2]

正因如此，马克思主义政治经济学完成了政治经济学史上理论要素的伟大变革，是集大成者。

3. 马克思主义政治经济学的创造性发展

马克思主义政治经济学创立之后，产生了巨大的影响，直到今天依然影响巨大。这是因为马克思主义政治经济学是不断创造性发展的开放的理论，始终站在时代前沿。马克思一再告诫人们，马克思主义理论不是教条，而是行动指南，必须随着实践的变化而发展。一部马克思主义发展史就是马克思、恩格斯以及他们的后继者们不断根据时代、实践、认识发展而发展的历史，是不断吸收人类历史上一切优秀思想文化成果丰富自己的历史。因此，马克思主义能够永葆青春，不

---

[1] 厉以宁：《加强对当代资产阶级经济学的研究和批判》，《经济学动态》1978年第6期，第29~39页。

[2] 《马克思主义政治经济学概论》编写组：《马克思主义政治经济学概论》，人民出版社，2011，第13~15页。

断探索时代发展提出的新课题、回应人类社会面临的新挑战。[1]

　　马克思主义政治经济学创立后，一直处于不断创造性发展的过程之中。19世纪末20世纪初，资本主义进入帝国主义阶段。面对新的历史条件，列宁坚持和运用马克思主义基本原理，对马克思主义政治经济学进行了创造性发展，包括对处于垄断阶段的资本主义深刻剖析，形成了关于帝国主义的经济理论；亲自领导俄国无产阶级革命，并在革命胜利后努力探索社会主义经济建设的道路，形成了向社会主义过渡和社会主义建设的理论。列宁认为垄断资本主义有五大特征：生产和资本的集中必然走向垄断，垄断组织成为经济生活的基础；银行作用急剧加强，并与工业资本融合而成为金融资本，金融寡头在经济、政治上建立起统治地位；资本输出有了特别重要的意义；瓜分世界的资本家国际垄断同盟已经形成；国际垄断同盟（列强）经济上分割世界已经完毕。列宁认为资本主义发展到垄断阶段，特别是国家垄断阶段，生产社会化程度更高，资本更为集中，因此，国家垄断资本主义为社会主义准备了物质基础。列宁揭示了"经济和政治发展的不平衡是资本主义的绝对规律。由此就应得出结论：社会主义可能首先在少数甚至在单独一个资本主义国家内获得胜利"。列宁在亲自领导无产阶级夺取政权并向社会主义社会过渡的实践中，形成了社会主义过渡和建设理论。其基本内容包括：第一，社会主义经济基础必须通过大力发展生产力和不断提高劳动生产率来形成。社会主义最终战胜

---

[1]　习近平：《在纪念马克思诞辰200周年大会上的讲话（2018年5月4日）》，《人民日报》2018年5月5日。

资本主义的条件是其生产力水平超过资本主义。第二，在资本主义发展程度比较低或殖民地半殖民地国家（特别是东方国家）向社会主义过渡，需要通过保留商品货币关系的方式，借以形成和发展壮大社会主义经济基础。第三，1920 年年底至 1921 年年初实施新经济政策，这是对社会主义经济建设的最早理论探索和实践。新经济政策所提出的无产阶级革命胜利以后农民经济活动自由和发展国家资本主义，实际上是发展多种所有制经济、发展市场经济。国家资本主义不仅包括鼓励国内发展私人资本，还包括积极引进外国资本。当时列宁还认为，新经济政策的实施大约需要几十年时间。[1]

列宁逝世后，斯大林领导了苏联向社会主义过渡和进入社会主义社会后的经济建设。这个时期，如何建设社会主义，建成一个什么样的社会主义，没有前人经验可以借鉴。苏联对社会主义经济建设进行了积极探索，虽然有曲折和教训，但也积累了重要经验，推动了马克思主义政治经济学在社会主义条件下的发展。比如关于社会主义国家工业化的思想。第一，在一个农业国建成社会主义的前提是实现工业化，否则，社会主义国家就不能保持经济上的独立，工业化速度是事关社会主义政权生死存亡的大问题。第二，工业化资金的积累，在当时的条件下只能依靠国内积累。当时苏联主要是通过工农业产品价格的剪刀差，让农业为工业化提供"贡税"的途径来实现的。第三，社会主义工业化的具体道路是优先发展重工业，特别是机器制造业。这条工业化道路在当时的苏

---

[1] 《马克思主义政治经济学概论》编写组:《马克思主义政治经济学概论》，人民出版社，2011，第 17~19 页。

联有现实必要性，特别是为后来的反法西斯战争胜利奠定了物质基础。但因此付出的轻工业长期落后、农业轻工业重工业比例失调、人民消费需求长期得不到满足的代价也是不可忽视的。再比如关于农业集体化的思想。无产阶级夺取政权以后，面对广大的小生产和个体经济，必然会提出将他们引入社会主义道路的要求。苏联采取的是通过"自上而下"的运动来实现集体化，把分散的中小农户组织起来进入集体农庄。集体化运动把个体农民经济转变为集体经济，把小农庄转变为大农庄，这有利于集约化耕作和利用农业机械，符合生产力发展的方向。但在这一生产关系的调整过程中，由于开始时采取强制地推进全盘集体化的做法，不仅没有调动大多数农民的生产积极性，反而一定程度上破坏了农业生产力，其教训也是深刻的。实践表明，对小生产的改造是长期过程，农业集体化必须坚持自愿原则，不能采取行政强制的办法；同时，集体化要以有利于促进生产力发展为基础，必须和机械化相结合来进行。[1]除此之外，当时的苏联还进行了社会主义计划经济体制、社会主义公有制的多种形式等理论的创新。

马克思主义政治经济学传播到中国之后，中国共产党对之进行了创造性的发展。毛泽东同志在新民主主义时期创造性地提出了新民主主义经济纲领，在探索社会主义建设道路过程中对发展我国经济提出了独创性的观点，如提出社会主义社会的基本矛盾理论，提出统筹兼顾、注意综合平衡，以农业为基础、工业为主导、农轻重协调发展等重要观点。

---

[1] 《马克思主义政治经济学概论》编写组:《马克思主义政治经济学概论》，人民出版社，2011，第 19 页。

党的十一届三中全会以来，中国共产党把马克思主义政治经济学基本原理同改革开放新的实践结合起来，不断丰富和发展马克思主义政治经济学。1984年10月《中共中央关于经济体制改革的决定》通过后，邓小平同志评价说："写出了一个政治经济学的初稿，是马克思主义基本原理和中国社会主义实践相结合的政治经济学"。随着改革开放不断深入，还形成了当代中国马克思主义政治经济学的许多重要理论成果，比如，关于社会主义本质的理论，关于社会主义初级阶段基本经济制度的理论，关于树立和落实创新、协调、绿色、开放、共享的发展理念的理论，关于发展社会主义市场经济、使市场在资源配置中起决定性作用和更好发挥政府作用的理论，关于我国经济发展进入新常态的理论，关于推动新型工业化、信息化、城镇化、农业现代化相互协调的理论，关于农民承包的土地具有所有权、承包权、经营权属性的理论，关于用好国际国内两个市场、两种资源的理论，关于促进社会公平正义、逐步实现全体人民共同富裕的理论，等等，开拓了马克思主义政治经济学新境界。[1]

二 马克思主义政治经济学揭示的科学规律

1. 资本主义和社会主义的生产关系及其发展和变化规律

马克思主义政治经济学首先是深度揭示了资本主义生产关系的本

---

[1] 习近平：《不断开拓当代中国马克思主义政治经济学新境界》，《求是》2020年第16期，第4~9页。

质及其内在矛盾，说明生产力的发展必然冲破资本主义制度的桎梏，论证资本主义必然灭亡的客观规律，为无产阶级革命提供思想武器，并对未来建立共产主义社会的条件进行探索。[1] 马克思主义政治经济学认为，资本主义基本矛盾就是生产的社会性和生产资料的资本家私人占有之间的矛盾。随着资本主义的发展，生产越来越具有社会性，然而生产资料的占有方式则是资本主义私有性质的。高度社会化的大生产同这种占有方式的不适应，导致资本主义社会的生产、分配、交换、消费之间的矛盾日益尖锐起来。具体而言，资本主义基本矛盾一方面表现为个别资本主义企业中生产的有组织性与整个社会生产无政府状态之间的矛盾，另一方面表现为资本主义生产无限扩大的趋势同广大劳动人民有支付能力的需求相对狭小之间的矛盾。资本主义经济危机正是资本主义基本矛盾激化的产物。生产过剩、大量商品滞销、生产猛烈缩减、大批工厂倒闭、失业人数剧增，这些都是资本主义经济危机的表现。资本主义国家中大量存在的失业人口，其根源也在于资本主义生产方式本身。在资本主义制度下，随着资本积累的增长和劳动生产率的提高，资本对劳动力的需要不但相对地减少，而且由于新技术装备的采用，在某些部门和企业中，对劳动力的需求还会绝对地减少。然而劳动力的供给却随着资本统治的加强而增多，这样，在资本主义国家中必然会出现经常性的失业大军。同时，在资本主义生产方式下，失业大军的存在既可以适应资本主义生产周期的需要，随

---

[1] 《马克思主义政治经济学概论》编写组：《马克思主义政治经济学概论》，人民出版社，2011，第 10 页。

时向资本主义企业补充、替换劳动力，又可以形成对于在业工人的一种压力，迫使他们接受资本主义企业所规定的劳动条件和工资报酬。从这个意义上说，失业人口的存在是资本主义生产方式存在和发展的条件，因此资本主义制度是不可能消灭失业的。[1] 马克思还分析了资本主义社会的劳动异化现象，资本主义社会把发展生产的手段变成了剥削生产者的手段，使工人成为机器的附属品，不管工人的报酬高低如何，工人阶级的状况必然随着资本的积累而日益恶化，只要资本主义制度还存在，劳动异化的现象就不会消除。

正是因为资本主义制度的基本矛盾和根本不足，社会主义制度代替资本主义制度，是人类历史发展的必然结果。资本主义社会的基本矛盾在客观上产生了改变资本主义私有制、代之以社会主义公有制的要求，在阶级关系上表现为无产阶级和资产阶级的对立。资本主义社会生产发展的结果，既为社会主义制度的建立准备了必要的物质基础，即社会化的大生产，也为此准备了推翻资本主义制度、建立社会主义制度的阶级力量，即无产阶级。无产阶级作为新的生产力的代表，负有消灭旧的生产关系、建立新的生产关系、解放生产力的历史使命。总而言之，社会主义制度代替资本主义制度，是不依人们意志为转移的客观过程。[2]

马克思政治经济学除了研究资本主义经济规律、揭示社会主义代替资本主义的必然趋势之外，还研究了社会主义生产关系和社会主义

---

[1] 厉以宁:《关于经济问题的通信》，上海人民出版社，1984，第12~13页。

[2] 厉以宁:《社会主义政治经济学》，商务印书馆，1986，第6页。

建设规律。当然，由于时代和实践的局限性，马克思、恩格斯对社会主义及未来社会建设只提出了一般原则，并没有提供具体结论，但后来的马克思主义者根据时代和实践的发展不断丰富和发展了马克思主义政治经济学的内容。[1]

2. 经济运动的普遍规律

马克思主义政治经济学作为主要研究生产关系的科学，除了研究资本主义经济规律和社会主义经济规律，还揭示了经济运动的普遍规律。恩格斯指出，政治经济学作为一门科学，"它首先研究生产和交换的每个个别发展阶段的特殊规律，而且只有在完成这种研究以后，它才能确立为数不多的、适用于生产一般和交换一般的、完全普遍的规律"。[2]经济运动的普遍规律反映了社会经济现象之间内在的、本质的和必然的联系，构成了各个社会形态和经济发展的一般基础。各种特定的社会形态往往是以特殊的形式反映人类社会经济发展的普遍规律。只有深刻认识和掌握人类社会经济发展中的普遍规律，才能更好地认识历史上彼此更替的社会经济形态和经济发展方式。经济规律具有客观性，它不以人们的意志为转移。只要某种社会经济条件存在，同这种条件相联系的经济规律就必然发挥作用。人们不能凭自己的意识、意志和愿望去创造或消灭规律，而必须尊重规律，按规律办事。但这并不意味着人们在经济规律面前无能为力，人们可以发挥自己的

---

[1]《马克思主义政治经济学概论》编写组：《马克思主义政治经济学概论》，人民出版社，2011，第11页。

[2]《马克思恩格斯文集》第9卷，人民出版社，2009，第154页。

主观能动性，科学认识和自觉利用经济规律。[1]

马克思主义政治经济学关于经济运动的普遍规律有非常丰富的内容，比如关于生产力和生产关系的思想，物质生产力是全部社会生活的物质前提，同生产力发展一定阶段相适应的生产关系的总和构成社会经济基础。生产力是推动社会进步最活跃、最革命的要素。"人们所达到的生产力的总和决定着社会状况。"生产力和生产关系、经济基础和上层建筑相互作用、相互制约，支配着整个社会的发展进程。[2]再比如，马克思主义政治经济学还认为，生产资料所有制是生产关系的核心，决定着社会的基本性质和发展方向。再比如，分配决定于生产，又反作用于生产，"而最能促进生产的是能使一切社会成员尽可能全面地发展、保持和施展自己能力的那种分配方式"。[3]

需要注意的是，经济运动的普遍规律的存在和发挥作用也是同一定的社会经济条件相联系的。正如马克思指出："生产力的发展水平不同，生产关系和支配生产关系的规律也就不同。"[4] 因此，可以依据不同社会经济条件把经济运动规律分为三大类型。一是贯穿于人类社会发展始终、在每个社会经济形态都起作用的最一般的经济规律。如生产关系一定要适合生产力发展状况的规律，上层建筑一定要适合经

[1]《马克思主义政治经济学概论》编写组:《马克思主义政治经济学概论》，人民出版社，2011，第 12 页。

[2] 习近平:《在纪念马克思诞辰 200 周年大会上的讲话（2018 年 5 月 4 日）》，《人民日报》2018 年 5 月 5 日。

[3] 习近平:《不断开拓当代中国马克思主义政治经济学新境界》，《求是》2020 年第 16 期，第 4~9 页。

[4]《马克思恩格斯文集》第 5 卷，人民出版社，2009，第 21 页。

济基础发展状况的规律。二是在某些社会经济形态或某些社会经济条件下共同发生作用的规律。如在商品经济和市场经济条件下的价值规律，在社会化大生产条件下的社会再生产按比例发展的规律。三是一定社会经济形态所特有的经济规律，如资本主义社会的剩余价值规律和资本积累规律、社会主义社会的按劳分配规律、共产主义社会的按需分配规律，等等。[1]这也正是马克思主义政治经济学一般性与特殊性的辩证统一之处。

第三节　经济学与其他学科的交叉

一　学科交叉的趋势

1. 什么是学科交叉

从科学哲学角度来看，学科分科的哲学基础是还原论哲学，基本方法是通过将整体拆解分离为部分，进行孤立研究，最后加总还原，以揭示整体理论。但从 20 世纪 50 年代开始，还原论哲学就受到了整体论哲学的批判，因为世界是相互联系、不可分割的，整体往往大于部分之和。而且极端地来看，只要对整体的部分做出足够大的操纵和调整，任何单一的部分可以得出任何想要的结论。学科交叉是规避这一极端问题的"金钥匙"。

---

[1]《马克思主义政治经济学概论》编写组：《马克思主义政治经济学概论》，人民出版社，2011，第 12~13 页。

什么是学科交叉呢？一般而言，是对一个研究问题用多学科的理论视角来分析，在分析的时候，往往也会运用不同学科的研究方法，慢慢建立了一种多学科研究范式的习惯，进而发展为一门交叉学科。比如李四光先生创立的地质力学，就是把力学的理论和方法引入地质学；侯仁之先生创立的历史地理学，就是把历史学的理论和方法引入地理学。

学科为什么会交叉呢？这是因为所有学科（包括自然科学的各个学科和社会科学的各个学科）都处于发展的过程中。虽然学科的发展可能是不平衡的，但总的说来，都是在进步的，而且各门学科在进步的过程中会相互影响、相互渗透、相互联系。一门学科取得了较大进展，其他学科不会长期处于落后状态，它们在受到直接或间接的影响之后，会很快地跟上来。各个学科的发展，导致各个学科之间的关系也发生了变化。以经济学和其他学科之间的关系为例，各门学科的发展，对于经济学有着重要的影响，推动着经济学的发展，而经济学的发展，也推动着其他各个学科的进步。这样，经济学和其他一些学科之间就会出现一些交叉学科、边缘学科。正如数学和历史学的进展曾经推动了经济学的发展并且正在继续推动经济学的发展一样，物理学、化学、生物学、心理学、社会学、法律学、地理学和工程技术科学等的发展对经济学发展的影响也是不容忽略的，比如环境经济学、卫生经济学、教育经济学、海洋经济学等新的经济学分支或交叉学科、边缘学科的产生和发展，都是经济学的重要创新。[1]当然，学科

---

[1] 厉以宁：《关于经济问题的通信》，上海人民出版社，1984，第200页。

交叉也不是见异思迁，这山望着那山高，而是要先立足于经济学的学科，先精益求精地使用经济学学科的理论和方法去分析，不足之处再去寻求其他学科的补充。

2. 为什么需要学科交叉

从科学史的发展来看，学科之间从来没有明确的界限，而是在相互交叉和融合的过程中发展起来的。物理学家普朗克曾经指出，科学就是一个内在的整体，它被分解为单独的部门不是取决于物质的本质，而是取决于人类认识能力的局限性，科学实际上是由物理到化学，通过生物学和人类学到社会科学的连续链条，这是任何一处都打不断的链条。

因此，在认识世界和改造世界的过程中，自然科学与社会科学相互结合、相互渗透已成为科学发展的一般趋势，我们应当认识这种结合和渗透的必然性和必要性。社会科学是一个开放的体系，它不断吸收自然科学的研究成果。同样地，自然科学也越来越需要社会科学的指导和配合。以经济学为例，前文说过，现代化已经成为经济学里最热门的研究议题，现代化的很多问题比如生态问题、环境问题、能源问题、人口问题都是既涉及自然科学又涉及社会科学的问题，必须依靠自然科学和社会科学结合才能解决。[1]再比如，现代化中公共治理的问题，政治学家可以从公共决策的多重原则来平衡各主体的诉求；经济学家可以从成本收益来看，考虑资源的优化配置；法学家可以从社

---

[1]　厉以宁:《体制·目标·人——经济学面临的挑战》，黑龙江人民出版社，1986，第23~24页。

会公平和正义的角度，倡导公平价值观。因此，从任何一个学科，比如只从经济学的角度去分析问题，都是片面的，都无法更好地认识世界和改造世界。进一步来看，随着社会的进步，我们研究的许多问题甚至是前所未有的新问题，需要从 0 到 1 的理论原始创新，而学界普遍认为理论原始创新的突破点往往发生在社会需要和科学内在逻辑的交叉点上，尤其会出现在学科交叉的边界上，这也说明了学科交叉的必要性。

3. 经济学的学科交叉

社会上经常有"经济学帝国主义"的说法，认为经济学常常会侵入其他学科的领域，有"扩张主义"的倾向，这一说法是武断的。如果说经济学同其他学科之间一再出现交叉地带或边缘地带，那么这只能是科学进步的结果，而不能把这种情况说成经济学的"扩张主义"倾向。其实，随着科学的进步，一个学科同其他学科之间一再出现交叉地带或边缘地带，形成交叉学科，应当是比较普遍的现象。经济学学科交叉的形成通常需要三个条件。第一个条件，在新的经济学交叉学科形成以前，已经有一些经济学研究者从事有关问题的研究了。他们或者是从经济理论的角度来进行研究，或者是从有关的实际问题出发进行探讨。他们在这些问题的研究中得出一些有价值的看法，从而引起更多学科的人的兴趣，也愿意投入类似的研究中。第二个条件，这一即将形成的、新的经济学交叉学科确实有较大的发展空间，而且它可以单独成为一个新的研究领域。在研究逐步深入的过程中，人们逐渐取得了一个共识，即认为有必要、也有可能建立一个新的经济学交叉学科。否则，研究无法深入进行下去，还有什么必要建立新的经济学交叉学科呢？第三个条件，新的经济学交叉学科总是处于经济学同其他学科的交叉地带或边缘地带，因此，要形成一个新的经济学交叉学科，除了经济学研究者的努力外，还有赖于与此有关的其他学科研究者的努力。换句话说，在两个学科的边缘地带形成一个新的交叉学科，需要这两个学科的研究者们共同努力，缺少任何一方的努力都不行。具备了这三个条件，新的经济学交叉学科就会逐渐形成。至于这一交叉学科是否被经济学权威性的学科分类机构或文献编纂机构所认定，那是另一回事。学术研究是学术界的事情，新的经济学交叉学科什么时候载入权威性的学科分类目录或在文献杂志上单列出来，可能会拖延很久，但只要这一新的经济学交叉学科具有广阔的发展空间，并且有深入挖掘、探讨的余地，那么不管什么时候被权威性的学术分类机构或文献编纂机构所认定，都无损于这一新的交叉学科的继续发展。[1]

二　经济学与其他学科的交叉

我们选取几个影响较大的经济学与其他学科的交叉学科进行介绍。

1. 教育经济学

教育经济学是教育学和经济学的交叉学科，主要研究教育和经济之间的相互制约关系。西方的教育经济学作为独立的学科，主要是20

---

[1]　厉以宁:《改革开放以来的中国经济: 1978-2018》，中国大百科全书出版社，2018，第 319~325 页。

世纪 50 年代后期建立和发展起来的。美国经济学家舒尔茨所创建的人力资本理论是西方教育经济学的基本理论。20 世纪六七十年代，经过一些西方经济学家的研究，西方教育经济学有了进一步的发展，已形成了一个以研究人力投资的收益或教育的收益为中心的研究领域，学者们假定智力投资在数量上等于教育支出，并承认教育支出具有生产性投资的性质，认为教育经济学是研究教育支出的社会经济功能和经济效果的科学。进一步地，教育经济学的研究范围扩大到研究教育在经济增长以及经济和社会发展中的作用，包括教育如何促进经济增长，如何协调经济和社会的发展，以及如何有助于一国实现自己的经济和社会发展目标等重要问题。[1]

教育在促进一国经济增长以及经济和社会发展方面中的作用，大体上可以归结为以下七个方面。第一，教育向社会提供一支能在科学上有发现、发明，在生产技术上有创新、变革的科学研究和设计队伍。如果没有这样一支队伍，在科学技术上至多只能步别国的后尘，很难取得重大的突破。第二，教育向社会提供一支能掌握和运用先进生产方法的技术队伍。如果没有这样一支队伍，即使有了先进的生产工具和生产方法，它们也不可能充分发挥作用。第三，教育向社会提供一支适应于工业化水平的生产和技术管理人员的队伍。如果没有这样一支队伍，就会造成生产过程中人力、物力、财力的巨大浪费，就不能发挥先进生产技术的优越性。第四，教育提高全社会的科学文化水平，为新产品的推广使用、为先进科学技术知识的普及和提高准备

---

[1] 厉以宁：《教育经济学》，北京出版社，1984，第 12 页。

条件，同时也为今后技术力量的成长提供坚实的基础，为源源不断的高质量的科研人员、工程技术人员，管理人员和熟练工人的供给提供保证。第五，教育使社会累积起来的科学知识和生产经验得以保存和传播，这种传播可以不受国界的限制，也不受时间的限制。累积起来的科学知识和生产经验作为人类共同财富，通过教育从一个民族传播给另一个民族，从这一代传播给下一代。第六，发展教育事业不仅能保证经济以稳定的速度持续增长，而且能在经济增长的同时促使经济和社会的协调发展。第七，发展教育事业将使劳动者得到全面的、综合的发展，历史遗留下来的旧式分工所形成的差别将在经济和社会的协调发展过程中逐步消失。[1]这七个方面是教育经济学研究的重要主题。

2. 文化经济学

文化经济学是文化学与经济学的交叉学科，主要研究经济和文化之间的关系，其研究的内容既包括经济对文化的影响，也包括文化对经济的影响，还包括在经济和文化共同影响、交叉影响之下社会所发生的变化。

经济与文化是一对辩证的关系，正如马克思主义哲学认为物质与意识之间是一种辩证关系。一方面，物质对意识具有决定作用，意识是对物质的反映；另一方面，意识对物质具有能动作用，能够反作用于客观事物，而且这种反作用有时是十分巨大的。这一分析也有助于理解经济与文化的辩证关系，即经济基础对包括文化在内的上层建筑

---

[1]　厉以宁:《教育经济学》，北京出版社，1984，第2~3页。

具有决定作用，文化等上层建筑对经济基础有反作用。

古往今来，人类社会的每一次跃进，人类文明的每一次升华，都伴随着经济与文化的历史性共同进步。任何一个大国的发展进程，都既是经济硬实力提高的进程，也是文化软实力提高的进程。因此，我们可以看到，经济史和文化史本质上是不能分割的，比如中世纪西欧庄园的经济发展史，从土地的分封，到庄园这一经济单位的形成，基督教信仰的普及，以及农奴身份的形成等，这些现象的演变本质上也是文化史的一部分。又如，贸易的开展、集市的形成、城市的兴起、城市中的行会组织、商人的聚集，也无一不同当时的文化演变有关。

从历史的大视野来看，人类社会存在几万年了，但经济与文化在人类历史的起点就开始了交汇。人类社会运行的最核心问题是人们的生活和生产问题，这离不开资源的供给，离不开土地、淡水、土地上生产出来的农作物或野生的结果实的树木，离不开可捕猎的动物、鱼类，离不开矿产资源……所以凡是可用来维持人的生活和生产的，都是人们所必要的资源。由于资源是有限的，解决资源如何有效配置的问题，就是经济问题。而在人类社会形成之初，并没有市场，也没有政府，这时人类社会是如何进行资源配置的呢？靠的就是文化的力量，就是习惯、风俗、若干共同遵守的约定或惯例，比如怎样进行生产活动、狩猎活动、采摘活动，怎样安排工作任务和分配成果，等等，以此来调整和处理彼此之间的关系，这也就是经济学家希克斯所说的"习俗经济"。直到几千年前，在原始社会的解体阶段，部落之间发生了物物交换。一个部落及其成员把自己捕捞到的、采摘到的和自己畜养的、种植的农牧渔产品同另一个部落在双方约定的地点进行交易，"市场"这种新型的资源配置方式出现了。但与此同时，文化对资源配置的影响并没有减小，而是与经济力量进一步交汇，共同对人类社会发挥着重要的作用。人类社会历次重大进步都可以说明这一点，比如资本主义的产生，一方面来源于文艺复兴运动这一思想文化基础，另一方面来源于新航路的开辟这一经济基础。再比如，中国共产党诞生这一开天辟地的大事变，既来源于新文化运动促进了马克思主义在中国传播这一思想文化基础，也来源于中国产业工人力量不断壮大这一经济基础。

需要注意的是，历史潮流滚滚向前，但并不是一帆风顺的。无论是经济，还是文化，先进的未必一开始就能占据主导地位，落后的也不会自动退出历史舞台。这使得经济与文化的历史交汇变得非常复杂，因此也涉及价值的判断。从这个意义上来看，文化经济学的研究方法既需要实证研究方法，也需要采用规范研究方法，即强调"哪些应该做""哪些值得做""哪些不应该做""哪些不值得做"，如果置规范于不顾，会让社会受到损害，甚至会导致社会的核心价值观解体，对未来产生长期负面影响。

3. 环境经济学

环境经济学是环境学与经济学的交叉学科，主要研究环境与经济之间的相互关系，探讨如何兼顾经济发展和环境的保护与利用等问题。环境在经济系统中的功能一般认为有以下三种。第一种，环境是人类生产劳动的条件和对象。自然资源如土地、森林、草原、淡水、矿藏等的数量和质量对人类经济活动有重大影响。第二种，环境是人类社会在经济活动中产生的废弃物的排放场所和自然净化场所。第三种，环境为人类生活质量的提高提供物质条件。例如，作为旅游资源的名山大川、奇峰异石、珍禽异兽，作为天然基因库的野生动植物等。除了上述三种经济功能之外，一定的自然环境还是人类生存的必要条件。作为生物，人类的生存同样需要特定的生态环境，如经过地球大气层选择和吸收的阳光、特定质量的空气和水源等。人类是社会的主体，人不是单纯作为生产力的要素之一而生活在这个世界上的。如果经济系统的运行要以损害人类自身的生存为代价，那么，对人类来说，这种经济系统就毫无意义。所以，生态环境是人类生存的必要前提。[1]

从环境史来看，在相当长的时间内，人们认为环境是取之不尽、用之不竭的，而且是任何人都可以无偿使用而不会损害他人利益的，因而也就没有必要专门对此进行经济学的研究。环境问题是在 20 世纪 60 年代以后才逐步进入经济学家视野的，因为 20 世纪 50 年代末和 60 年代出现在发达国家的一系列重大环境污染事件震撼了各国政府、学术界、舆论界以至公众，环境污染及治理成为热点问题。1972 年，联合国第一次人类环境会议在瑞典斯德哥尔摩举行，并通过了《人类环境宣言》。麦多斯等人 1972 年出版的《增长的极限》一书，又将环境污染和资源耗竭作为经济增长极限论的主要论据，从而引发了一场有关环境和自然资源的大辩论。而 1973 年的石油价格暴涨，更是给大辩论火上加油，引起了各国政府和公众对自然资源的强烈关注；绿色和平组织在全世界出现，并逐步成为发达国家政治生活中不可忽视的力量；随后，以 1987 年发表的世界环境与发展委员会的报告《我们共同的未来》和 1992 年在巴西里约热内卢举行的联合国环境与发展

---

[1]　厉以宁、章铮:《环境经济学》，中国计划出版社，1995，第 1 页。

大会为标志，可持续性或可持续发展作为处理人口、环境、资源、生态与经济发展的关系的伦理准则得到了公认。在这种时代背景下，从20世纪60年代开始，环境经济学兴起了，并迅速发展成为公认的一个新的经济学分支。[1]当然，随着学科的发展，还出现了与环境经济学密切相关的资源经济学、可持续发展经济学，以及低碳经济学等，广义来看，这些都可以认为是环境经济学的研究内容。

4. 新经济学

随着"ABCD"（人工智能、区块链、云计算、大数据）为代表的新技术快速发展，经济学与信息科技等其他学科的交叉可能会更为频繁，也可能会产生出新的交叉学科，比如AI经济学、区块链经济学、大数据经济学、算法经济学等，又可以统称为"新经济学"。"新经济学"的研究包括探讨新技术与经济的关系，也包括探讨新技术与人的关系。

新技术与经济的关系主要是从实证研究的层面去分析。比如宏观经济学中，传统的统计数据总是滞后的，难以及时监测和指导经济运行。而随着大数据等新技术的使用，很多数据可以即时产生，就可以弥补之前研究的不足。其他经济学研究中也是如此，大数据带来了海量数据，可以通过一些实时变化的动态数据测量许多以前无法测量的变量，以往的抽样调查带来的测量误差也可以被大数据时代的总体数据所替代，有效减少了误差。此外，新技术（比如信息、数据等）本身也是一种生产要素，也可以对经济发展做出贡献，这也需要从实证

---

[1] 厉以宁、章铮:《环境经济学》，中国计划出版社，1995，第2页。

研究的层面加以分析。

新技术与人的关系主要从规范研究的层面去分析。马克思曾在《资本论》中用"机器统治工人"这一概念来说明资本主义制度下工人与生产资料之间的关系，揭露资本主义社会的内在矛盾。"机器统治工人"，是指机器等生产资料，本来是工人所创造出来的，但在资本主义条件下，工人是雇佣劳动者，机器归资本家所有，生产出来的产品也归资本家所有，这样工人生产出来的机器并不由工人自己支配，而是变成了一种压迫、剥削和排挤工人的力量。工人同他们生产出来的产品相对立，工人受他们生产出来的机器或资本的统治，这就是《资本论》中所分析的资本主义生产资料所有制条件下工人所处的地位。[1] 在新经济学时代，算法控制人、AI 操纵人等问题依然是"新经济学"需要关注的。

---

[1] 厉以宁:《关于经济问题的通信》，上海人民出版社，1984，第 51~52 页。

第三章　中国特色经济学的繁荣

自从马克思主义政治经济学传入中国，中国经济学界的先行者立足中国国情，在对马克思主义政治经济学的继承与发展中逐步形成了中国特色经济学，并在中国式现代化的独特实践尤其是中国共产党领导经济工作的伟大探索中，不断发展和丰富，逐步形成完整的理论体系。在这一过程中，中国特色经济学也合理运用了西方经济学的有益成果，实现了中国特色经济学的大繁荣，而且因为其对中国经济实践的超强解释力和科学指导力，中国特色经济学在世界上也有了一定的话语权，对世界的经济学理论大厦做出了许多创新性贡献。当前，中国特色经济学正向着系统化的经济学说方向发展，需要进一步明确和梳理中国特色经济学的特色是什么，从哪里来、要到哪里去。不断发展中国特色经济学，提高中国特色经济学的建设水平，这既是中国经济学家的使命，也是中国经济学家的荣耀。

第一节　中国特色经济学的理论起点与创新发展

一　理论起点

1. 以马克思主义政治经济学为根本

中华文明历史悠久，从先秦子学、两汉经学、魏晋玄学，到隋唐佛学、儒释道合流、宋明理学，经历了数个学术思想繁荣时期。鸦片战争后，随着列强入侵和国门被打开，我国逐步成为半殖民地半封建国家，西方思想文化和科学知识随之涌入，中华传统思想文化经历了剧烈变革的阵痛。为了寻求救亡图存之策，林则徐、魏源、严复等人把眼光转向西方，从"师夷长技以制夷"到"中体西用"，从洋务运动到新文化运动，西方哲学社会科学被翻译介绍到我国，不少人开始用现代社会科学方法来研究我国社会问题，社会科学各学科在我国逐渐发展起来。特别是十月革命一声炮响，给中国送来了马克思主义，许多进步学者运用马克思主义进行研究，标志着中国进入了当代哲学社会科学研究的新阶段。因此，也可以说，当代中国哲学社会科学是以马克思主义进入我国为起点的，是在马克思主义指导下逐步发展起来的。[1] 作为中国哲学社会科学的重要组成部分，中国特色经济学的理

---

[1]　习近平:《在哲学社会科学工作座谈会上的讲话（2016 年 5 月 17 日）》,《人民日报》,2016 年 5 月 19 日。

论起点是马克思主义政治经济学，根本也是马克思主义政治经济学。

　　但中国特色经济学并不是教条的马克思主义政治经济学，而是发展的马克思主义政治经济学。马克思主义政治经济学不会止步于任何一个阶段上，而是不断发展的，马克思主义政治经济学研究者也不可能自称已到达经济理论的终点。而中国特色经济学的建设和发展，更是马克思主义政治经济学具有无限生命力的证明。[1]这与马克思主义自身的客观规律是高度一致的。马克思主义是要坚持、要发展的，但坚持马克思主义与发展马克思主义并不矛盾。那种不从实际出发，只会援引马克思主义经典著作中的个别词句并到处套用的做法，绝不是对马克思主义的坚持，更谈不到发展马克思主义了。发展马克思主义，就是最好地坚持马克思主义。[2]那么如何发展马克思主义政治经济学呢？这就是指要将马克思主义政治经济学基本原理与中国国情和社会主义实践相结合，研究经济中的新情况，解决社会主义经济建设面临的新问题，提出新的论点。要注意的是，发展马克思主义政治经济学，绝不意味着马克思主义政治经济学的过时，这种论调是完全错误的。马克思主义没有过时，也不会过时，因为它是科学的理论，它是不断结合新的实际而发展的理论。但以经院式的态度来对待经典作家的语录，把经典著作中的个别公式和结论奉为永远不变甚至不容修改的教条，这不是维护马克思主义，而是对马克思主义的曲解。本着为社会主义革命和社会主义建设负责的精神，为科学负责的精神，也就

---

[1]　厉以宁：《中国特色经济学的建设和发展》，《人民日报》2016年6月27日。

[2]　厉以宁：《体制·目标·人——经济学面临的挑战》，黑龙江人民出版社，1986，第3页。

是为马克思主义本身负责的精神，经典著作中没有讨论过的问题，可以提出来讨论，提出看法；经典著作中已经讨论的问题，也可以重新提出来讨论，如果发现在新的情况下有必要对原来的结论进行修改、补充，而且这样做了，那也完全是正常的事情。一部经济学作品是不是遵循马克思主义基本原理，并不是看它引用了多少条马克思主义经典作家的语录，不是看它的每一个论点是否都在马克思主义经典著作中找到了出处，而是看它是否运用辩证唯物主义和历史唯物主义的立场、观点、方法来研究经济现实，提出符合实际的新见解。只有真正意识到马克思主义政治经济学只有向前发展才富于生命力，才会认真地联系实际，思考问题，用实践的标准来检验经济学论点，而不会限制在经院式的研究之中。[1]

2. 立足中国国情和实践

中国特色经济学是将马克思主义政治经济学基本原理与中国国情和实践相结合的创新产物，也将随着中国特色社会主义的发展壮大而不断丰富和发展。这一结合的根本原因在于马克思主义政治经济学是要解决现实经济问题的，只有解决现实经济问题的经济学理论才是有巨大生命力的。马克思主义政治经济学基本原理与中国国情和实践相结合主要体现在以下几个方面。

一是马克思主义政治经济学与中国国情相结合。实际问题是理论创新的起点，中国特色经济学必须立足于中国社会现实。一切从国情出发，这样才能解决中国问题，也能在解决问题中实现理论创新。什

---

[1] 厉以宁:《社会主义政治经济学》，商务印书馆，1986，第 536~537 页。

么是国情呢？比如中国有着 960 万平方公里的广袤土地，有着超过 14 亿的人口，是中国共产党领导下的一个发展中的社会主义国家，是世界上人口最多的国家，也是最大的发展中国家。这些国情，决定了我们不能教条地套用任何经济学理论，必须把普遍原理与中国国情结合起来。比如，为了同我国的生产力发展水平相适应，在国有经济在整个国民经济中居主导地位的同时，经济中多种经济形式并存，这种同生产力状况相适应的、能促进生产力迅速发展的生产资料所有制结构，是适合中国国情的、发展了的马克思主义政治经济学实践。[1]

二是马克思主义政治经济学与中国传统文化相结合。中华民族在漫长奋斗的过程中积累了深厚的文化养分，有着深厚的文化传统，形成了富有特色的思想体系，体现了中国人几千年来积累的知识智慧和理性思辨，这是我国的独特优势，也是经济学理论创新的重要滋养。比如，中国文化强调辩证统一，而不是二元对立的思维方式，这一科学的思维方式与马克思主义政治经济学的基本原理相结合，就产生了独具特色的社会主义市场经济理论、"有效市场"与"有为政府"相结合的理论、兼顾供给侧和需求侧的"供给侧结构性改革"理论，等等，超越了经济学的二元对立观，建立了经济学的协调共生观。

三是马克思主义政治经济学与中国经济的长期实践探索相结合。理论与实践总是在相互促进中发展的。中华民族历史悠久，在经济方面也有长期的探索，这也形成了中国特色经济学理论的历史印记。为此，马克思主义政治经济学也需要与中国经济的长期实践探索相结

---

[1]　厉以宁:《西方宏观经济学说史教程》，中国人民大学出版社，2015，第 272 页。

合。从中国经济史来看，作为四大文明古国之一，中国曾经长期处于世界经济发展的前列，也经历了经济中心由黄河流域转向长江流域的历史变迁。在世界经济现代化进程中，中国落后于其他国家，直到19世纪末在内忧外患的压力下才开始了艰难曲折的现代化的复兴进程。新中国成立后，尤其是改革开放以来，中国经济再度快速发展，在世界经济中的地位不断提高，重新成为位居世界前列的经济体。这一由盛而衰，再由衰而盛的经济实践探索，尤其是新中国成立后我国用几十年的时间走完了发达国家几百年走过的发展历程，是马克思主义政治经济学理论创新发展的"富矿"。

3. 合理借鉴西方经济学的有益内容

中国特色经济学的建立，有两种错误的观点。第一种错误的观点认为，可以离开马克思主义普遍真理去探寻"新"的经济学说，或者认为当代资产阶级经济学说可以作为我们的经济建设的指导思想。这显然是错误的，因为当代资产阶级经济学是为资本主义制度服务的经济学说，明显不符合中国的国情和实践。第二种错误的观点认为，可以不必懂得资产阶级经济学说，或者可以不必向国外的经济学界借鉴有用的研究成果。这显然也是错误的，经济学研究中，只要处在坚持马克思主义是我们经济建设指南的前提下，就不应一概否定外国的经验，需要注意它们，从中借鉴有利于我国社会主义建设的内容。[1]

以西方宏观经济学说为例，由于中国和西方制度的不同，不能完全套用，但西方宏观经济学中关于市场经济的一般性规律论述，是可

---

[1]　厉以宁：《关于经济问题的通信》，上海人民出版社，1984，第174~175页。

以供我国把握社会主义市场经济规律时参考的。比如宏观经济调节，综合运用价格、税收、信贷等经济杠杆以调节社会供应总量和需求总量，积累和消费等重大比例关系，调节财力、物力和人力的流向，调节产业结构等论述，都是可以参考的。[1]

进一步来看，合理借鉴西方经济学的有益内容，既有利于自身的不断创新发展，也有利于在于西方经济学的对话、交流、批判、比较中，对西方经济学理论发展产生引领作用。总而言之，中国特色经济学坚持马克思主义政治经济学基本原理和方法论，并不排斥国外经济理论的合理成分。西方经济学关于金融、价格、货币、市场、竞争、贸易、汇率、产业、企业、增长、管理等方面的知识，有反映社会化大生产和市场经济一般规律的一面，要注意借鉴。当然，对西方经济学，要坚持去粗取精、去伪存真，坚持以我为主、为我所用，对其中反映资本主义制度属性、价值观念的内容，对其中具有西方意识形态色彩的内容，不能照抄照搬。经济学虽然是研究经济问题，但不可能脱离社会政治，纯而又纯，这是需要注意的。[2]

二 中国共产党领导经济工作的实践探索与理论创新

实践是理论之源。马克思主义政治经济学是实践的科学，由实践赋予活力和新的内容，并由实践来检验。中国特色经济学的建立和发

---

[1] 厉以宁:《西方宏观经济学说史教程》，中国人民大学出版社，2015，第272页。

[2] 习近平:《不断开拓当代中国马克思主义政治经济学新境界》，《求是》2020年第16期，第4~9页。

展也是与中国经济实践密不可分的，尤其是得益于中国共产党领导经济工作的伟大实践探索。

1. 新民主主义革命与社会主义革命和建设时期的实践探索与理论创新

中国共产党是为中国人民谋幸福，为中华民族谋复兴的政党。党自成立之初，就非常重视经济工作。在新民主主义革命时期，党的经济工作主要是为革命战争创造物质条件和保障，包括土地革命时期的"打土豪分田地"，抗日战争时期的"减租减息"，解放战争时期的"保护油气田"，等等。

然而，中国从半殖民地半封建社会向社会主义社会过渡，经济究竟怎么办，任何一本经典著作中都没有现成的答案，现实生活中也没有一种现成的模式可以套用。1940年，毛泽东基于深厚的理论洞察和实践调研，发表了《新民主主义论》，首次论述了新民主主义的经济理论，即大银行、大工业、大商业归国家所有，采取必要的方法没收土地，地主的土地分配给无地和少地的农民，实现孙中山先生提出的"耕者有其田"的口号，扫除农村中的封建关系，把土地变为农民的私产，同时提出了一定要走"节制资本、平均地权"的道路，绝不能让少数资本家、少数地主操纵国民生计，绝不能建立欧美式的资本主义社会，也绝不能还是旧的半封建社会。毛泽东后来又在《目前形势和我们的任务》中把新民主主义经济纲领明确概括为："没收封建阶级的土地归农民所有，没收蒋介石、宋子文、孔祥熙、陈立夫为首的垄断资本归新民主主义的国家所有，保护民族工商业。"

在社会主义革命和建设时期，党的经济工作主要是确立社会主义基本制度，推进社会主义建设。这一时期，我国一方面以苏联为榜样，开展了重工业优先发展的经济道路，同时建立了高度集中的计划经济体制；另一方面，我国也创造了一条具有中国特色的对资本主义经济的社会主义改造道路，并在曲折中探索出了一条中国社会主义的经济建设道路。这一时期是中国特色经济学的初创时期，我国在马克思主义政治经济学和苏联政治经济学的理论基础上，初步形成了中国社会主义建设的经济学理论，初步构建了中国特色经济学理论体系的"四梁八柱"，比如社会主义公有制理论、按劳分配理论、计划经济理论、工业化理论、国民经济管理理论，等等。

2. 改革开放和社会主义现代化建设新时期的实践探索与理论创新

改革开放和社会主义现代化建设新时期是中国经济的重大改革发展时期，也是中国特色经济学理论的大争鸣和大发展时期，既发展和完善了社会主义建设时期形成的经济学"四梁八柱"理论体系，也提出了许多重大的、创新性的理论内容。这里可以举几个例子。

一是农村家庭联产承包责任制奠定了中国特色经济学的实践底色。改革的第一声春雷是安徽、四川等地的农村开展的家庭联产承包责任制的试验。家庭联产承包责任制是农民自发采取的改革措施。从 1979年起，在党的十一届三中全会精神鼓舞下，家庭联产承包责任制迅速推广。因为实践表明，它使农业增产了、农村面貌改善了、农民收入增加了，给农业、农村、农民带来了发展动力、带来了希望。农民的积极性提高后，乡镇企业也发展起来。乡镇企业自筹资金，自购设备，自谋产品销路，自聘城市退休技工来工作。农业增产增收促使养殖业、蔬菜种植业兴起，农贸市场相应发展，多年少见的鸡鸭鱼肉、香油、花生米和各色蔬菜等充满了市场各个角落。城市充沛而丰富的供应，使得实行多年的粮票、油票、肉票等票证就此取消。这就是改革开放初期中国经济的新景象。它再次印证了马克思主义关于"人民群众是历史创造者"这一基本观点的真理性，奠定了中国特色经济学的底色，那就是：以实践为理论来源，坚持以人民为中心的研究导向，拒绝本本主义，拒绝教条主义，致力于调动亿万人民的积极性、主动性、创造性，从实际出发创造性地解决中国问题。[1]

二是建立经济特区为形成社会主义市场经济理论打开突破口。1980 年 8 月，深圳经济特区正式建立。当时，内地依然实行计划经济体制，而深圳的经济则按照市场规则运行；内地只有小商小贩经营，而深圳则可以成立和发展私营企业。于是，深圳成了国内最早开放的地方。经济特区建立后，深圳面貌迅速发生改变。内地各省市的资金源源不断地流入深圳，内地各省市的人才同样源源不断地到深圳去寻找发展机会，深圳也是最初的农民工就业地。从一个小镇变成一个国际性城市，深圳的快速发展让世界赞叹，被称为"深圳速度"。刚建立经济特区时，在内地一些场合还能听到"深圳姓社还是姓资"的议论。这是难以避免的，因为深圳的转变在不少人看来已超出了常规。到了 1992 年，邓小平同志再次到深圳考察的讲话在报纸上发表，人们更加清楚怎样判断深圳的制度属性：难道深圳不是社会主义经济的试验区吗？难道深圳不是社会主义制度下中国政府的管辖区吗？兴办经济特区，是党和国家为推进我国改革开放和社会主义现代化而做出

---

[1] 厉以宁：《中国特色经济学的建设和发展》，《人民日报》2016 年 6 月 27 日。

的一项重大决策，是探索中国特色社会主义道路上的一次伟大创举。建立经济特区的意义不仅在于引进外资、管理和技术，更在于开拓出了一种重要的改革方法和研究方法——摸着石头过河；在于得出了一个新的认识——开放带来进步，封闭导致落后，开放也是改革；在于开辟了完善和发展中国特色社会主义制度的试验场——经济特区既是探索社会主义市场经济的大舞台，也是理论创新的大平台。以经济特区为突破口和有力引擎，我国实现了从高度集中的计划经济体制到充满活力的社会主义市场经济体制、从封闭半封闭到全方位开放的历史性跨越，中国特色经济学也完成了从研究封闭半封闭经济体到研究开放型经济体、从研究稳态经济体到研究转型经济体、从研究计划经济到研究社会主义市场经济的转变。特别是创造性地把社会主义制度和市场经济有机结合起来，逐步形成了社会主义市场经济理论和中国特色对外开放理论，奠定了中国特色经济学的基础。[1]

三是国有企业股份制改革丰富和发展了国有企业改革理论。20 世纪 80 年代中期，经济学界在讨论如何进行国有企业改革时，承包经营责任制一度引起人们的关注。当时，人们提出了"首钢经验"：首都钢铁公司采取承包经营责任制以后，效益提高了，利润增长了；而从性质上看，企业依然是国有的，所以无论从大方向上考察，还是从企业管理方面分析，承包经营责任制都具有很大可行性。于是从 1987 年起，国务院决定在一些省市实行承包经营责任制改革试验，并逐步形成了全国性的"承包热"。然而，不同意实行承包经营责任

---

[1]　厉以宁：《中国特色经济学的建设和发展》，《人民日报》2016 年 6 月 27 日。

制的经济学家从这一制度实行情况的调研中，得出了国有企业不宜采用承包经营责任制的论断。主要理由是承包经营责任制没有解决国有企业产权不清晰这一根本性问题，而且承包经营责任制使企业侧重于短期行为。经过有关国有企业承包经营责任制的讨论和质疑，特别是经过实践的检验，20 世纪 90 年代之后，"承包热"冷却下来，国有企业改革转到股份制改革道路上来。股份制企业可以采取股份有限公司形式，也可以是上市公司，但具备一个共同特征：产权清晰。这样就可以按照国有企业所属行业不同，分别制定国有企业股份制改革方案。整个 20 世纪 90 年代，股份制改革都是经济体制改革的重点。股份制企业大体上分为两大类，一类是经营性行业的国有企业，国有资本控股多少不采取统一标准，根据行业性质和企业规模而定。这样改制的企业，被称为混合所有制企业。另一类是特殊行业的国有企业，在实行股份制改革后，需要国家控股，至于国家控股多少，要依据行业性质和企业规模而定。20 世纪 90 年代的股份制改革是一件大事。它的主要意义不在于开辟了向资本市场融资的渠道（当然，融资也是重要的），而是切实转换企业运行机制。为此，必须健全企业法人治理结构，包括股东会、董事会、监事会、经理，进一步完善考核制和任期制，建立现代企业制度。股份制企业法人治理结构的完善，不是短期内就能完成的任务。但只要改革方向正确，进一步改革和完善企业治理结构就有希望。再进一步看，由于改革开放初期我国处于市场既不完善而又缺乏真正市场主体的状态，所以改革应当以产权改革为主线，而企业股份制改革则是明晰产权、界定产权、培育独立市场主体的最佳途径。以股份制改革和建立现代企业制度为基础，国有企业改革理论逐步丰富和发展起来。[1]

　　四是从林权改革到农村土地确权建立了中国特色产权理论。1979年全国各地农村开始推广家庭联产承包责任制时，本来没有把林地包括在内，但当时一些地方把林地也给承包了。正值改革初期，农民们对改革形势还认识不清。一些人承包了林地之后就开始砍树，他们认为政策可能改变，今年既然把林地承包给我，不砍树卖钱就可能吃亏。结果，砍树成风。这导致了林地承包改革的停滞。直到21世纪初期，才在福建、江西、辽宁、浙江等省进行林权改革试验。2008年6月，中共中央国务院颁布了《关于全面推进集体林权制度改革的意见》，一场意义深远的重大改革才正式启动。林地承包到户比耕地承包到户晚了20多年，但在理论和实践上有三个突破。一是明确了"70年不变"的年限。70年时间，孙子辈都长大了，正是"爷爷种树，孙子乘凉"。林农的积极性大增，爱林护林的热情高涨。二是林地承包经营权和承包林地上的树木可以用于抵押、取得贷款。这样，林农发展林业和开发林下经济就有了资金。三是林地承包究竟承包给哪一级？是村级、乡级还是林业合作社？当时学术界曾有过争论。而中央的决策是承包到林农户，"一竿子插到底"。这就大大调动了林农的积极性。集体林权制度改革为下一阶段的农村土地确权做了准备。农村家庭联产承包责任制推广时，并未经历土地确权阶段。浙江、重庆、四川等省市在党的十八大召开前后，试行了农田和宅基地及其上面农民自建住房的确权工作，大大激发了农民的生产积极性。农村土地确

[1]　厉以宁：《中国特色经济学的建设和发展》，《人民日报》2016年6月27日。

权在保证农业用地（耕地和建设用地）使用方向不变的前提下，使农民的财产权益得到保障。同时，它也使农地承包户成为真正的市场主体。这就推动了中国特色产权理论的建立，当然这一理论与西方鼓吹私有化的产权理论有着本质区别。[1]

以上这些是中国特色经济学理论的几个典型内容，还有许多领域都形成了重大的理论成果。这一时期，中国特色经济学理论发展迅速，在争鸣中创新，在创新中繁荣和日益成熟，并在世界上产生了重要的影响。

3. 新时代的实践探索与理论创新

党的十八大以来，中国特色社会主义进入新时代。这一时期，中国特色经济学逐渐形成了系统化的经济学说，最具代表性的理论成果是形成了习近平经济思想。党的十八大以来，以习近平同志为核心的党中央高瞻远瞩、统揽全局，创造性提出一系列新理念、新思想、新战略，引领我国经济发展取得历史性成就、发生历史性变革，在实践中形成和发展了习近平经济思想。习近平经济思想体系严整、内涵丰富、博大精深，深刻回答了事关我国经济发展全局的一系列方向性、根本性、战略性重大问题，是习近平新时代中国特色社会主义思想的重要组成部分，是马克思主义政治经济学在 21 世纪当代中国的最新理论成果，是指引我国经济高质量发展、全面建设社会主义现代化国家的科学行动指南，是做好新时代经济工作的根本遵循，也是中国特色经济学的代表性成果。

---

[1] 厉以宁:《中国特色经济学的建设和发展》,《人民日报》2016 年 6 月 27 日。

习近平经济思想内涵丰富，这里举三个例子。一是精准扶贫理论。中国是世界上最大的发展中国家，改革开放初期又十分贫穷。改革开放以来，我们在扶贫方面取得了巨大成就，7亿多贫困人口脱贫，创造了人类历史上绝无仅有的扶贫奇迹；人民生活实现了从温饱不足到基本小康再到建设全面小康的大踏步跨越。但随着减贫工作的深入推进，"大水漫灌"式的扶贫效果已不甚理想。为了使扶贫资金发挥更大作用，为了让全体人民共同迈入全面小康社会，党的十八大以后，我国明确提出了精准扶贫、精准脱贫的方略，具体就是"六个精准"和"五个一批"。"六个精准"是指扶持对象精准、项目安排精准、资金使用精准、措施到户精准、因村派人精准、脱贫成效精准。"五个一批"是指发展生产脱贫一批、易地搬迁脱贫一批、生态补偿脱贫一批、发展教育脱贫一批、社会保障兜底一批。扶贫问题是中国特色经济学研究的重要问题，这与西方经济学有很大不同。西方经济学研究抽象的理性人，忽略人的需求，缺少推动实现社会共同理想的内容。而中国特色经济学把人还原为现实人，关注满足人的各种现实需求，并关注社会共同理想的实现，是为实现全面建成小康社会、实现中华民族伟大复兴中国梦等社会中长期目标和人民共同富裕而服务的，它研究的主题和核心是解放和发展生产力、让人民群众的生活质量不断提高、使社会主义制度的优势不断发挥出来。[1]

二是供给侧结构性改革理论。根据西方经济学的一般原理，宏观层面的需求侧管理，重在解决总量性问题，注重短期调控，主要

---

[1]　厉以宁:《中国特色经济学的建设和发展》,《人民日报》2016年6月27日。

是通过调节税收、财政支出、货币信贷等来刺激或抑制需求，进而推动经济健康运行和增长。供给侧管理，重在解决结构性问题，注重激发经济增长动力，主要通过优化要素配置和调整生产结构来提高供给体系质量和效率，进而推动经济健康运行和增长。西方经济学一般认为二者是对立的，而我国经济进入新常态后，提出供给侧结构性改革，将供给侧管理和需求侧管理相互配合、综合使用，超越了二元对立的思维，通过需求侧的手段稳定经济增长，同时通过供给侧的手段，比如结构调整和资产重组使国有企业增强活力，支持和引导非公有制经济发展，使民营企业在供给方面发挥重要作用，等等，引领经济新常态的健康发展，这一理论开启了中国特色经济学的巨大创新空间。[1]

三是"政府与市场"关系的理论。如何正确处理政府与市场关系，是经济学上的世界性难题。习近平提出，在市场作用和政府作用的问题上，要讲辩证法、两点论，"看不见的手"和"看得见的手"都要用好，并提出使市场在资源配置中起决定性作用，更好发挥政府作用。有关政府还是市场在资源配置中起决定性作用的问题，学术界历来有三种基本观点：一是政府在资源配置中起决定性作用，二是政府和市场共同在市场资源配置中起决定性作用，三是市场在资源配置中起决定性作用。三种观点多少年来一直争论不休。第一种观点，即认为政府应在资源配置中起决定性作用，已被历史证明是低效率的，其结果必定是资源配置失调，产品质量低下，浪费资源，并压制了公众

---

[1] 厉以宁：《中国特色经济学的建设和发展》，《人民日报》2016 年 6 月 27 日。

的积极性和主动性。第二种观点，即认为政府和市场共同在市场资源配置中起决定性作用，也被历史证明是无效率的。这一观点可能是理论家的一种理想，实际上是难以做到"政府和市场共同在资源配置中起决定性作用的"，因为政府是强势，市场处于劣势，政府必然会依靠自己的强势地位，处处取市场而代之。第三种观点，即认为市场应在资源的配置中起决定性作用，才符合市场经济规律。关键在于政府和市场之间的界限如何正确地划分。政府应当做好政府该做的事情，市场则做自己可以做的事情。市场做得不好、做不了的事，比如公共产品的供给（国防、司法、治安、义务教育、社会保障等）、区域均衡发展、个人收入分配协调、宏观经济调控、稀缺物资的分配、社会经济发展规划，等等，以及市场不愿做的事，比如基础理论研究这些社会效益虽大，但经济效益较小，甚至接近于零的事情，由政府来做，这样，政府和市场之间的界限就清楚了，分工就明确了。当市场在资源配置中起决定性作用之后，并不是不需要政府发挥作用，而是需要更好发挥政府作用，包括发挥引领、规划、监督等方面的作用。政府的这些作用并不等于政府取代了市场在资源配置中的决定性作用，而是使市场在资源配置中的决定性作用发挥得更好，使市场的效率得以不断提高。因此，这是经济理论的又一重大创新。[1]

除此之外，习近平经济思想还包括许多重要的理论创新，比如不再简单地以国内生产总值增长率论英雄，我国经济处于"三期（增长

---

[1]　厉以宁：《改革开放以来的中国经济：1978—2018》，中国大百科全书出版社，2018，第478~479页。

速度换挡期、结构调整阵痛期、前期刺激政策消化期）叠加"时期，经济发展进入新常态，绿水青山就是金山银山，坚持新发展理念，发展不平衡不充分，推动高质量发展，建设现代化经济体系，构建以国内大循环为主体、国内国际双循环相互促进的新发展格局，统筹发展和安全，等等，为中国特色经济学的系统性、专业性、时代性、科学性、原创性做出了重要贡献。

第二节　中国特色经济学的理论特征

一　以人民为中心的经济学

1. 以人民为中心的研究导向

"为了谁"的问题是哲学社会科学研究的根本性、原则性问题。哲学社会科学为谁著书、为谁立说，是为少数人服务还是为绝大多数人服务，是必须搞清楚的问题。世界上没有纯而又纯的哲学社会科学，世界上伟大的哲学社会科学成果都是在回答和解决人与社会面临的重大问题中创造出来的。研究者生活在现实社会中，研究什么，主张什么，都会打下社会烙印。如上文所说，经济学的基本假定也需要回答"为了谁"的问题，中国特色经济学的理论起点是马克思主义政治经济学，中国是中国共产党领导的社会主义国家，中国共产党是全心全意为人民服务的政党，社会主义国家是人民当家作主的国家，党和国家一切工作的出发点和落脚点是实现好、维护好、发展好最广大人民群众的根本利益。[1]因此，中国特色经济学的首要特征就是以人民为中心。

以人民为中心是马克思主义人民历史观的逻辑必然。马克思从人类历史的整体性及发展的必然性出发，在探究人民群众与社会历史的关系实践中得出人民群众是历史真正创造者的科学论断。他认为，社会生活中的物质财富和精神财富都是人民的具体实践活动创造的，历史就是人民改造社会、推动社会进步的过程。毛泽东指出："人民，只有人民，才是创造世界历史的动力。"[2]习近平指出："人民是创造历史的动力，我们共产党人任何时候都不要忘记这个历史唯物主义最基本的道理"。正因为历史是人民创造的，中国特色经济学作为反映历史经济实践的科学理论，必须坚持以人民为中心的研究导向，研究人民在经济发展中的重要作用，把增进人民福祉、促进人的全面发展、朝着共同富裕方向稳步前进作为经济发展的出发点和落脚点，坚持"发展为了人民、发展依靠人民、发展成果由人民共享"的研究立场和导向。

2. 人民的内涵

中国古代经济思想中就有"以民为本"的理念，比如《尚书》提出"民为邦本，本固邦宁"，《荀子》提出"水能载舟，亦能覆舟"，这是讲发展依靠民的问题。《淮南子·氾论训》提出"治国有常，而利民为本"，这是讲发展为了民的问题。但是古代的民，和今天讲的人民不一样，古代的民是与官相对的概念，指的是平民、庶民，而今天的人民范围更广泛。

---

[1]　习近平:《在哲学社会科学工作座谈会上的讲话（2016年5月17日）》,《人民日报》,2016年5月19日。

[2]　《毛泽东选集》第3卷，人民出版社，1991，第1031页。

人民首次作为阶级的概念，最早来源于马克思的论述，但人民的内涵也在不断发展之中。马克思论述的人民主要是指的无产阶级。毛泽东在《论人民民主专政》中对人民的概念进行了发展，指出，"人民是什么？在中国，在现阶段，是工人阶级，农民阶级，城市小资产阶级和民族资产阶级。"在社会主义改造完成后，这四个阶级都成为社会主义的劳动者。邓小平将人民的概念进一步发展，在人民的"社会主义标准"之外增加了"爱国主义标准"，认为人民是社会主义劳动者和拥护社会主义的爱国者。习近平进一步丰富并发展了新时代"人民"的内涵。2018 年 3 月 11 日修订的《中华人民共和国宪法》指出，社会主义的建设事业必须依靠工人、农民和知识分子，团结一切可以团结的力量，在长期的革命、建设、改革过程中，已经结成由中国共产党领导的，有各民主党派和各人民团体参加的，包括全体社会主义劳动者、社会主义事业的建设者、拥护社会主义的爱国者、拥护祖国统一和致力于中华民族伟大复兴的爱国者的广泛的爱国统一战线。人民的概念进一步得到丰富，扩大为广泛的爱国统一战线。

以人民为中心，就是指中国特色经济学的建立与发展，必须是为全体社会主义劳动者、社会主义事业的建设者、拥护社会主义的爱国者、拥护祖国统一和致力于中华民族伟大复兴的爱国者服务的，这可以作为中国特色经济学理论和政策的价值判断标准和尺度。还需要注意的是，这里的人民和西方经济学中的抽象的人是不同的，西方经济学的人是与物相对的概念，而人民是一个集体或者共同体的概念，需要从人出发，最后回到集体的人民上来。

二 社会主义经济运行的基本特征

中国特色经济学，首先是社会主义的经济学，是给定社会主义制度前提下的经济运行，这与资本主义制度前提下的经济运行是有区别的。因此，社会主义经济运行的基本特征，也是中国特色经济学的理论特征。社会主义经济运行主要表现出以下几个基本特征。

1. 具有优越性的社会主义所有制与分配制度

社会主义制度有两个优越性的基本制度，一是所有制制度，二是分配制度。以生产资料公有制为基础的社会主义制度，是人类历史上迄今为止最进步的社会制度。社会主义制度之所以是崭新的，因为在这以前存在过的奴隶制社会、封建社会、资本主义社会都是以生产资料私有制为基础的社会制度，而社会主义制度则以生产资料公有制为基础。[1]社会主义公有制的建立意味着人剥削人的制度的消灭，劳动者成为生产的主人，产品的分配中消灭了通过剥削而无偿占有他人劳动成果的现象，这就极大地调动了劳动者的积极性，使生产力得以迅速发展。同时，社会主义公有制的建立也为社会主义制度下有效地利用各种经济资源创造了条件，使劳动者同生产资料能够合理地结合起来，有助于社会化大生产，使社会产品的数量不断增多。[2]

社会主义公有制有两种传统形式，即社会主义全民所有制和社会主义劳动群众集体所有制。社会主义全民所有制，是由社会主义国家

---

[1] 厉以宁:《社会主义政治经济学》，商务印书馆，1986，第6页。

[2] 厉以宁:《社会主义政治经济学》，商务印书馆，1986，第11~12页。

代表全体劳动人民占有生产资料的一种公有制形式，属于社会主义国家所有的生产资料，是全体劳动人民共有的财产。社会主义全民所有制和资本主义国家所有制是根本不同的。国家的阶级性的截然不同，决定了两种制度下国家所有制性质的原则区别。资本主义国家所有制是"总资本家"的所有制，是资本主义私有制的变种，社会主义劳动群众集体所有制是在无产阶级政党领导之下劳动群众自愿组织起来的集体经济组织，它的生产资料归各个集体经济单位所有。社会主义集体所有制和资本主义合作社所有制在性质上也是不同的。在资本主义制度下，国家政权掌握在资产阶级手中，在社会上占统治地位的所有制是资本主义私有制，这不但使合作社从属于资本主义经济，而且使它们易于被少数人控制。[1]

社会主义分配制度的一般形式是按劳分配，即在个人消费品的分配中，以劳动为尺度，按照劳动者向社会提供的劳动量进行分配，多劳多得，少劳少得，不劳不得。在社会主义社会中，个人消费品的分配之所以实行按劳分配原则，既取决于生产资料的社会主义公有制，也取决于社会主义社会的生产力发展水平。生产资料所有制的性质决定着分配的性质，社会生产力发展水平决定着社会可供分配的产品的数量，从而决定着分配的形式。按劳分配使社会主义制度区别于其他社会制度：在以生产资料私有制为基础的社会中，生产资料被剥削阶级所掌握，生产的产品归剥削阶级所有；在产品的分配方面，表现为剥削阶级无偿地占有剩余产品，劳动者受到剥削。在历史上曾经存在

---

[1] 厉以宁：《社会主义政治经济学》，商务印书馆，1986，第9~10页。

过的原始社会中，尽管当时的生产资料也是公有的，但由于社会生产力水平极低，产品的数量十分有限，因此在产品的分配上，只可能采取原始社会的平均分配方式来进行。正因为如此，个人消费品的按劳分配也是社会主义制度的基本特征，这一分配制度的优越性在于有利于调动多方面的积极性，有利于实现效率和公平有机统一。[1]

2. 社会主义生产关系随着生产力的要求而不断调整

社会主义以发展生产力为核心，社会主义生产关系为生产力的发展开辟了广阔的道路。马克思主义政治经济学认为，生产力决定生产关系，生产关系又反作用于生产力。社会主义经济运行以马克思主义政治经济学为指导，因此社会主义生产关系适应生产力的要求而不断调整是社会主义经济运行的又一基本特征。一旦违背了这一规律，在社会主义生产关系不适应生产力性质的时候不对生产关系进行变革和调整，或者不管生产力的状况，片面地以为生产关系只有唯一的形式，就会给社会主义经济造成严重的损害。[2]

经济体制是生产关系最典型的具体形式，主要包括五个方面：一是所有制形式，二是价格决定形式，三是国民经济管理形式，四是生产组织形式，五是分配形式。随着生产力的变化，这五个方面都需要随着生产力的要求而调整。

从所有制来看，生产资料所有制是生产关系的核心，决定着社会的基本性质和发展方向。社会主义经济建立在公有制基础之上，但世

---

[1]　厉以宁:《社会主义政治经济学》，商务印书馆，1986，第 10~11 页。

[2]　厉以宁:《社会主义政治经济学》，商务印书馆，1986，第 16 页。

界上并非只有几种机械的公有制的形式，所有制的形式需要随着生产力的发展要求而调整，比如进行股份制改革后的国有企业依然是公有制，而且能实现企业的真正自负盈亏，更有利于资源的合理配置，另外以公有制为基础与将非公有制作为有益的补充并不是冲突的。从价格决定形式来看，有一种观点认为社会主义经济只能是计划经济，不能是商品经济，或者与市场经济不相容，价格只能由国家计划决定，然而长期来看没有商品经济会导致生产力水平低下，人民生活水平低下，因此必须进行调整。事实上，社会主义制度与市场经济是相容的，在社会主义条件下发展市场经济，一方面可以发挥市场经济的长处，比如价格由市场决定，价值规律可以作为社会主义商品生产和交换的规律，这样既对社会主义的生产和流通起调节作用，也能促使企业节约成本，提高技术和经营管理水平，进而增强社会生产力；另一方面可以发挥社会主义制度的优越性，有效防范资本主义市场经济的弊端。在国民经济管理方面，有一种观点认为社会主义国家组织和领导经济建设就是政府机构直接经营管理企业，干预企业日常的经济工作，然而这种国民经济管理形式长期来看会导致企业缺乏活力，因此就需要调整，通过价格、税收、信贷、利息等经济调节手段来管理国民经济。在生产组织和经营方面，有一种观点否定企业作为社会主义商品生产者和经营者的地位，否认企业应当拥有生产经营的自主权，然而长期来看，会导致企业没有活力和生产力低下，因此也需要调整，使企业真正成为相对独立的社会主义商品生产者和经营者，使企业具有充分的活力。在分配方面，马克思主义政治经济学认为，分配决定于生产，又反作用于生产，"而最能促进生产的是能使一切社会成员尽可能全面地发展、保持和施展自己能力的那种分配方式"。[1]有一种观点认为要把逐渐实行平均主义当作社会主义制度的优越性，分配形式中要体现平均主义原则，然而这种"大锅饭"的思想长期来看会影响生产者的积极性，那也需要进行调整，比如贯彻执行按劳分配为主体的原则，并将多种分配方式并存作为有益的补充，等等。[2]

社会主义生产关系必须随着生产力的要求不断调整，因此社会主义经济体制也将处于不断调整和趋于完善的过程中。社会主义经济运行中较理想的经济体制目标模式是充分体现了市场调节作用而又运用政府调节来弥补市场调节局限性的二元机制的经济体制，这一经济体制需要具备五个要素：一是企业自主经营、自负盈亏；二是一套比较完善的市场机制；三是有一个高效率的政府；四是有一批有企业家精神的人；五是有一套符合社会主义伦理原则的系统的经济制度规范。[3]

3. 综合性多层次的社会主义经济发展目标

社会主义经济发展的目标不是单一的，需要兼顾阶段性目标和最终目标，兼顾各个层次的目标，这也体现了社会主义实事求是、循序渐进发展经济的特点。简而言之，社会主义经济发展的最终目标或者根本任务是解放生产力，发展生产力，消灭剥削，消除两极分化，最终达到共同富裕。因此，所有制制度、分配制度、计划经济或者市场经济，以及各类阶段性的目标都是实现社会主义最终目标的保证和手

---

[1] 《马克思恩格斯选集》第 3 卷，人民出版社，2009，第 581 页。

[2] 厉以宁:《社会主义政治经济学》，商务印书馆，1986，第 26~28 页。

[3] 厉以宁:《社会主义政治经济学》，商务印书馆，1986，第 4 页。

段，本身不是目的。为了实现这一最终目标，社会主义国家还需要一套综合性的阶段性目标来逐步推进。

具体来看，阶段性目标一般首先以总产值或国内生产总值作为指标，即国家市场价格计算的一个国家（或地区）所有常驻单位在一定时期内生产活动的最终成果，这是一个流量概念。但各国人口不同，所以一般更多地用人均总产值或人均国民收入来表示。但无论是总产值还是人均总产值，都是总量指标，不能反映产品的结构，不能反映一定时期内的总产值是由哪些产品的产值组成的，以及各种产品的产值之间的比例如何。因此，还需要以人均主要产品产量的增量作为补充，或者以国民经济中的产品结构的变动作为补充，才能弥补总量指标的不足。此外，总产值等总量指标的另一个不足之处在于其只是说明了一个国家在一定时期内所取得的生产方面的结果，并不反映在这段时期内为了取得这些生产方面的结果而付出的代价，因此一般还用包括人力资源投入和物质资源投入在内的投入与产出之比来作为补充。除此之外，从人的角度来看，社会主义的经济发展目标还应该包括一定时期内人民物质文化生活水平的提高。由于人民物质文化生活水平涉及文化、教育、科学、卫生、福利、生活条件等各个方面，这些目标还要包括按人口平均的单项实物指标的变化，比如一定时期内人均教育设施、人均医疗设施、人均文化设施、人均生活设施等的变化，还应该包括居民的身体素质、居民的平均寿命、居民的业余时间（闲暇）等结果导向的目标。[1] 由此可见，社会主义经济发展的阶段性

---

[1] 厉以宁：《社会主义政治经济学》，商务印书馆，1986，第443~446页。

目标是由一套综合性的具体目标组成的。

为了更好地阐述社会主义经济发展的最终目标和综合性的阶段性目标，我们还可以把这些目标分为三个层次。一是高层次目标，也就是建成一个高度物质文明与高度精神文明相结合的、高度民主的、现代化的社会主义国家，并在这个基础上由社会主义社会逐步向共产主义过渡，这和最终目标是一致的。二是中层次目标，包括个人收入增长目标，文化、教育、科学、卫生、福利、生活条件等发展目标。三是低层次目标，主要是经济增长目标，它表现为总产值或人均总产值的增长，国民收入或人均国民收入的增长。中层次和低层次目标是与经济发展的阶段性目标一致的。更具体地说，高层次目标体现着社会主义社会发展的方向，中层次目标体现着社会主义生产目的的实现程度，低层次目标体现着生产力水平的增长情况。低层次目标尽管层次较低，但这一层次目标的实现却具有关键性的意义。因为经济不能增长，社会主义生产目的就不可能实现，社会主义社会发展的方向问题也就无从谈起。越是较低层次的目标，目标的综合性越少，而越是较高层次的目标，目标越具有综合性。[1]统筹兼顾三个层次目标的实现，也是社会主义经济运行的基本特征之一。

4. 近期、中期、长期相结合的国民经济管理方式

社会主义经济运行可以分为国民经济运行、企业经济活动、个人经济行为三个层面的经济运行。这三个层面的经济运行存在着两类协调或不协调的关系，一是经济运行过程中宏观经济与微观经济之间协调与

---

[1]　厉以宁：《社会主义政治经济学》，商务印书馆，1986，第448~450页。

否，二是经济运行过程中个人行为与公共规范之间协调与否。[1]从国民经济层面来看，由于在国民经济运行中经常存在社会总需求和社会总供给不相等，以及部门结构和产品结构不协调的情况，因此在社会主义经济中，总量失衡和结构失衡的可能性始终存在。企业和个人按照各自的利益和意图进行经济决策，他们的活动不可能自发地同国民经济运行处于相互适应之中。由于企业所生产经营商品的千差万别以及它们生产决策的分散性，由于它们各自的存货结构极不相同，当国民经济中出现总供给和总需求的不平衡状态时，企业的经济活动可能会导致或加剧国民经济的失衡。由于个人消费品存量调整和个人现金持有额调整的不规则性，以及个人投资和个人资产形式选择的灵活性，个人的经济活动也会从不同方面对国民经济运行产生影响。要解决这些矛盾和冲突，消除国民经济运行中的失衡状态，保持宏观经济与微观经济、个人行为与公共规范的协调，就需要做好国民经济管理工作。[2]

国民经济管理一般分为近期、中期、长期三种方式，社会主义国民经济管理方式往往是三者相结合的方式，因此提升了国民经济管理的有效性。近期国民经济管理的中心问题是调节总需求，或者说以调节总需求为主。中期国民经济管理的中心问题是调整经济结构，包括产业结构、技术结构、地区经济结构等，或者说以调节总供给为主。长期国民经济管理的中心问题是协调经济和社会的发展，或者说以解决宏观经济与微观经济之间的矛盾、经济发展与生态平衡之间的

[1] 厉以宁：《社会主义政治经济学》，商务印书馆，1986，第2页。

[2] 李庆云、鲍寿柏主编《厉以宁经济学著作导读》，经济科学出版社，2005，第68~70页。

矛盾、个人行为与公共目标之间的矛盾等为主。[1]当然，关于近、中、长期的管理协调，不能顾此失彼，必须统筹考虑。

第三节 中国特色经济学的发展趋势

一 系统化的经济学说

1. 加快建设系统化的经济学说体系

当前，我们比历史上任何时期都更接近、更有信心和能力实现中华民族伟大复兴的目标。党的十九大对实现第二个百年奋斗目标做出分两个阶段推进的战略安排。从 2020 年到 2035 年基本实现社会主义现代化，从 2035 年到本世纪中叶把我国建成社会主义现代化强国。到那时，我国物质文明、政治文明、精神文明、社会文明、生态文明将全面提升，实现国家治理体系和治理能力现代化，成为综合国力和国际影响力领先的国家，全体人民共同富裕基本实现，我国人民将享有更加幸福安康的生活，中华民族将以更加昂扬的姿态屹立于世界民族之林。中华民族伟大复兴的新征程也是中国特色经济学发展的重大机遇，首要任务就是形成系统化的经济学说，开拓当代中国马克思主义政治经济学新境界。

形成系统化的经济学说，一是要加快建设中国特色经济学系统性

---

[1] 厉以宁:《国民经济管理学》，河北人民出版社，1988，第 2 页。

的学科体系，既要加强马克思主义政治经济学的基础学科建设，也要在现有经济学学科分类的基础上打造一些中国特色经济学的重点学科，创设一些新兴和交叉学科。二是要抓好教材体系建设，形成适应中国特色社会主义发展要求、立足国际学术前沿、门类齐全的中国特色经济学教材体系。三是要加强话语体系建设，善于提炼标识性概念，打造易于为国际社会所理解和接受的新概念、新范畴、新表述，引导国际学术界展开研究和讨论，加强优秀外文学术网站和学术期刊建设，扶持面向国外推介中国特色经济学的高水平研究成果。

2. 如何看待精密化的趋势

随着自然科学的进展和各学科之间相互联系的加强，西方经济学当前的一个重要趋势是精密化，也就是强调量化研究，这也影响了马克思主义政治经济学和中国特色经济学的发展，量化研究已经成为一种趋势。

但需要注意的是，经济学的量化不是经济学研究的唯一趋势，因为数量化概括不了未来经济学研究的动向。更准确地来说，经济学研究精密化和非精密化的并存，将是今后长期存在的趋势。为什么说精密化不是唯一的趋势呢？这是因为精密化有一定的局限性。首先，经济学毕竟是社会科学，而不是自然科学，社会科学的数量分析都是基于某种前提假设的，所以数量分析的结果与客观经济现实之间仍有一定的差距。其次，经济生活中有不少难以被我们预见到的因素在起作用，社会不等于实验室，社会是复杂的集合体，很多情况不能用数学的语言来表述。正因为这两个局限性，经济学中有许多问题需要粗线条的研究。粗线条研究，不仅是可行的，而且在某些情况下甚至是必要的，就像显微镜一样，从精密的角度来看，显微镜下的观察当然比肉眼直接观察要精密得多，但如果是看山峦的起伏，河流的走向，大地的轮廓，用肉眼看这一宏观问题可能更准确，显微镜却适得其反。在经济学研究中也是一样，有时太精确的分析不仅在许多经济问题的研究中是不必要的，而且太精确等于不精确，过于精密反而会得到相反的后果。比如说，凡年满 18 周岁而又 3 个月没有工作的人，算是失业者，那么年龄为 17 岁 11 个月而又有 3 个月没有工作的人算不算失业？年满 18 周岁但 2 个月 29 天没有工作的人，又算不算失业？又比如说，如果 4% 的年通货膨胀率被认为是一个临界点，超过了 4% 就被认为有必要采取国家干预措施来加以抑制，不足 4% 则国家不必予以过问，那么 3.99% 的年通货膨胀率与 4.01% 的年通货膨胀率究竟有多大的差别？正因如此，我们经常听到维持财政收支的基本平衡，信贷的基本平衡，国际收支的基本平衡等说法，这里所说的“基本”就是一种非精密化的表述，但反而更有利于政策实施。更进一步而言，经济学研究精密化和非精密化的并存，也意味着经济学量的分析和质的分析要并重。当然，精密化的经济学研究也需要量的分析和质的分析相结合，非精密化的研究固然主要依靠质的分析，但也并不排斥数量的分析。近年来，量的分析比较多，并且越来越复杂化、精密化。虽然当前质的分析研究也不少，然而高质量的质的分析并不多，有的文章满篇都是尽人皆知的大道理，或者是一些玩概念游戏的文章，这些都不是真正的质的分析，这还需要新时代的中国经济学界的继续努力。[1]

---

[1]　厉以宁:《关于经济问题的通信》，上海人民出版社，1984，第 218~224 页。

二 百家争鸣与中国经济学家的使命

1. 经济学为什么需要争鸣

从历史来看，可以毫不夸张地说，一部经济学说的发展史，就是不同历史时期关于经济中热点问题争鸣的历史。每一个历史时期都有当时有待于解决的经济理论和现实问题，对这些问题存在着不同的观点，并且展开论战，经济学就是这样逐渐发展起来的。历史上经济学领域内的争论最终取得了什么样的结局，主要可以分为三种不同的情况。第一种情况，所争论的问题属于较具体的问题，比如说，究竟什么是国民财富，这曾经是西方经济学说史上长期争论的问题，但后来逐渐明确了，国民财富不仅仅指货币，而且包括一切正在被利用的和可能被利用的资源。又如，收入变动与消费变动之间究竟存在着什么样的关系，经济学家就这个问题也曾经争论不休，但通过长期的争论和不少经济学家在这个领域内进行的研究，后来也逐渐明确了，即各种有关收入变动与消费变动之间关系的假设都是在一定的前提之下才能成立，离开了一定的前提条件，就很难认为某一种假设是普遍适用的或绝对正确的。第二种情况，所争论的问题属于基本理论体系、思想体系或意识形态之争。比如说，在价值理论方面，是劳动价值论呢？还是边际效用价值论？在分配理论方面，是建立在劳动价值论、剩余价值论基础上的分配论呢？还是按照生产要素各自在生产过程中的作用而得出的生产要素各自取得相应报酬的分配论？这是两种根本对立的经济学体系之争，它们无法调和、折中，争论将一直延续下去。第三种情况，实际上是介于第一种情况与第二种情况之间的争论，这种争论既不属于基本理论体系或思想体系之争，又不局限于较具体的问题。比如，西方经济学中关于国家干预主义与经济自由主义的争论，并不是由于学者们对资本主义制度本身或对西方经济学的基本理论体系有原则上的不同观点，而是由于他们对于资本主义经济运行的方式，对于影响经济活动的各个有关因素的作用，以及对于解决资本主义现实经济问题的途径存在着意见分歧。再比如社会主义国家的经济模式的争论，比如计划经济模式和市场社会主义模式之争，等等，这种争论并不涉及对于社会主义制度的根本态度的差异。[1]

　　一个国家内部经济学家的争论大部分都是第一种或者第三种情况，这样的争论并不是意识形态之争，而是大家都在为国家的经济发展投入心血，这样的百家争鸣是有益于经济学繁荣的，甚至是经济学繁荣的必由之路。这样的争鸣越持久，真理就会越辩越明，经济学理论就会发展得越来越好。

　　改革开放以后，中国经济正处于从旧的经济体制转入新的经济体制的变革时期，中国经济学界创新发展了马克思主义政治经济学，为中国经济改革做出了重要贡献。为什么当时的马克思主义政治经济学得以发展呢？第一个原因是，马克思主义政治经济学不是没有生命力的教条，其本身就是发展的科学，它不可能停留在某一已经达到的水平上。第二个原因是，经济学界当时迎来了百家争鸣的良好局面，大家普遍意识到原有的一些教条式的理论无法解释中国的发展，某些死

---

[1]　厉以宁：《经济·文化与发展》，生活·读书·新知三联书店，1996，第23~38页。

死抱住已经被实践证明需要修改的个别公式和结论不放的人，不是在维护马克思主义政治经济学，而恰恰是在阻碍马克思主义政治经济学的发展。[1]正是有了经济学界的百家争鸣，比如当时中国的经济学家在研究时代所提出的新课题时，有分析、有选择地吸收西方经济学中一些有用的内容与有价值的观点，使之成为马克思主义政治经济学中的一个组成部分，马克思主义政治经济学才得以创新发展。同样，中国特色经济学也处于不断发展的过程中，经济学界的百家争鸣必将有助于中国特色经济学的不断提升和完善，这正是历史留下的宝贵经验。

2. 中国经济学家的使命

北宋时期的思想家张载有四句格言，"为天地立心，为生民立命，为往圣继绝学，为万世开太平"，也被称为"横渠四句"。这是古往今来我国知识分子具有的志向和传统，当前中国经济学家也要担负起这种使命。

"横渠四句"既需要中国经济学家做好经典经济学理论的继承，也需要中国经济学家有"拓荒"的能力，这两者在某种程度上是辩证统一的，也就是在继承中发展、在发展中创新。在经济学发展过程中，必然会形成一些经典的理论，它们有影响力、有权威性，既需要继承，也需要发展。为什么要发展和创新呢？一方面的原因是，任何一个经济学理论都有某种假设前提，如果时代变了，假设前提变了，经济学理论必然要发展和变化。另一方面的原因是，随着时代的发展，

---

[1] 厉以宁:《体制·目标·人——经济学面临的挑战》，黑龙江人民出版社，1986，第383页。

许多新的研究问题出现在经济学家的面前，前人没有遇到过，更没有研究过，甚至经济学学科内的理论和方法也不够用了，需要跨学科的理论和方法，这些都需要"拓荒"的能力。[1]

虽然经济学的创新是无止境的，但理论的发展与"拓荒"都需要勇气，这就需要中国经济学家的共同努力。回顾历史，在中国新民主主义革命胜利以前的环境中，宣传马克思主义是冒风险的，许多经济学领域的前辈在这方面做了不少努力，终于使马克思主义政治经济学在中国得以传播。改革开放以后，宣传发展了的马克思主义也是冒风险的，但许多经济学领域的前辈也做了不少努力，形成了中国特色经济学。当前，中国特色社会主义进入新时代，我们处于百年未有之大变局和中华民族伟大复兴新征程，作为一个认识到时代赋予的使命的经济学工作者，应当时时刻刻牢记自己的社会责任，要以对科学负责、对社会主义事业负责、对历史负责、对后人负责的态度和勇气，在坚持马克思主义的基础上不断发展中国特色经济学，不畏险阻，不怕被别人误解，不怕遭受挫折，坚持不懈地探索、开拓、前进。[2]

---

[1]　厉以宁:《经济与改革：厉以宁文选（2015~2017）》，中国大百科全书出版社，2019，第43~52页。

[2]　厉以宁:《社会主义政治经济学》，商务印书馆，1986，第537~540页。

第二篇

经史探微后代知

——世界现代化之成与失

七律
湖南邵阳魏源故居

百年风雨耐人思，
江水覆舟只早迟。
可叹销烟几纸令，
怎如颂德万家诗。
狂澜力挽既无望，
经史探微后代知。
世事沧桑君堪慰，
落潮已到涨潮时。

厉以宁一九九五年作

现代化是什么？学术界一般认为，现代化包括经济现代化、社会现代化、制度现代化、文明现代化等多个方面，是一个多维的概念。正如普林斯顿大学历史学教授西里尔·布莱克所说，"所谓现代化，是指这样一个过程，即在科学和技术革命的影响下，社会已经发生了变化或者正在变化……在政治方面，现代化是要日益提高社会成员通过公私机构动员和分配资源的能力，以期把随着知识的增长和技术的进步而出现的各种可能性变成现实……从经济观点来看，现代化就是用新技术来加快经济增长的速度和提高按人口平均的产量。"[1]哈佛大学政治学教授塞缪尔·亨廷顿也认为，"现代化是一个多层面的进程，它涉及人类思想和行为所有领域里的变革。"[2]从漫长的人类历史来看，学术界通常把农业社会向工业社会的转变视为现代化的开端，由于现代化又是一个多层面的进程，因此世界现代化往往被认为始于16世

---

[1]〔美〕西里尔·E.布莱克等：《日本和俄国的现代化——一份进行比较的研究报告》，周师铭等译，商务印书馆，1984，第18~19页。

[2]〔美〕塞缪尔·P.亨廷顿：《变化社会中的政治秩序》，王冠华等译，生活·读书·新知三联书店，1989，第30页。

纪和 17 世纪的科学革命、英国 17 世纪和法国 18 世纪的政治革命以及 18 世纪末和 19 世纪初的工业革命。[1]

开始现代化距离实现现代化还有相当漫长的道路。虽然大部分国家都以实现现代化为梦想，但各个国家的现代化进程却快慢不一。有的国家已经在大部分维度实现了现代化，但有的国家可能只有个别维度实现了现代化，甚至各个维度都尚未实现现代化。如何判定是否实现现代化呢？这需要明确现代化在每个维度上的界定标准。我们重点讨论经济现代化与制度现代化的标准。

经济现代化是比较好界定的，无非是总产值、国民收入（或人均总产值、人均国民收入）、工农业产值的比例、城乡人口比例、某些工业品的绝对产量（或人均产量）等指标。当然，这些指标并不是完美无缺的，任何一个指标也无法概括全貌，但不管怎样，到目前为止，还只能依靠这些指标。2015 年，世界银行将人均 GDP 高于 12736 美元列为高收入国家的标准，这可以算作经济现代化的重要标志之一。然而我们发现，在世界上能够提供经济数据的不到 200 个经济体中，只有大约 50 个经济体被列为高收入经济体，说明这是一个较难达到的标准。据世界银行统计，在 1960 年被列为中等收入的 101 个经济体中，到 2008 年仅有 13 个变成了发达经济体。人均 GDP 或人均收入已接近美国的经济体有：赤道几内亚、希腊、中国香港、爱尔兰、以色列、日本、毛里求斯、葡萄牙、波多黎各、新加坡、韩国、西班牙

---

[1] 〔美〕西里尔·E. 布莱克等:《日本和俄国的现代化——一份进行比较的研究报告》，周师铭等译，商务印书馆，1984，第 21 页。

和中国台湾。为什么是这 13 个经济体？之前经济学研究关注的都是标准的经济因素，如资本、劳动力（包括教育和技能方面的人力资本）、技术进步等，但这些因素无法完全解释为什么一些经济体进入了发达经济体，而另一些却没有，于是道格拉斯·诺斯等经济学家开始探讨制度对经济发展的影响。[1] 这就涉及制度现代化的问题。著名的经济学家和经济史专家罗斯托在《经济成长的阶段》一书中，把世界各国的经济发展划分为"传统社会""为起飞创造前提""起飞阶段""成熟阶段""高额群众消费阶段"这样五个阶段，后来又增加了第六个阶段："追求生活质量阶段"。罗斯托笔下的"起飞"就是指从传统社会向现代社会的过渡，也就是现代化过程的开始，他强调"起飞"必须要有良好的制度环境，也将制度现代化作为重要的条件。

什么是制度现代化呢？广义来看，制度现代化包括了政治制度的现代化、社会制度的现代化、文明规范的现代化等。但与经济现代化不同，各个国家的制度差异很大，并且难以像基数或者序数一样比较，因此人们往往想当然地把已经实现经济现代化国家的制度作为制度现代化的界定标准。这一观点或者偏见主要是受发展主义思潮的影响。为便于抽象的研究，发展主义的主流思潮试图把现代化的一切问题都归于纯物质利益的分配，比如把政治、经济和自然环境的问题，转化为物质利益在政府、市场、社会等主体中的分配。现代化带来的问题，比如贫富不均、失业、环境破坏、种族冲突、政治迫害、军备

---

[1]〔英〕琳达·岳:《伟大的经济学家》，赵亚男译，中信出版集团，2020，第315~316页。

竞赛、战乱等，认为可以被物质发展的成就所掩盖，或者说，只要物质经济发展了，这些问题都可以解决。因此经济现代化，某种程度上就意味着制度的现代化。事实上，现代化的多维内涵是无法简单地转化为经济现代化单个维度的。举例而言，农民从农村迁往城市变为工人，从物质收入上来看是一种进步，是经济现代化的表现，但这一过程可能意味着制度的退步，因为农业的生产方式或者乡土的社群规范正在慢慢消解。因此，把已经实现经济现代化国家的制度作为制度现代化的标准，这一观点是立不住脚的。马克思主义基本原理为我们理解制度现代化的界定标准提供了科学的依据，马克思主义认为，经济基础决定上层建筑，一个国家选择什么样的制度，或者一个国家的制度现代化，是由这个国家的历史文化、社会性质、经济发展水平决定的。鞋子合不合脚，只有穿的人才知道；制度好不好、优越不优越，只有这个国家的人最清楚，也最有发言权，而没有千篇一律的模板。

漫长的世界现代化历史不仅证明了马克思主义的科学论断，还留下了许多成与失的经验与教训。历史就像一面镜子，鉴古可以知今，学史可以明智。要深入理解世界现代化的规律，需要对世界上成功与失败的现代化国家进行对比分析。世界上缘何有的国家成功实现了现代化？而有的国家却失败了？进而从各国现代化的特殊性中，总结出一般性的现代化规律。

本篇将围绕这些问题进行探讨。

第四章　世界现代化简史

学术界普遍认为，世界现代化是人类社会从农业文明向工业文明的大转变，最早是以资本主义的形式出现的，而资本主义起源于西欧、脱胎于西欧的封建社会，因此也可以说，世界现代化发端于西欧。但西欧的现代化并不是凭空产生的，为此需要从历史的长镜头来回顾西欧史，进而发现西欧的现代化源自何处，以及为什么会在西欧率先发生。作为率先走上现代化道路的国家，英国的现代化历程尤其是 20 世纪的英国经济史有许多成功的经验和失败的教训，这可以为其他国家的现代化提供重要的启示。除此之外，梳理美国、其他欧洲国家、亚洲、大洋洲、非洲、拉美等国家的现代化历程，也能帮助我们从波澜壮阔的现代化历史中找寻科学的规律。

第一节　西欧国家的现代化

一　西欧国家现代化简史

1. 历史长镜头下的西欧史及现代化的开端

西欧文明的发源地是古希腊和古罗马。古希腊位于欧洲的东南部、地中海的东北部，包括希腊半岛、爱琴海和爱奥尼亚海上的群岛和岛屿、土耳其西南沿岸、意大利东部和西西里岛东部沿岸地区。古罗马位于亚、欧、非三大洲交界的地方，也就是在环地中海一带。

公元前8世纪，古希腊建立了城邦社会，有1500~2000个城邦，每个城邦本质上就是一个主权国家，它们既不想被吞并，也不想并吞别的城邦，可谓"小国寡民"。希腊的传统观念认为神和人同一根源，都从同一个大地母亲那里获得生命，所以神和人是平等的，神不是人的主宰，人也不是神的仆人。城邦的领袖是公民们推举出来的，也是公民中的一员，领袖和公民是平等的。希腊公民都有参政权利，有选举权和被选举权，谁也不能剥夺公民的这些权利，希腊式的民主制度由此而来。希腊的公民权与土地权是紧密结合在一起的，虽然大部分土地国有或共有，但每个家庭可以从中分得份地，领取份地是公民的权利，世代相传，渐渐成为实际上的私有财产。奴隶制经济是希腊普遍采用的一种形式，但都是依附于其他所有制的，如国家所有制、大地主所有制、城邦所有制、私营工商业经济、小土地所有制等，那里都使用了奴隶。奴隶大部分来自外国或境外，是战争中的俘虏，也有被掳的人，奴隶后来成为商品，可以由奴隶主购买，奴隶必须为奴隶主劳动。[1]希腊最强大的两个城邦是雅典和斯巴达。公元前6世纪，雅典通过一系列改革建立了民主政治制度，逐步强大起来，成为城邦的盟主。但后来希腊的民主制度被滥用了，变成了街头政治和暴民政治，于是希腊城邦又逐步衰落了。后来，马其顿王国征服了希腊世界。

公元前509年，罗马共和国建立，征服了地中海地区，成为地中海的霸主。罗马吸取了希腊文明的精粹，形成了比较完备的政治和法律制度。公元前27年，由于罗马军事统帅权力越来越大，罗马进入帝国时代，屋大维控制了元老院，成为永远的元老。奴隶制经济也是罗马普遍采用的一种形式，但和希腊一样，也是依附于其他所有制的。罗马帝国的昌盛期维持了大约200年，由于军队统帅争夺皇位，各自割据一方，西部经济衰败，帝国经济重心东移。加上战争不绝，商路断绝，税赋日重，民不聊生，为了拯救苦难的奴隶，基督教这时秘密传播开来了，基督教一开始被认为是异教，受到打击、镇压，但仍在传播，信徒越来越多。公元392年，基督教被正式定为罗马国教。公元395年，罗马分裂为东罗马帝国和西罗马帝国，基督教教会接着也一分为二。西罗马基督教会后来演变为了天主教，东罗马基督教会后来演变成了东正教，后来还影响了斯拉夫人也信仰东正教。在历史上，东方的大汉王朝打败了匈奴，匈奴西迁后打败了日耳曼人，后来日耳曼人又打败了西罗马帝国，导致公元476年西罗马帝国灭亡。日

---

[1]　厉以宁:《希腊古代经济史》，商务印书馆，2013，第2~3页。

耳曼人是若干部落组成的，包括法兰克人、汪达尔人、伦巴第人、东哥特人和西哥特人等，他们成为罗马的新主人，建立了新的国家，这些国家为了统治罗马，依然信奉基督教，承认罗马天主教会，得到了教会的支持。为了稳固统治，这些国家开始奖励部下，分封土地，土地不再是国有了，属于被封的人，于是形成了封建制度。而东罗马帝国渡过了日耳曼人入侵的危机，皇权维持了下来，为了提升国力，也同样建立了封建制度。自此，西欧进入了封建社会时期，这也被称为中世纪的开端。后来东罗马帝国又存在了将近 1000 年，并逐渐走向了东方式的集权专制体制，皇帝至高无上，大权独揽，日益神化，教会受皇帝管辖，皇帝就是教会领袖。东罗马帝国末期，遭受到阿拉伯人入侵，东罗马帝国就向西欧日耳曼人的国家求助，于是西欧的法兰克等国家（日耳曼人）组织了十字军东征，结果他们不仅没有帮助东罗马帝国，还一举占领了东罗马帝国的首都君士坦丁堡。1261 年，东罗马人收回君士坦丁堡，但国力已不如从前，1453 年东罗马帝国被奥斯曼帝国灭国。[1] 从西罗马帝国灭亡，到东罗马帝国灭亡，也就是公元 5 世纪后期到公元 15 世纪中期，将近一千年时间西欧都处于封建制度时期，这段时期也被称为漫长的中世纪。

相对于古希腊、罗马共和国和帝国时期，中世纪的封建制度有何不同呢？首先是土地制度，古希腊和罗马时期的土地虽然实际上等同于奴隶主私有，但名义上还是国家所有或城邦共有，而封建制度明确把土地分给了封建领主所有。其次是奴隶制度，事实上从罗马帝国后

---

[1] 厉以宁:《罗马－拜占庭经济史》，商务印书馆，2015，第 1~6 页。

期，奴隶制经济就被抛弃不用了，主要有两个原因：一是管理成本太高，二是生产成本太高而效率低下。奴隶主担心，如果奴隶老了、干不动了、残疾了，怎么办？与其还要养活他，不如早一些让奴隶赎身，或早一点给一块土地，租给奴隶耕种。因此，封建制度时期，土地领主就雇佣农民当佃农，因为这在管理成本与生产成本方面都比养活奴隶更划算。

中世纪时期的封建形态还有以下特征。首先，农业经济组织方式是封建领主制。封建领主生活在城堡中，以庄园为生，每个庄园都是一个小型的社会，庄园里的人们过着自给自足的生活，所有的产品均自己生产。土地由领主所有，但不能自由交换，因此仍是一种落后的农业文明，农业生产效率远低于当时东方国家的封建地主制经济。领主准许农民在其领地内居住和耕种，并签署契约，领主庄园的土地由农民耕种，并给农民一小份土地。相比希腊罗马时期的奴隶，农民表面上享有人身自由，但事实上，他们的一生都被庄园劳役和份地上的农活所占用，甚至因不能完成契约而背负越来越重的劳役，成为农奴。封建的等级分封制度让领主占有了土地，但却束缚着农民的阶层流动。基督教扮演了统一的意识形态的角色，但束缚着人们的精神和思想。

由于存在这些问题，这种落后的农业文明逐渐发生了变化。一部分农民通过各种方式赎买了劳役豁免权，去了城市，还有一部分农民干脆直接逃往城市。为什么去城市呢？因为农民种植农作物一段时间后，剩余产品越来越多，他们就带着剩余产品去集市交换并获得收入。后来交换的人多了，集市慢慢就成了城市，比如伦敦、巴黎、米兰、威尼斯等都是当时的大城市，农民索性就在城市居住了，演变成了市民，身份也变成了商人、手工业者。"城市的空气使人自由"，城市市民可以不用再受封建领主的剥削了，农奴制也开始逐渐解体了。

但是城市土地依然是封建领主所有，所以领主仍然不断加强对城市的控制，进而导致了城市市民的不满，市民们开始反抗，最终获得了国王的支持。国王颁布了特许状，城市成了自由城市，市民甚至可以选举市长实现自治。有了稳定的环境，市民中的一些商人和手工业者慢慢成了富裕的人，发展成了早期的资产阶级。

到了中世纪晚期，情况不断发生改变。城市的商人甚至重新回到庄园，开始租封建领主的地，支付租金给领主，自己变为租地的农场主或者牧场主。然后他们雇佣农民劳动，这就大幅提高了农业生产率，于是他们可以销售更多的农产品，城市的商人越来越富了。而封建领主也比较满意，因为他们可以直接通过出租或变卖土地获取收入。城市的手工业者慢慢也变成了工场主，他们雇佣工人劳动，生产率也得到了提高，工场主可以销售更多的手工业产品。

虽然城市商人和手工业者变得越来越富裕，但他们依然受到当时罗马教廷的精神束缚和限制。14世纪，从意大利开始，欧洲开始了文艺复兴运动，人们逐渐不满罗马教廷对精神世界的禁欲控制，而是提倡人文主义，提倡科学文化，反对蒙昧主义，反对"神权至上"。事实上，人文主义源于古希腊，苏格拉底、亚里士多德、赫拉克利特都把人看作哲学思考的主要目标，但是在中世纪被基督教的神本主义所取代，而文艺复兴又开始强调以人为中心了。文艺复兴为商业精神的形成奠定了基础。受文艺复兴的影响，欧洲16~17世纪还发生了科学革命，以哥白尼的"日心说"，伽利略、笛卡尔、牛顿等提出的科学学说为代表，形成了与中世纪神学与经验哲学完全不同的新兴科学体系，这也标志着近代自然科学体系的诞生。

与此同时，王权也开始式微，多个国家的议会制定了限制王权的制度。受文艺复兴的影响，16 世纪还发生了宗教改革运动，天主教改革后形成了旧教和新教。旧教仍称为天主教，新教也就是今天的基督教。新教关注个体和人的价值，人们逐渐摆脱了天主教的精神束缚。在 15 世纪末期，葡萄牙、西班牙开启了大航海时代，实现了地理大发现，开辟了新航路。新航路开辟之后，西欧由地中海时代进入了大西洋时代。葡萄牙和西班牙等西欧国家开始了早期的殖民掠夺，殖民者们强迫殖民地人民开采黄金和银矿，开发种植园，掠夺殖民地的财富。由于殖民地带来巨大的财富，这些国家的资产阶级完成了原始积累，并引发了一场前所未有的商业革命，而且开始寻找更大的市场，扩大到海外贸易。到了 16 世纪，随着英国毛纺织业的发展，英国国力变强，打败了西班牙舰队，进一步进行殖民扩张。16 世纪、17 世纪，在英国国王特许下，英国成立了多家贸易公司，垄断了国外贸易，英国也先后战胜荷兰、法国等国家，拥有大量殖民地，成为"日不落帝国"。

随着农奴制解体、文艺复兴、科学革命、宗教改革、商业革命和海外市场扩大，在这一系列因素的共同作用下，资产阶级作为一支重要的力量登上历史舞台，专制的王权已经阻碍了资本主义的发展，因此西欧爆发了资产阶级革命。最早是尼德兰革命，这是尼德兰脱离西班牙专制统治的战争，也是尼德兰自身政治经济发展的结果和宗教改革的产物，世界上第一个资产阶级共和国——尼德兰联省共和国（荷兰共和国）正式诞生。17 世纪初，英国开启斯图亚特王朝统治，国王来自苏格兰，推崇"君权神授"，渴望王权专断，这使得王权和议会对立。最终议会战胜了国王，在 1688 年发生了光荣革命，确立了君主立宪制，议会成为国家的最高权力，英国建立了资本主义制度。18 世纪开始，法国封建制度日益腐朽没落，兴起了以法国为中心的启蒙运动，启发民众，反对专制，由此引发了法国大革命，法国也建立了资本主义的制度。此后，许多国家的资产阶级革命相继爆发，世界进入了资本主义历史阶段，也就进入了现代化（制度现代化）的开端。

2. 资本主义起源之探

以上简要论述了西欧资本主义制度形成的历史。世界历史也告诉我们，实现现代化的国家，基本都是最早地、较彻底地摆脱封建主义，并建立了资本主义制度的国家。从这个意义上来说，建立资本主义制度可谓是制度现代化的开端。

那么，为什么资本主义制度产生于这些国家，而没有产生于其他国家？这一问题引发了学术界的争论，通常被称为探究资本主义的起源问题。关于这一问题的回答，概括来看有三类学说。第一类学说，侧重于国家间的生产要素的不同，比如自然资源禀赋的不同，人口和劳动力的不同，技术水平的不同。第二类学说以马克斯·韦伯为代表，强调宗教、伦理和文化在西方资本主义产生过程中的作用。第三类学说着眼于分析经济政治制度由封建主义向资本主义的演变，以找出这个演变过程中各国之间的差异，以新制度学派为代表。[1]

---

[1] 李庆云、鲍寿柏主编《厉以宁经济学著作导读》，经济科学出版社，2005，第 326 页。

关于第一种学说，即各个国家的生产要素和资源禀赋决定资本主义的起源，受到了许多质疑。一方面，生产要素和资源禀赋相似但是社会制度相异的国家比比皆是；另一方面，生产要素的配置也会受社会制度的影响，因此存在内生性的问题。

关于第二种学说，作为 19 世纪末到 20 世纪初德国著名的经济学家、历史学家、社会学家，马克斯·韦伯研究领域宽广，著作很多，其最有影响力的作品是《新教伦理和资本主义精神》。这本书要说明的是：为什么资本主义于 16~17 世纪产生于荷兰和英国？他的观点是文化史观，强调文化伦理因素在社会发展、演变中的重要作用，这一点不同于唯物史观。韦伯的文化史观有以下证据：为什么南欧经济发展早，但资本主义并非最早产生于南欧？原因在于天主教伦理的影响和束缚；为什么古代中国经济繁荣，却产生不了资本主义？原因在于佛教、道教、儒教的影响和束缚；为什么资本主义最早产生于荷兰和英国？原因在于宗教改革，也就是新教伦理的促进作用。但韦伯的文化史观也受到许多质疑：为什么旧教（天主教）国家（比如法国、西班牙、意大利）后来也相继成为资本主义国家呢？ 为什么东正教国家（比如俄罗斯、希腊）后来也成为资本主义国家呢？为什么伊斯兰教国家（比如土耳其等）后来也发展为资本主义国家呢？为什么新加坡崇尚儒家思想，泰国信仰佛教，印度信仰印度教，后来也都建立了资本主义制度呢？文化史观无法回答这些问题。

因此，第三种学说渐渐产生了巨大的影响。这里要区分两种情形，一是原生型资本主义的起源，是指在一国封建社会解体过程中，由内部因素作用产生和发展起来的资本主义，大部分西欧国家属于这一类型；二是非原生型资本主义的起源，是指某种外力冲击了一国的封建社会统治，动摇了其统治基础，削弱了其统治力量，在其解体的过程中产生和发展起来的资本主义，亚洲、非洲、拉丁美洲的一些后发资本主义国家属于这一类型。对原生型资本主义起源的探讨有助于回答更根本性的问题。从西欧当时的情况来看，资本主义起源主要出于以下两个制度层面的原因。

一是西欧当时的封建社会制度已经严重落后于时代需要。西欧的封建社会制度严格限制社会流动，每个人生下来以后就要按照自己所隶属的社会等级和身份的规定生活和工作，从生到死基本上是注定的、不容改变的。贵族就是贵族，农奴就是农奴。贵族是高贵的，农奴是低贱的，身份不容改变。因此农奴竭力想摆脱自己的不自由的处境，一心想逃到城市。城市不仅给一切前来谋生的卑贱者以生存之路，更重要的是向他们提供了一个可以摆脱对封建领主的人身依附关系和争取得到平等地位的机会。随着社会的发展，城市中聚集的人越来越多，城市的力量越来越大，形成了强大的反对封建领主的群体性力量，终于敲响了西欧封建社会的丧钟。[1]

二是集市贸易的兴起推动了市场经济制度的建立。西欧封建社会基本上是一种自给自足的经济，但随着生产力的提高，人们相互交易各自的剩余产品，从而产生了集市。国王和大的封建主也有动力在自己的领地内开市，因为他们可以通过开市和征收税款获得收入。随着

---

[1] 李庆云、鲍寿柏主编《厉以宁经济学著作导读》，经济科学出版社，2005，第328~329 页。

集市的发展，从事批发零售以及货币业务的商人应运而生，他们大部分来源于农民或者农奴。集市贸易的发展，带来了交易平等、契约至上、市场秩序、保护产权、生产分工、生产外包、货币信贷、国际贸易、租赁交易等一系列市场经济制度。[1]当市场经济制度逐渐发展成为社会的主流时，也就标志着资本主义制度的产生。

3. 西欧的工业化与现代化的推进

资本主义制度在西欧国家确立后，制度的现代化极大地推动了经济的发展，工业化正式开始，这也被称为经济现代化的开端。工业化是指近代工业或现代工业的建立和推广并对一国社会经济产生重要影响的过程，是一国从传统社会走向现代社会的必经阶段，也是经济现代化的主要内容。工业化最直接的表现是社会经济结构中三次产业的序列变化。传统社会中，农业在国内生产总值中的比重最大，工业（含手工业）和服务业所占的比重都很小，经济增长速度十分缓慢。从工业化开始，经济中三次产业的比重就逐渐发生变化：工业的比重首先迅速上升，服务业的比重接着也不断上升，而农业的比重则逐渐下降，这一变动的趋势在整个工业化时期都是明显的。因此，工业化也是一国摆脱传统社会产业序列，过渡到现代社会产业序列的过程。[2]工业化中的近代工业或现代工业不同于古代的工业。古代也有采矿和冶炼工业，在某些国家还曾达到一定规模。但近代工业或现代工业的特点在于它是同自然科学的发展紧密地联系在一起，而且更为重视固

---

[1]　厉以宁：《资本主义的起源——比较经济史研究》，商务印书馆，2015，第4~5页。

[2]　厉以宁：《工业化和制度调整——西欧经济史研究》，商务印书馆，2015，第9页。

定资产投资在经济再生产中的重要性，而古代工业很少考虑固定资产投资的问题。回顾历史，西欧国家早期的工业化是一个自然发展的过程，西欧国家的工业化并不是按照某种预先设计的模式实施的，尤其是在前期，几乎可以说是"走到哪一步算哪一步""走到哪一步再策划下一步"。直到 20 世纪，工业化才越来越多地按照经济学家的设计推进，但这已是工业化的后期了。[1]

西欧的工业化大致可以分为三个阶段。

第一个阶段是西欧工业化的启动阶段。工业化启动的表现形式是工场规模的不断扩大。资本主义制度初步建立后，出现了许多手工业的工场主，他们有些是从行会时代的工场手工业的老板转化而来，这些工场有一定的规模。还有一些是熟练的手工工匠（钟表匠、唧筒匠、马车匠、磨盘匠等）转化而来，他们有设计和制造能力。随着市场上制造业的产品供不应求，产品必须增加供给，这些工场主决定扩大工场的生产。扩大生产一方面需要资本供给，另一方面需要足够的劳动力。最早的资本供给来自工场主、手工作坊主、工匠的积蓄，来自工场自身利润的再投入，还有一部分来自富人的投资。最早的劳动力依然来自农村，来自源源不断进城的农民。农民是如何变为工人的呢？当时的方式有几种。一是师傅带徒弟，二是由熟练的工匠在工场里集体培训，或者收学徒。解决了资本供给和劳动力的问题，西欧的工业化就开始启动了。

第二个阶段是西欧工业化的工业革命阶段。工业化启动之后，技

---

[1] 厉以宁:《工业化和制度调整——西欧经济史研究》，商务印书馆，2015，第 2~3 页。

术创新迫在眉睫，这主要有三个原因：一是工业化需要消耗大量的资源，但工业化初期出现了资源供给不足，甚至资源的危机；二是市场日益扩大，传统的生产方式无法满足市场需要；三是市场竞争日益加剧，技术不进步，就可能在市场竞争中被打败。这时西欧国家的工业化进程中就出现了技术创新，还出现了资本市场以支持技术创新。18世纪60年代开始，英国开始了技术创新，主要是使用蒸汽机作为动力代替工业化以前所使用的人力或畜力。技术创新为工业革命奠定了基础，第一次工业革命正式开始。马克思在《资本论》第一卷中曾经做了如下解释："十七世纪末工场手工业时期发明的、一直存在到十八世纪八十年代初的那种蒸汽机，并没有引起工业革命。相反地，正是由于创造了工具机，才使蒸汽机的革命成为必要。……作为工业革命起点的机器，是用一个机构代替只使用一个工具的工人，这个机构用许多同样的或同种的工具一起作业，由一个单一的动力来推动，而不管这个动力具有什么形式。"[1]工业革命并不是一次性的事件，而是连续性的过程。罗斯托在《经济增长的阶段》一书中曾经估算了西欧资本主义国家工业革命的大致年代：英国是1783~1802年，法国是1830~1860年，德国是1850~1873年。[2]第一次工业革命与工业化的启动阶段相距较近，在工业化过程中，当出现了重大的技术发明并在生产中得到应用时，就又发生了第二次、第三次工业革命……

---

[1]　中共中央党校编《马列著作毛泽东著作选读（政治经济学部分）》，人民出版社，1978，第110页。

[2]　〔美〕W. W. 罗斯托：《经济增长的阶段》，郭熙保、王松茂译，中国社会科学出版社，2001，第46页。

　　第三个阶段是西欧工业化的制度调整阶段。工业革命并不仅仅是一场技术上的变革，也是一场政治革命和制度上的变革，涉及包括所有制、企业经营方式、收入分配、生活方式、风俗习惯以及人际关系的变革。技术上的变革同制度上的变革往往相伴而生，彼此制约，又彼此推动，因此工业化的第二个阶段和第三个阶段也是交互前进的。[1]工业化以后的制度调整也是逐步的。早期的工会制度是资本主义制度调整的最初尝试。由于工人的逐步增多，工人对政治、权利保护的诉求也开始增多，一些政界人士感觉到资本主义要避免大动荡，制度调整不可避免，因此建立了工会组织，保护工人权利，同时逐步取消选举的资格限制，让工人有了参与政治的权利。1929~1933 年的世界经济危机是一个分界线。经济危机前，资本主义制度是崇尚自由放任的，政府不干预经济、不干预市场。因此，政府对贫富差距的问题并不过问，认为这是社会慈善事业应该关注的。同时，公众对政治的参与率低，政治只有少数政治家才关心。但 1929 年爆发了大危机之后，失业率高，社会动荡加剧，迫使政府采取干预措施，政府开始运用宏观调控措施和收入再分配措施，保障工人福利，同时承担更多的社会保障责任，财政支出大增，资本主义制度朝着福利国家的方向迈进。与此同时，公众对政治的参与率提高，对政府的监督越来越严，越来越多。随着工业化的推进，资本主义的制度还在不断调整，越来越适应工业化的需要，这也可以概括为经济现代化与制度现代化的互动演进。

---

[1]　厉以宁:《工业化和制度调整——西欧经济史研究》，商务印书馆，2015，第 18 页。

二　二十世纪英国现代化之失

英国是最早建立资产阶级专政，最早确立资本主义生产关系，以及最早进行工业化和第一次工业革命的西欧国家，在历史上盛极一时。英国的现代化历史是西欧现代化的缩影。进入 20 世纪后，英国虽然取得了经济现代化和制度现代化的巨大成就，但是也出现了很多现代化之失，尤其是 20 世纪中叶以后，曾经煊赫一时的殖民帝国不断衰落和解体，这也被称为"英国病"。回顾 20 世纪的英国现代化之失，可以为我们提供深刻的教训和启示。

1."英国病"的表现与形成

何谓"英国病"？主要指的是 20 世纪英国经济中的以下症状：停停走走的经济、通货膨胀和失业并存、国际收支危机的交织、收入分配与经济效益之间的矛盾、地方经济发展的不平衡和分权主义日益严重的趋势。[1]

分析"英国病"，需要先回顾一下 20 世纪的英国经济史。简而言之，20 世纪的英国经济史可以划分为五个阶段。一是极盛时代的尾声（1901~1918 年）。从历史来看，维多利亚时代（1837~1901 年）是英国经济的极盛时代。1851 年伦敦博览会的开幕，向全世界表明了英国在工业和技术方面当时所处的领先地位。从 19 世纪下半期开始，英国经济仍以中等的速度持续增长，但已经在工业生产总值和煤、钢等重

---

[1]　罗志如、厉以宁:《二十世纪的英国经济》，商务印书馆，2015，第 1 页。

要工业品产量方面逐渐被美国超越。尽管如此，英国海上霸权和殖民大国的地位还不曾受到威胁，英国在武器生产和造船等重要工业部门方面仍占据优势，特别是英国在国际金融方面的地位是非常稳固的。1899~1902 年的英布战争以英国胜利而告终，英国把南非这块垂涎已久的土地纳入了自己的统治范围，于是直到第一次世界大战为止，英国大体上还保持了十多年的好光景，因此可以称之为"极盛时代的尾声"。[1]

二是"英国病"的初期（1918~1929 年）。英国虽然赢得了第一次世界大战，但也遭受了巨大的损失，70% 的英国商船被摧毁，英国海军也因战争而大大削弱，英国赖以维持的两个有力的手段——英国的经济力量和海上霸权都大为削弱。虽然英国作为战争胜利者，再次扩大了殖民地面积（德国殖民地坦噶尼喀、西喀麦隆、西南非洲，前奥斯曼帝国领土的一部分如伊拉克、约旦、巴勒斯坦都变为英国的殖民地或成为受英国统治的地区），但由于英国经济和军事实力的削弱，英国再也不能像以前一样进行殖民统治了。[2]对外方面的力量削弱也带来了英国国内经济的低迷，主要表现是：开工不足，生产设备闲置，传统工业品生产没有恢复到战前的最高水平，出口萎缩，高失业率，经济效率低。除了通货膨胀这一症状在当时还未显现之外，其他"英国病"的症状，在 20 世纪 20 年代已经显现出来，只是之后越来越严重，而且之后各个症状之间交织和错综复杂的程度也越来越高，这被

---

[1] 罗志如、厉以宁：《二十世纪的英国经济》，商务印书馆，2015，第 6~7 页。

[2] 罗志如、厉以宁：《二十世纪的英国经济》，商务印书馆，2015，第 33 页。

称为"英国病"的初期。[1]

　　三是危机和战争的双重打击（1930~1945 年）。1929 年，资本主义经济危机爆发。英国和资本主义世界的其他国家一样，受到这次经济危机的沉重打击。由于自第一次世界大战起，英国就已经患了"英国病"，经过 1929 年经济危机的打击，病情恶化了。为了应对这一危机，英国也开始从实行自由放任的政策转向国家干预经济的政策，以缓解经济危机。然而，好景不长，第二次世界大战的爆发对英国经济再次进行了沉重的打击，而且比第一次世界大战的打击厉害得多。[2]

　　四是帝国解体过程中的惨淡经营（1946~1967 年）。二战以后，全世界民族解放运动高涨，这加速了英帝国的解体，英国已经难以维护摇摇欲坠的殖民统治了，殖民地国家纷纷独立。为了缓解经济的衰退，英国采用了凯恩斯主义经济学，并与费边主义思想相结合，将需求管理与福利国家措施并用，这是二战之后英国国内经济政策的特征。从 1946 年到 1967 年，英国在这 20 年左右的时间内，国内和国际经济关系都得到了某些调整，经济没有发生过较大的震荡，这段时间内英国所发生的经济危机既不像 30 年代危机那样猛烈，也不像 70 年代那样错综复杂。[3]

　　五是"英国病"的激化（1967 年以后）。1967 年是英国经济的又一个重要的转折点。整个资本主义世界的经济状况都受到美国经济恶

[1] 罗志如、厉以宁：《二十世纪的英国经济》，商务印书馆，2015，第 36 页。

[2] 罗志如、厉以宁：《二十世纪的英国经济》，商务印书馆，2015，第 8~9 页。

[3] 罗志如、厉以宁：《二十世纪的英国经济》，商务印书馆，2015，第 9 页。

化的影响，加上英国前一时期积累下来的各种经济问题的大暴露，战后 20 年经济比较平稳的局面再也维持不下去了。1967 年，英镑贬值作为信号，英国经济转入了停停走走、通货膨胀和失业并发症与国际收支危机交织的"英国病"新阶段。英国采用了许多"处方"，但都没有达到预期的效果，"英国病"愈发严重。[1]直到撒切尔夫人改革之后，英国经济才开始走出低谷。

2. "英国病"的诊断

为什么会出现"英国病"呢？从历史来看，大致可以归为四个原因：一是世界工厂地位的丧失，二是殖民扩张的结束给国内经济带来的后果，三是福利国家政策所引起的问题，四是传统精神对经济的消极作用。

首先，英国是最早进行资本主义工业化的国家，并发展成为"世界工厂"，这一地位曾经是英国经济的骄傲，但它同时却给英国留下了陈旧的生产部门、墨守成规的技术、落后的经营管理方式等遗产，成为英国工业发展过程中的阻力。其次，英国在将近 400 年的时间内，通过海上霸权的确立而建立了一个庞大的殖民帝国，殖民帝国的"业绩"曾经是英国引以为豪的东西，也给英国资产阶级带来巨大的财富，但随着时间的推移，因殖民扩张而建立的大英帝国解体了，同时给英国留下来一大堆问题，比如畸形的经济结构、资本和人才外流、国际收支恶化、海外利益集团"离心离德"，凡此种种，莫不是当前英国经济中无法回避的难题，它们也都是殖民帝国的后果，这使英国的统治

---

[1] 罗志如、厉以宁：《二十世纪的英国经济》，商务印书馆，2015，第 9 页。

集团深为苦恼。再次，由于英国的工人运动开展较早，工会力量比较强大，加之工人运动中改良主义思想的影响，在英国资产阶级为了缓和阶级矛盾而采取的福利措施的条件下，福利国家的主张不仅较早得到传播，而且也被几个资产阶级政党接受，作为施政的目标。福利国家原是企图以此缓和国内阶级斗争，有利于维持国内经济稳定的，但福利支出的增加却引起了财政赤字剧增、企业低效率等问题，结果，英国在福利问题上陷入了骑虎难下的境地。福利国家不仅变成了压在英国经济之上的一个沉重的包袱，而且是使人们对国家经济前景失去信心的一种销蚀剂。最后，英国历史上资产阶级与封建王权、贵族势力之间的密切联系和英国资产阶级革命的不彻底，使得英国上层建筑领域内长期保留了一种倾向于保守的文化传统，比如门第观念、等级制度、守成思想，等等，从本质上说是与资本主义生产方式不相容的东西，然而在英国资本主义发展过程中不仅普遍存在，而且起过重要作用。它们有形或无形地阻碍着英国社会经济中的创新和变革，阻碍着拔尖人物在本国充分施展自己的才能，使他们或者被埋没，或者不得不转移国外寻找发迹的机会。正因如此，"英国病"的根子在英国的历史中。"世界工厂"的遗产，殖民帝国的后果，福利国家的负担，传统精神的枷锁，结合在一起，造成了现代英国经济的"英国病"。[1]

3."英国病"的对策

为了解决"英国病"的问题，20世纪以来，英国就开始尝试各种各样的经济理论和经济政策，包括国有化、需求管理、工资与物价

---

[1] 罗志如、厉以宁:《二十世纪的英国经济》，商务印书馆，2015，第2~3页。

管制的措施、企业界的创新、提高经济效率、"民主社会主义"的试验、调整国际经济关系等各种尝试。尽管如此，收效甚微。比如二战之后，英国想通过企业国有化减少工人和政府的矛盾，但最后发现，企业国有化之后，工人没有主人翁意识，庞大的国有化部门官僚主义严重；由于政治周期的存在，也就是英国几年一次大选，需求管理解决不了长期的问题；"民主社会主义"试验的失败主要是由于福利刚性的存在，也就是福利措施一旦公布实施，就有了刚性，福利宜增不宜减，增加容易减少难，哪怕是很小一项福利措施，如果取消了也会引起社会动荡，这就导致福利措施越来越多，政府压力越来越大，这种情况已无法逆转；其他改良主义色彩的各种结构改革的尝试也由于经济中的多种复杂原因而无济于事，开发北海油田也没有使整个国民经济好转，技术创新也没有成为灵丹妙药。这些措施都没有能够挽救"英国病"，其本质原因在于"英国病"不是在现存英国制度之下所能医治得了的，因为英国经济发生了信任危机，企业、工会、政府"三伙伴关系"的协调非常困难，一切经济政策对于信任危机都是无能为力的。因此，英国停停走走的局面将继续存在，通货膨胀和失业并发症与国际收支危机的交织不能消除，低效率的难题不能得到解决，而地方分权主义的倾向则有进一步加剧的可能。"英国病"是很难摆脱的，英国衰老了，像一个患病的老妇人一样，英国不得不吞咽其作为世界第一个进行资本主义工业化的国家、最大的殖民帝国以及自诩为典型的福利国家种下的苦果。[1]

---

[1] 罗志如、厉以宁：《二十世纪的英国经济》，商务印书馆，2015，第 4 页。

当然，有两个有助于"英国病"解决的利好因素，一是英国全民族有较高的科学文化水平，二是英国社会上的资产阶级民主意识，这两个潜在的力量正悄悄地挽救着英国，在经济危机的时候这种潜能会迸发出来。[1]正是在这样的基础上，在撒切尔夫人改革之后，英国经济终于重新焕发了活力。

第二节　美国的现代化

一　美国资本主义制度的建立

1. 从殖民时期到独立

自从15世纪末哥伦布发现美洲大陆，西班牙人、法国人接踵而至。国力不断增强的英国也不甘落后，开始了对北美的殖民。英法七年战争之后，法国惨败，从此北美洲成为英国的势力范围。英国在北美建立了13个殖民地，功能各异：有的生产烟草和棉花等经济作物，也种植小麦和大米；有的从事捕鱼、伐木和皮毛业；有的从事甘蔗种植；还有的从事小农经济和制造业。这些殖民地虽然经济上各有特色，但是政治上都学习了英国当时的议会制度，殖民地的民选议会总是与从伦敦派来的总督和其他官员不和，因此13个殖民地的独立精神不断增强。英国对殖民地的控制以及殖民地自治的矛盾是当时的主要矛盾。

---

[1] 李庆云、鲍寿柏主编《厉以宁经济学著作导读》，经济科学出版社，2005，第18页。

　　最初，北美的被殖民者并不希望通过暴力革命的方式获得独立，他们期待的是一种母国与殖民地的松散关系，他们也不想完全民主，希望效仿 1688 年英国的光荣革命，保持上层阶级的领导。然而，英国统治者并不满意这样的松散管理，他们试图完全控制殖民地。于是，1763 年，英国宣布禁止向北美阿巴拉契亚山脉以西移民，其后又公布了《糖税法》《驻兵法》《印花税法》和《汤森税法》，其目的是为了将英国繁重的税收负担的一部分转嫁到被殖民者肩上，这导致了北美被殖民者的严重抗议，进而导致了北美的革命。

　　1773 年，英国议会通过了《茶叶法案》，要求把囤积的茶叶销售到北美殖民地，并且不征收关税，以此来拯救即将破产的东印度公司。但波士顿的商人极为愤怒，认为英国的茶叶过于便宜，会让波士顿的商人破产，于是开始抵制英国茶叶，1773 年 12 月 16 日爆发了"波士顿倾茶事件"。英国决定予以反击，先后通过了《强制法令》即《不可容忍法令》以及《魁北克法案》。1774 年 9 月，北美殖民地联合召开了第一届大陆会议，组织了对英货的又一次抵制。1775 年 4 月，当英国军队从波士顿前往康科德搜夺那里的秘密军需库时，北美被殖民者和英国军队爆发了战斗，在列克星敦草坪打响了"声闻全世界的枪声"。1775 年 5 月，北美殖民地召开了第二届大陆会议，要求独立的情绪不断高涨，并成立了一个五人委员会，起草《独立宣言》。1776 年 7 月 4 日，大陆会议正式做出接受《独立宣言》的决定，《独立宣言》正式宣告，北美 13 块殖民地正式脱离英国，美国也于同日正式诞生。[1]

---

[1] 〔美〕斯塔夫里阿诺斯：《全球通史：从史前史到 21 世纪》，吴象婴等译，北京大学出版社，2006，第 519~523 页。

经过数年的独立战争，1783 年 9 月，英美签署了《巴黎和约》，英国正式承认美国独立。

2. 美国的资本主义制度

美国独立的意义，不仅在于创造了一个独立的国家，更在于创造了一个新的、不同类型的国家。正如《独立宣言》宣称"我们认为这些真理是不言而喻的：人人生而平等。"美国人民在革命期间和革命之后，通过了旨在使这一宣言不仅在纸上而且在生活中得到实现的种种法律，比如废除了限嗣继承地产权和长嗣继承制，让每个人都有权力拥有土地，改变了国家的土地所有制。[1]

美国还建立了世界上第一个现代意义上的宪政体制国家。美国人在继承前人的政治思想和英国的政治体制的基础之上，提出了独具特色的宪政思想，建立起全新的宪政体制，在制度现代化基础上迈进了一大步。美国的宪政体制奠基于殖民地时期，当时各殖民地的特许状、《康涅狄格基本法》、《卡罗来纳基本法》和《五月花号公约》等，都类似各州的基本法，保护着个人的权力，限制着政府的权力。美国宪政体制的基本框架确立于革命时期。在独立战争初期，各州建立了以立法机关为核心、行政部门和司法部门相对软弱的政府结构。1781年 3 月 1 日，13 个州为了共同防御和保障自由以及相互之间的共同利益而联合成为美利坚合众国邦联，这实际上是 13 个独立邦国之间建立的一个"友谊性联盟"，因此存在许多不足。1787 年 5 月 25 日至 9月 17 日，来自 12 个州（罗得岛未派代表）的 55 名代表在费城集会，

---

[1] 〔美〕斯塔夫里阿诺斯：《全球通史：从史前史到 21 世纪》，吴象婴等译，北京大学出版社，2006，第 523 页。

为美国制定了一部新的宪法，彻底改革了美国政府的结构和性质，将其从一个邦联制国家转变为一个联邦制国家。1787年宪法授予了联邦政府征税权和管理州际贸易等重要权力，更为重要的是，它在总结各州宪政的成功经验和失败教训的基础之上，确立了一套复合分权与多重制衡体制。在这部宪法中，立法权、行政权和司法权分别授予两院制的国会、一个人构成的行政首脑（总统）以及司法部门，并且明确划定了三个部门之间的权力范围。三个政府部门各司其职，相互之间既独立又合作。1787年联邦宪法除明确划定各个部门的特定权力之外，还规定政府各个部门实行不同的选举方法，其官员任期长短各不相同。除众议员由人民直接选举产生之外，其他政府部门的官员都通过间接选举产生：参议员通过州议会选出，总统由各州选出的选举人选举产生，联邦最高法院法官由总统任命，并经参议院批准。而且，各政府部门的官员任期不等，众议员任期2年，总统任期4年，参议员任期6年，联邦最高法院法官终生任职。[1]

二 美国的经济现代化进程

美国的经济现代化可以称得上是近代以来世界经济发展史上的奇迹，与欧洲相比，美国在借鉴欧洲现代化经验和技术经验的基础上，成功地实现了从殖民地社会向现代社会的转变，开创了独具特色的现代化发展道路。美国的经济现代化有三个重要特点：一是活力强，二

---

[1] 丁见民、付成双、张聚国、陈志杰:《世界现代化历程·北美卷》，江苏人民出版社，2015，第14~18页。

是长期趋势的稳定性，三是内部发展的多样性。1775~1909 年，美国国民生产总值增加了 175 倍，年增长速度 3.9%。[1]

1. 早期的工业化

罗斯托认为，美国的工业起飞是 1843~1860 年。[2]但习惯上，人们一般把 1790 年作为美国工业化开始的年份，因为这年 1 月，英国纺织工塞缪尔·斯莱特建立起北美历史上第一家纺纱厂，英国的纺织技术迅速在美国传播开来。美国借鉴和仿效了英国的发展道路和技术经验，迅速扩大了棉纺织厂的规模和产量。1814 年，洛厄尔纺纱厂建立，这家纺纱厂不再像斯莱特纺纱厂一样笨手笨脚地模仿英国经验，而是对英国的生产和管理模式进行创新，建立了沃尔瑟姆制度，把以往分离的生产流程集中到一个工厂内利用机器完成，这是一种现代意义的工厂制生产模式，也标志着从手工工场到现代工厂制度的转变，还最早从法律上确立了公司的法人地位。在棉纺织工业的带动下，美国其他行业也纷纷转向工业生产，从而引起整个北美经济发展的巨大变革。[3]到 1860 年，美国全国制造业的总增加值已经达到 8.54 亿美元，成为资本主义世界中的一个重要的工业强国。[4]

---

[1]　丁见民、付成双、张聚国、陈志杰:《世界现代化历程·北美卷》，江苏人民出版社，2015，第 67 页。

[2]　〔美〕W. W. 罗斯托:《经济增长的阶段》，郭熙保、王松茂译，中国社会科学出版社，2001，第 46 页。

[3]　丁见民、付成双、张聚国、陈志杰:《世界现代化历程·北美卷》，江苏人民出版社，2015，第 68 页。

[4]　丁见民、付成双、张聚国、陈志杰:《世界现代化历程·北美卷》，江苏人民出版社，2015，第 85 页。

不过，从总体上看，当时的美国制造业还处于比较初级的阶段，主要是以资源开发为主的劳动密集型产业，比如原料加工，或是资本投入不太大的企业，技术含量不高。这也与美国资源丰富有关，但美国劳动力工资较高，因此美国工业化的另一个特点是节省人力的机器生产方式的广泛应用。只要有可能，美国公司就千方百计试图用机器设备代替劳动力，其趋势是把所有的生产都留给机器去做。而在欧洲，其趋势是引入机器作为生产的补充，生产依然主要依靠熟练的手工工人完成。[1]

2. 西进运动

西进运动是指美东居民向美西地区迁移和进行开发的运动，始于18世纪末，终于19世纪末20世纪初。西进运动是美国经济史上最壮观、最充满奇迹的一幕。美国中部和西部存在着未经开发的自由土地，这些自由土地吸引着大部分来自欧洲的移民，他们被美国中西部的富饶所吸引，于是到美国来寻找更好的发展机会。实际上，从美国东部到西部去建立农场并不容易。首先要有一笔费用，据美国经济史学家的研究，19世纪50年代在西部建立一个农场，花费估计要1000美元，多数移民都很难拿出这么大一笔费用，只能借债筹资。其次，要在西部建立一个家庭农场，必须有一定的农业技术和农业知识。所以移民去西部的主要是欧洲的农民，而不是工人，他们必须懂得如何经营农场，还要懂得生产出来的粮食、肉类、羊毛、乳制品等如何销售出去。[2]

---

[1] 丁见民、付成双、张聚国、陈志杰：《世界现代化历程·北美卷》，江苏人民出版社，2015，第88~90页。

[2] 厉以宁：《山景总须横侧看——厉以宁散文集》，商务印书馆，2014，第542~546页。

即便困难重重，为什么还有那么多人去西部呢？美国西部开发的重要经验可以归纳为以下两条。一是土地制度的创新，《宅地法》是美国西部开发中最具民主色彩的土地政策，它使大批百姓获得土地，大大促进西部的开发。此外，1849 年，在加利福尼亚发现了金矿。为了淘金，移民们也纷纷涌入加利福尼亚。二是工业化的推进和企业的新建。当得到持续开发后，西部慢慢开始了工业化和城市化建设，城市化是始终与工业化相伴而行的，有了企业和银行，有了工人和城市居民，地理位置适中的集镇很快就形成新的城市。于是，各行各业都需要人手，到了 19 世纪晚期，自由土地已被开发完了，但各行各业的发展仍在吸纳就业者，于是又吸引新的移民来到西部。[1]西进运动对美国经济有重大的影响，广大的西部土地并入美国，使美国成为幅员辽阔、自然资源丰富的国家，也使美国形成了广大的国内市场，奠定了美国在资本主义世界举足轻重的地位。

3.19 世纪后半期以后的美国现代化

从 19 世纪后半期开始，尤其是内战之后，美国经济进入了快速发展的新阶段。在第二次工业革命的推动下，美国的钢铁工业、能源工业、交通运输业、机器制造业快速发展，一些新兴的产业部门也发展了起来。1895 年，美国在工业总产值上超过英国，位居世界第一，成为世界工业的领头羊。这一过程中，美国企业规模也在快速扩大，效率不断提升，企业管理也发生了革命，泰勒制管理方式被广泛应用。与此同时，美国的工业也在不断西移，尤其是边疆的不断西进，西

---

[1]　厉以宁:《山景总须横侧看——厉以宁散文集》，商务印书馆，2014，第 547~551 页。

部、南部的制造业也开始兴起。直到 20 世纪 20 年代，美国经济都处于繁荣的时代，甚至被称为"咆哮的二十年代"。

1929 年 10 月，美国发生了令人恐慌的华尔街股市暴跌，标志着美国进入了大萧条，整整 10 年，美国失业率居高不下。1933 年 3 月，美国总统富兰克林·罗斯福上任后，采用了凯恩斯主义的新政策，国家全面干预金融财政、工业、农业、公共工程、社会保障等领域，经济开始稳步复苏。从二战结束到 20 世纪 70 年代初，是美国经济增长的又一黄金时期。20 世纪 70 年代，由于布雷顿森林协定的崩溃以及第一次石油危机的冲击，美国经济陷入了滞胀的困境。20 世纪 80 年代后，美国总统里根推行以增债减税经济政策为主的供给学派政策，并开始推行新自由主义经济思想，美国经济才走出困境。20 世纪 90 年代后，美国互联网行业极度繁荣，然而到了 2000 年，过度的炒作引发了严重的互联网泡沫，美国经济也遭受巨大冲击。2008 年，美国金融危机爆发，进而引发了全球性的经济危机，美国经济再度遭受重创。

第三节　其他国家的现代化

一　其他欧洲国家的现代化

1. 德国

从制度方面来看，德国是一个迟到的资本主义国家。在德国北部沿海地区和西南部沿莱茵河一带，中世纪的城市是很发达的，城市中手工业者和商人聚居，但之所以资本主义社会经济制度迟迟未能建立，主要原因是封建领主的势力依然十分强大，具体表现为四个方面。第一，德国从来没有一个强有力的王权，德国境内的诸侯割据状况长期存在，而诸侯互不服气，也从不相让。第二，从10世纪起，建立了神圣罗马帝国，版图很大，包括德国、捷克、意大利、尼德兰等地，但依然是封建诸侯的集合体，皇帝没有实权。第三，沿海的德国城市虽然贸易发达，并建立了相互合作关系，但相对于割据一方的诸侯而言，城市力量始终是薄弱的。而且封建诸侯看中了城市的财富，总是压制这些城市。第四，德国的乡村尤其是东部的乡村适宜于种植粮食，粮食当时销路很好，获利丰厚。因此封建诸侯和大庄园主都不愿意放弃传统的让农奴服劳役的做法，拒绝释放农奴。因此在英国纷纷让农奴成为货币地租缴纳者的年代里，德国依然实行劳役制。德国资本主义制度的确立与普鲁士王国的兴起和统一战争的胜利是分不开的。16世纪初，宗教改革运动以后，德国农民运动进入高潮，同宗教改革运动结合在一起，既反对贵族、领主的统治，又反对教会的腐败与专横，但最后归于失败。此后，诸侯的力量大大加强，而教会的势力却削弱了。1701年以后，普鲁士和奥地利成为德国2个实力最强的诸侯国。1834年，德意志境内形成了德意志关税同盟，普鲁士为盟主，包括18个邦。1850年，普鲁士建立了议会制。从这时起，普鲁士一方面着手发展经济，支持资产阶级和私营企业的发展，另一方面积极策划德国的统一。1866年，普鲁士对奥地利的战争爆发，用了不到两个月的时间击败了奥地利，建立了以普鲁士为中心的北德意志联邦。至此，德国统一任务已接近完成。1870年普法战争爆发，法国战败，南德的邦国于1870年年底宣布加入德意志联邦，成立德意志帝国。德国终于统一了，并确立了君主立宪制政体，德国的资本主义制度也随之确立下来。[1]

自19世纪后期，德国开始工业化的进程，边进行工业化边突破传统生产方式。事实上，在此之前，德国各个邦国之间已经建立了铁路网，铁路投资和铁路经营的效益在当时的德国是很高的，超过了采矿业、炼铁业、纺织业等行业，以至于有的经济学家把铁路视为德国工业化前期的主导部门。从1871年普法战争结束到1914年第一次世界大战爆发前，德国走上了工业化的快车道，尤其是钢铁工业、化学工业、机器制造业等部门的产量增长很快。但德国工业化的道路却是曲折的，作为第一次世界大战的战败国，德国丧失了战前领土的13%，人口的10%，可耕地的15%，铁矿储藏量的75%，生铁产量的44%，钢产量的38%，煤产量的26%。同时，德国还面临着巨额赔款和恶性通货膨胀。1929年10月至1932年，德国又遭遇空前严重的世界经济危机的打击。1933年，希特勒上台，开始了纳粹的长期统治，德国逐渐转入了战时经济的轨道，为准备发动和进行第二次世界大战动员了全部资源，实行统制经济。德国在第二次世界大战结束后被美、英、法、苏四国分别占领。后来，美、英、法三个占领区组成了德意志联邦共和国（简称联邦德国），苏联占领区形成了德意志民主共和国（简称民主德国）。在美国的大力支持下，通过一系列市场经济体制的改革和重建，联邦德国的经济很快恢复，到20世纪60年代又进入新

---

[1] 厉以宁:《欧洲经济史教程》，中国人民大学出版社，2015，第176~178页。

的增长阶段，并建立了市场经济体制。民主德国在这些年内经济虽然也有所恢复并得到发展，但建立的是苏联式的计划经济体制，经济发展速度不如联邦德国，经济增长质量和人民生活改善程度同联邦德国之间的差距也越来越大。这种情况持续到1990年10月民主德国与联邦德国完成和平统一为止。[1]

2. 俄罗斯

俄罗斯人的祖先为东斯拉夫人罗斯部族。在罗马帝国时期，斯拉夫人就已经在波罗的海南岸和东欧平原广大地区以游牧为生。罗马帝国后期，斯拉夫人形成东、西、南三支。东斯拉夫人，包括俄罗斯人、乌克兰人、白俄罗斯人等，主要居住于东欧平原一带。公元15世纪末，以莫斯科大公国为中心，俄国逐渐形成了统一的封建国家。19世纪前半期，俄国加强了专制统治，农奴苦不堪言，农奴制改革势在必行。1853年，俄土战争爆发，俄国战败。面临国内外的巨大压力，沙皇终于开始对农奴制进行改革，以使俄国走出困境，走上资本主义工业化的道路，使俄国实现强盛、富足。这次改革之后，虽然俄国走向资本主义的步伐加快了，但社会动荡有增无减。1894年，末代沙皇即位，一直统治到1917年年初。他在位的23年，虽说俄国资本主义有所发展，但却是资本主义缓慢发展的年代，更是俄国资本主义制度艰难确立的年代。出于国内外的巨大压力，沙皇政府于1905年6月宣布准备召开国家杜马会议，希望以此建立资本主义制度。然而，由于杜马会议不听从沙皇的意见，沙皇两次解散国家杜马。1917年俄历

---

[1] 厉以宁：《欧洲经济史教程》，中国人民大学出版社，2015，第187~188页。

2月，各政党的代表推翻了沙皇统治，建立了临时政府，俄国开始了共和制，这就是俄国资产阶级的二月革命。1917年俄历10月，列宁领导下的布尔什维克党发动武装起义，即十月革命，推翻了资产阶级临时政府，建立了社会主义国家，资产阶级政党被十月革命后建立的苏维埃政权宣布为反革命政党，俄国建立了社会主义制度。[1]

1917年的俄国，农业依然是国民经济的主要成分，农业体系和农业生产方式极端落后。取得政权的布尔什维克党满怀自信地在俄国建设社会主义，但遇到的是马克思主义与欧洲社会主义理论中从来没有分析过的另一种经济、政治与社会文化环境。于是他们立足俄国当时的国情，开展了苏联式的社会主义现代化道路建设。[2]苏联将国家现代化目标的实现纳入社会主义建设的范畴，即用社会主义生产方式来实现国家的现代化，又通过现代化提供建成社会主义社会所必需的物质基础。这一战略在人类历史上是没有先例的，没有可供借鉴的路径与经验。为了实现这一战略，苏联建立了世界上第一个计划经济体制，通过国家力量迅速实现了国家工业化，并由此创造了完全不同于西欧北美国家的现代化模式。[3]1929年4月召开的联共（布）第十六次代表大会和同年5月召开的苏维埃第五次代表大会批准了第一个五年计划。在一个接一个五年计划的指导下，苏联用短短20年的时间，

---

[1]　厉以宁:《欧洲经济史教程》，中国人民大学出版社，2015，第271~307页。

[2]　王云龙、刘长江等著《世界现代化历程：俄罗斯东欧卷》，江苏人民出版社，2015，第129~132页。

[3]　王云龙、刘长江等著《世界现代化历程：俄罗斯东欧卷》，江苏人民出版社，2015，第197页。

跑完了发达资本主义几个世纪的道路，比较成功地实现了社会主义工业化，被许多发展中国家视为通往工业化道路的灵丹妙药。但好景不长，苏联的经济增长速度降低了：20 世纪 60 年代经济平均年度增长率为 7%，70 年代为 5%，80 年代只有 2%，1990 年经济没有增长反而萎缩了。1991 年底苏联解体，俄罗斯取代了苏联，并通过"休克疗法"的激进式改革急切地建立市场经济体制，重返资本主义世界体系，结果却遭遇了经济危机，俄罗斯只有通过再次改革来应对。[1]

3. 瑞典

北欧国家瑞典从封建社会过渡到资本主义社会是渐进的、平和的、稳妥的。这是一种其他西欧大陆国家不曾发生的情况。16 世纪初，丹麦入侵瑞典，并占领了斯德哥尔摩。1523 年，瑞典的起义队伍收复斯德哥尔摩，并宣布瑞典独立。由于当时的天主教大主教曾经支持丹麦人入侵，因而丧失了民心，瑞典人纷纷改信新教，新教在瑞典传播很快。到了 17 世纪后期，瑞典王国的版图扩大到波罗的海东岸和南岸，成为当时欧洲的强国之一。从 18 世纪到 19 世纪初，瑞典与俄国、丹麦、波兰、法国等国家先后开战，瑞典败多胜少，于是瑞典最终宣布成为永久中立国。瑞典力求与英国和欧洲其他国家保持友好关系，一心想振兴经济。在英国的帮助下，瑞典经济发展较快，并从 19 世纪中期开始了工业化。瑞典的工业化和瑞典从封建社会向资本主义社会的转变是并行的，也是渐进的。由于瑞典在工业化过程中快速发展，经

---

[1]　王云龙、刘长江等著《世界现代化历程：俄罗斯东欧卷》，江苏人民出版社，2015，第 314~315 页。

济结构不断进行调整，经济多年以来一直保持增长的趋势，瑞典人民享受到生活水平日益提高的实惠，因此瑞典社会稳定。瑞典国王们为了避免僵化的封建制度影响经济发展，相继走上改革或改良的道路，建立了议会制，以保证瑞典的工业化能不断取得进展，瑞典社会能长期稳定，资本主义制度也就在这个过程中确立下来了，并且没有发生政治和社会大动荡。[1]

虽然瑞典工业化的开始时间较晚，但是瑞典的社会保障措施的推进速度却比较早。1914 年，瑞典就实施了关于退休金的法律。这时西欧其他国家的社会保障主要限定为产业工厂或中低收入雇员，而瑞典则把社会保障扩大到全国的老年人，老年人退休金计划覆盖全国。20世纪 30 年代，瑞典在福利国家方面再次先行一步。1929~1933 年经济危机爆发后，瑞典经济与西欧其他国家的经济一样，也受到巨大影响：企业倒闭，市场萧条，失业人数增长。瑞典经济学家根据本国的情况，提出了解决失业问题的对策主要应增加政府的社会福利支出，减少低收入家庭的后顾之忧，从而增加社会购买力，缓解失业问题。这得到了当时执政党社会民主党的支持。其中，最重要的社会福利支出之一是政府通过给予低收入家庭住房补贴的方式，让他们能住进廉租房。政府还特许对有 3 个或 3 个以上孩子的贫困家庭减少房租。这一措施的积极作用得到普遍肯定。[2] 但是也有不好的方面，比如来自其他国家的移民由于羡慕瑞典高福利政策的实惠，千方百计地企图取得

---

[1]　厉以宁:《欧洲经济史教程》，中国人民大学出版社，2015，第 189~191 页。

[2]　厉以宁:《欧洲经济史教程》，中国人民大学出版社，2015，第 248~248 页。

瑞典国籍，以便一劳永逸地享受福利国家的待遇。到20世纪80年代，瑞典的财政负担越来越重，经济效率也有下降的趋势，这也就是所谓的"瑞典病"。[1]

二　亚洲、大洋洲、非洲、拉美国家的现代化

1. 东亚与东南亚

近200年来，东亚一直致力于现代化，从学西欧、学德国，到学苏联、学美国，从部分的西方化到全盘西化，又从全盘西化回归民族化，经历了曲折但卓有成效的探索。从历史上来看，东亚地区历史悠久，曾经长期领先前现代世界，也是典型的农业社会，社会政治组织的构造是由家而国，有深厚的文化传统，东亚朝贡贸易网曾经涵盖了广袤的东亚大陆和海上区域。

日本从1192年起，到明治维新时期，将近700年的时间被称作幕府时代，各地的诸侯拥有封建领地，领地称作藩，也被称为幕藩体制，与西欧中世纪的封建制相似。明治维新之后，幕府的腐朽统治被推翻，在"富国强兵、殖产兴业、文明开化"的政策推动下，日本加速走上资本主义道路，摆脱了沦为殖民地的危机，成为当时亚洲唯一能保持民族独立的国家，但同时伴有浓厚的封建性与侵略扩张性，随后日本变为军国主义开始对外扩张，但在二战时期遭遇惨败。

除了日本之外，东亚其他国家以及东南亚国家大部分是"外发"

---

[1] 厉以宁:《欧洲经济史教程》，中国人民大学出版社，2015，第255页。

后起型现代化，19世纪中期至20世纪初的东亚和东南亚，在殖民主义、帝国主义入侵下，陷入长期战争，大部分地区沦为西方殖民地、半殖民地。第二次世界大战的结束是世界现代史的分水岭，也是东亚和东南亚现代化进程的转折点。日本的重新崛起、"四小龙"的成功、东盟的迅速发展，尤其是中国的快速崛起，标志着东亚和东南亚进入了现代化的快速发展阶段。东亚、东南亚国家的现代化进程有一些相似的特点，也被许多学者称为"东亚模式"，主要表现为：一是有国家强干预等共性特征；二是对市场与政府这一隐一显"两只手"的综合运用；三是传统文化的促进作用。战后的日本从"富国轻兵"的经济立国路线、日美基轴主义和经济中心主义开始，逐步由统制经济向市场经济体制转换，走上经济大国之路。战后的韩国从发展战略重工业开始，逐步"改善国际收支""谋求收入和区域平衡发展""增进国民福利"，经济快速发展，并创造了令世人惊讶的"汉江奇迹"。新加坡政府被认为创造了"世界排名第二的自由市场经济"，但也认为直接关乎民生的衣、食、住、行问题不可过于依赖市场化，因此对住房市场深度干预，其居民的九成住在政府资助的"组屋"内。中国在1978年进行改革开放，强调政府与市场都是手段，创造了中国特色社会主义市场经济体制。越南经济体制改革也经历了产品经济发展路径的推行与调整、商品经济发展路径的定位、市场经济发展路径的确立三个阶段，最终确立建设"社会主义方向市场经济"体制，被称为革新开放。与此同时，东亚和东南亚各国之间的区域合作也越来越紧密，建立了区域联盟或自贸区，等等，有力推动了东亚和东南亚地区的现代化进程。[1]

2. 南亚

和其他地区的发展中国家一样，南亚国家从第二次世界大战之后正式走上现代化道路，并分别取得了一定的成就。南亚的国家不论是在政治、经济，还是在文化、社会方面，差异性都比较大。印度是南亚的重要大国，也是一个人口众多、地域广阔、历史悠久的发展中大国。政治方面，印度历史上长期实行帝王统治模式，直到英国殖民者入侵，传统政治制度土崩瓦解。独立后，印度国家结构形式是联邦制，政治制度是议会民主制，实现了现代化。经济方面，二战以后，印度形成了一个非均衡的发展模式，即第三产业特别发达，而制造业相对落后。20 世纪 90 年代以前，印度实行混合式经济模式，以计划经济为主导，虽然实现了一定的增长，但总的来说发展比较缓慢，而且积累了很多弊病，最终导致印度经济在 1990 年前后出现危机，并直接催生了印度的改革开放政策。自从实行改革开放政策之后，印度经济总体上表现优异，取得了很大成就，成为经济上引人注目的国家。印度的现代化还受到传统因素的影响，有一些不合理的社会分层结构，位于最上层的是数量极少、拥有巨额财富的大资产阶级，处于中间阶层的是数量模糊、标准不一、正在崛起的中产阶级，处于最下层的是数量庞大、仍在贫困线上挣扎的底层贫民，造成这种结构的原因比较复杂，既有传统的种姓制度的影响，也有经济政策、土地制度、教育政策的影响，需要进一步改革。巴基斯坦在 18 世纪中叶成

---

[1] 董正华主编《世界现代化历程：东亚卷》，江苏人民出版社，2015，第 1~11 页。

为英国殖民地，1947 年 8 月独立。独立后的巴基斯坦也实行了民主政治，但运行得极不顺利，军人频频发动政变推翻民主政府，形成了民主政治和军人政治交替轮回的独特现象。经济上，独立以来的巴基斯坦形成了一个违背"常理"的"规律"：民主政治并未给巴基斯坦带来经济上的增长，军人政治反而成为巴基斯坦经济复兴的希望，迄今为止巴基斯坦有限的几次经济腾飞都发生在军人政治时期。文化上，巴基斯坦是典型的伊斯兰国家，伊斯兰教文化有着不容置疑、无可替代的地位和作用，巴基斯坦虽然名义上并非政教合一的国家，但宗教文化对国家现代化产生了重大影响。斯里兰卡在 18 世纪末成为英国殖民地，1948 年 2 月获得国家独立，正式开始现代化进程。政治方面，1956 年之后斯里兰卡开始探索符合本国特色的政治制度，佛教开始介入政治，内阁制也改为总统制。经济方面，1956 年之后，斯里兰卡接受了当时在世界范围广泛传播的社会主义学说的某些原则，并同佛教思想相结合，形成了佛教社会主义思想，由此改变了之前实行的自由放任经济政策，强调政府控制，强调自力更生，强调社会平等，并为此采取了一系列政策措施。这种情况一直持续到 1977 年，之后开始市场化改革，并一直持续至今，不过民族问题一直是影响斯里兰卡现代化进程的最大障碍。[1] 南亚国家现代化路径的差异，说明没有一种现代化模式是普遍适用的，现代化模式必然是多种多样的。

3. 西亚

从地理概念上看，西亚一带往往和北非以及与亚非相邻的欧洲地

---

[1] 陈峰君主编《世界现代化历程：南亚卷》，江苏人民出版社，2015，第 4~16 页。

区一起被称为"中东"地区。这些国家在民族、宗教、文化、语言和社会生活等方面渊源颇深。中东是人类多种文明的发祥地，并在世界古代史上占有极其重要的地位。古埃及、两河流域和古波斯文明是古代中东诸文明的集中体现。自公元前 4 世纪起，中东相继处于希腊和罗马人的统治之下，也导致了中东古代文明的终结。但是，在拜占庭罗马人称雄中东的时期，遭到了波斯人的抗衡，结果两败俱伤，这为阿拉伯人在阿拉伯半岛的崛起提供了时机。公元 7 世纪初，穆罕默德创立伊斯兰教，他通过武力征服和伊斯兰教的传播，将阿拉伯半岛各个互不辖属的部落统一在伊斯兰教的旗帜下，随后阿拉伯帝国建立，并达到巅峰，称霸中东。阿拉伯伊斯兰文明也使东西方文化相互融汇，为世界科学的建立和文明发展做出了重要贡献。9 世纪中叶后，阿拉伯帝国开始走下坡路，并于 1258 年在蒙古西征中覆灭。后来，突厥人崛起，并在中东建立了庞大的封建军事帝国——奥斯曼帝国，拥有以前拜占庭和阿拉伯帝国的大部分领土，成为地跨欧、亚、非三大洲的强盛帝国，阿拉伯人、突厥人、波斯人、库尔德人和犹太人等众多民族聚居的国家，宗教方面仍将伊斯兰教作为国教。16 世纪末，奥斯曼帝国走向衰败。西方国家爆发了新兴的资产阶级革命后，不断入侵奥斯曼帝国。自 19 世纪下半叶起，奥斯曼帝国统治下的中东国家不断被肢解和瓜分，相继沦为西方列强的殖民地或"被保护国"。第一次世界大战后，一些中东国家经历了由殖民地、半殖民地向民族独立国家，或由传统的封建专制向资产阶级民主制国家的历史性演变。第二次世界大战后，在中东地区蓬勃兴起的民族民主运动的推动下，又有许多中东国家通过不懈的抗争，分别建立了共和制和君主制国家。

经过两次世界大战，中东地区形成了君主制和共和制两大政治体制并存的基本格局，其中海湾地区构成当今世界君主国最集中的地区，中东的共和制国家除伊朗外，基本上都实行政教分离制。除黎巴嫩和以色列外，中东国家都是伊斯兰国家。中东国家自然资源丰富，尤其是海湾的君主国拥有丰富的石油资源。二战之后到 70 年代末，中东国家开启了现代化建设的高潮，一些国家提出了"阿拉伯社会主义"理论，这是一种思想成分复杂的特殊的社会主义理论，还有一些国家选择了全盘效仿西方资本主义的发展道路，并随着情况的变化不断调整。但总体而言，除了以色列的现代化较为成功外，中东国家的经济和政治结构依然在缓慢的变革之中，尚未真正完成由传统社会向现代社会的转型。[1]

4.大洋洲

大洋洲由 1 万多个大大小小的岛屿组成。最大的岛屿是澳大利亚，这是世界上唯一独占一块大陆的国家，有"一洲一国"之称，也是世界上能源资源最丰富的国家之一。大洋洲在欧洲航海发现之后成为英国的殖民地，大洋洲国家或自然、或被迫从原始社会一步跨入近代资本主义社会。第二次世界大战结束后，大洋洲国家纷纷独立，并开始了刻不容缓的现代化建设。在制度现代化方面，大洋洲的现代化对英国等其他国家的制度进行了延伸、继承、完善与创新。以澳大利亚和新西兰为例，他们有诸多"敢为天下先"的创举，如选举制度、妇女权益制度、国家干预制度等，而这些创举大都与社会发展的稳定与和

---

[1] 王铁铮主编《世界现代化历程：中东卷》，江苏人民出版社，2015，第 1~37 页。

谐有着直接或间接的关系。主要原因在于澳大利亚和新西兰各种社会关系相对简单，社会冲突易于化解，因此在社会状态总体和谐下开展现代化建设是其特点之一。在经济现代化方面，澳大利亚和新西兰的现代化启动往往仅后于同时代的欧美国家一步，发展水平不仅毫不落后于欧美国家，甚至还在一些方面"青出于蓝而胜于蓝"。不过，其他大洋洲国家经过几十年的现代化实践，经济结构还比较单一，经济发展水平仍然不高，有的甚至还是世界上最贫困的国家之一。另外，现代化过程中带来的环境污染与恶化，尤其是大气污染所导致的温室效应，也使得大洋洲国家面临严峻的挑战。[1]

5. 非洲

非洲是人类发源地之一，也是世界上最古老的文明之一。在被殖民时期，非洲面临着欧洲列强瓜分的危机，埃及、摩洛哥、突尼斯、埃塞俄比亚、马达加斯加等一些非洲国家的政治家认识到改革的迫切性和重要性，开始了早期现代化的尝试。他们以一种开放的心态积极向欧洲学习，并在农业、军事、基础设施等方面开展建设。然而，这些现代化最终走向失败，主要原因是欧洲国家对非洲的资源掠夺和奴隶贩卖，使得非洲成为欧洲资本主义原始积累的受害者。二战之后，非洲国家大部分走向独立，开始了新的现代化发展道路。不过现代化建设效果却并不相同，有的已经开始"起飞"（如毛里求斯、加纳、安哥拉等），有的仍在内战中苦苦挣扎［如刚果（金）、索马里等］。

---

[1] 王宇博、汪诗明、朱建君：《世界现代化历程：大洋洲卷》，江苏人民出版社，2015，第1~31页。

有的国家已经比较富裕，有的则相当贫穷，尤其是世界上极端贫困的国家，大部分都在撒哈拉以南非洲。即使在同一个国家，贫富悬殊也非常大，比如南非既具备世界一流的交通和通信设施，也有无正常道路、供水系统和公共厕所的贫民窟。在现代化模式方面，有的国家通过发展农业及相关加工工业，促进出口贸易发展，使经济得到较为快速的发展（如科特迪瓦、喀麦隆、肯尼亚等）；有的国家靠着丰富的石油或其他矿产资源取得经济高速增长，但人民却并未能普遍享受到国家发展的成果（如尼日利亚、加蓬等）；还有的国家开创了适合自己的政治制度，将传统与现代的政治制度有机地融为一体，使经济得以较为稳定地发展（如博茨瓦纳）。[1]

6. 拉美

拉丁美洲被称为现代化的"实验室"。历史上，拉丁美洲曾被葡萄牙和西班牙等国家殖民，但在第三世界中，拉美国家是最早获得独立的国家，也是最早开始探索现代化道路的国家。总的来看，虽然由于文化和历史背景的差异，拉美地区 30 多个国家的现代化道路多种多样，但拉美现代化进程也有着共同的特征，被学者们总结为"拉美模式"。从 19 世纪 70 年代开始，拉美国家地区先后实施了古典自由主义、发展主义和新自由主义三种现代化战略，并先后经历了 19 世纪后期考迪罗主义和寡头威权主义下的初级产品出口阶段，20 世纪 30 年代开始的民众威权主义下进口替代的工业化简易阶段，20 世纪 60 年代官僚威权主义下进口替代的工业化高级阶段，20 世纪 80 年代后

---

[1] 李安山主编《世界现代化历程：非洲卷》，江苏人民出版社，2015，第 5~37 页。

期开始的民主化进程和新的外向型出口模式形成阶段。拉美国家现代化有五个特点。一是现代化启动的动力来自外部的挑战，是外源型的；二是经济运行方式主要属于市场经济与政府干预相结合的混合经济；三是政治运行机制既有议会民主制的文人政权，也有威权主义的军人政权，经常是二者交替出现，政治动荡多于政治稳定；四是社会分化程度比较高，两极分化严重，社会整合程度比较低，在不少国家，印第安人和黑人被边缘化，成为最大的贫困团体，城市化的速度超前于工业化发展水平，经济发展不足以支持庞大的城市人口，造成"过度城市化"；五是文化主体属于天主教文化。[1]

20 世纪拉美的现代化有成有失。在成就方面，拉美地区的总人口从 1900 年的 7000 万增长 2000 年的 5 亿以上，同期，全地区工业产值占国内生产总值的比重由不足 10% 提高到 25%，人均收入增长了 4 倍多，城市化水平由 25% 提高到近 70%，人均预期寿命由 40 岁提高到 70 岁，成人识字率由 35% 提高到了 85%。经济结构、经济组织和体制、基础设施等方面都发生了重大变革。在不足方面，1900 年拉美大国的人均收入约是美国的 14%，2000 年降为 13%，拉美地区在世界贸易中的参与比重也由 7% 下降到 3%，收入分配状况在恶化，到 2000 年，40% 的拉美家庭仍处于贫困之中。此外，拉美还长期处于"中心—边缘"体系的"边缘"地位：19 世纪是发达资本主义国家的原料产地和工业品销售市场；20 世纪进口替代工业化期间，用初级产品出口换来的外汇进口发达国家的资本品、中间产品和原材料，由

---

[1] 韩琦主编《世界现代化历程：拉美卷》，江苏人民出版社，2015，第 1~4 页。

此出现了国际收支逆差和债务危机；20 世纪 80 年代之后，拉美新的出口导向模式仍然是为了适应资本主义全球化的需要。因此，长期受"中心"国家剥削控制的拉美国家，难以摆脱国家的依附地位，变革、改革和发展是 20 世纪拉丁美洲现代化历史的主旋律。拉美国家现代化的成与失也能为其他发展中国家的现代化提供镜鉴。[1]

---

[1] 韩琦主编《世界现代化历程：拉美卷》，江苏人民出版社，2015，第 5~7 页。

第五章　世界现代化成与失的经济学分析

　　世界现代化的恢宏历程中有成有失，有喜有叹，要深入理解世界现代化的规律，可以运用比较经济学的研究方法对世界上成功与失败的现代化国家进行对比分析。广义地来看，世界的现代化可以归纳为经济现代化与制度现代化两个维度，这也对应着马克思主义"生产力与生产关系""经济基础与上层建筑"的分析框架。经济现代化要立足各国资源禀赋，以工业化为动力，以人的福利为目标，其核心在于不断调整生产关系以促进生产力的发展。制度现代化没有千篇一律的模板，要适应各国国情，同时要注意将刚性制度调整为弹性制度，这样就可以使得上层建筑更适应经济基础的需要。

第一节　比较经济史与现代化

一　比较经济学的研究方法

1. 比较经济学

什么是比较经济学？简而言之，比较经济学以不同的经济制度、不同的经济发展道路、不同的经济管理和决策方式作为研究对象，通过比较分析、衡量优劣、判明利弊、总结经验和教训，进而作为一国经济发展、经济体制改革、经济结构调整以及制定有关经济政策的依据。比较经济学的着重点在理论经济学方面，同时也涉及应用经济学方面的问题。虽然比较经济学是 20 世纪 30 年代以后发展起来的一个独立分支学科，但从经济学说史上来看，早在重商主义时期，经济学家们就采用这种方法来考察各国的货币流通量与物价波动的关系，考察西欧一些国家经济兴衰的过程。英国古典经济学的先驱威廉·配第把比较研究的对象从流通领域延伸到生产领域，得出了不同的劳动生产率是财富增长速度不同的主要原因。法国重农学派的魁奈和杜尔哥，古典经济学派的亚当·斯密、大卫·李嘉图，都曾利用比较研究的成果来论证自己的经济学说和政策主张。德国历史学派的经济学家也通过把德国同英国进行比较之后，提出一条可以使德国发展资本主义而又不同于英国的道路。[1]

---

[1]　厉以宁：《经济与改革：西方经济学说读书笔记》，中国大百科全书出版社，2019，第 202~203 页。

马克思主义政治经济学历来重视比较研究方法。马克思的《资本论》是以英国作为典型来进行研究的，但马克思认为，问题不在于资本主义生产发展规律所引起的社会对抗的发展程度的高低，问题在于这些规律本身，在于这些规律的作用所显示的历史趋势。因此，马克思在分析资本原始积累、商人资本的历史、生息资本的作用、地租的演变、工资的国民差异以及大工业所造成的后果等问题时，都采用了比较研究方法，以说明资本主义经济运动的规律。另外，恩格斯对家庭、私有制和国家起源的分析，对于近代民族国家形成过程的分析，以及对于资本主义各国工人运动开展的不平衡性的分析，等等，也是建立在广泛的比较研究的基础之上的。列宁也采用比较研究方法研究农业中资本主义发展的不同道路，分析各个帝国主义国家的经济特点，阐述资本主义政治经济发展不平衡规律在帝国主义阶段的表现，等等。可见，以马克思主义作为理论指导的、科学的比较研究方法，是马克思主义经典作家用来分析社会经济现象的一种重要的方法。[1]

比较经济学的正式出现与 20 世纪 30 年代资本主义世界经济危机的爆发和苏联第一个五年计划的胜利实施关系密切。一方面，20 世纪 30 年代空前严重的大危机，在西方经济学界引起了巨大的震动，它使新古典经济学理论破产了。资产阶级经济学中的经济自由主义思潮与国家干预主义思潮在经过长期的激烈争论之后，国家干预主义思潮终于占据了上风。美国、瑞典、英国、法国、德国、意大利相继采取了资产阶级政府对经济的调节或统制措施。这些措施不仅有不同的资

---

[1] 厉以宁：《关于经济问题的通信》，上海人民出版社，1984，第 183~184 页。

产阶级经济学说作为理论依据，而且在不同的资本主义国家表现为不同的干预形式，遭遇到不同的困难，取得的效果也很不一样。这些都需要从经济理论上加以系统地归纳和说明。传统的经济比较研究方法显得不够用了，这时西方经济学界认为，既需要在比较研究方法方面有所突破，更需要把比较研究作为一门独立的学科，使之在理论上能系统化和条理化。于是比较经济学便应运而生。另一方面，苏联第一个五年计划的胜利实施，向西方经济学界清楚地表明，社会主义经济制度和社会主义计划经济，不仅是切实可行的，并且这种优越性已经被实践所证明。事实已经给20世纪20年代西方经济学界进行的"计划经济"与"自由市场经济"之争做出了结论，从而使得认同社会主义经济制度和社会主义计划经济的经济学家逐渐增多。与此同时，苏联第一个五年计划实施过程中也暴露出一些问题，主要是资源配置不当、浪费和效率损失方面的问题。一些西方经济学家提出，假定在社会主义经济制度的基础上，不是采取过度集中的"中央计划经济"，而是采取适当程度的"自由市场经济"，会不会解决资源配置不当和浪费问题，促进经济效益增长呢？于是所谓"市场社会主义"理论进一步受到了重视，对几种不同的经济模式的研究也引起了西方经济学家的兴趣。这也是比较经济学作为经济学的一门独立的学科形成和发展的重要基础。第二次世界大战结束以后，比较经济学有较大的发展。这时世界上一些新的社会主义国家的出现、帝国主义殖民体系的解体和民族独立国家的产生，为比较经济制度和比较经济增长的研究提供了更为广阔的空间。20世纪50年代和60年代内，除了继续对不同经济模式和不同经济干预方式进行比较研究外，西方经济学家们还对历史上各国经济发展过程进行广泛的比较，他们认为发展中国家的现状就是发达资本主义国家的"历史的一部分"，试图找出一些发达国家的历史过程中带有规律性的内容，以便指导发展中国家的经济发展。这样，比较经济学研究就不仅仅是同时代各国的"横向"的研究，而且也包括了不同类型经济的跨时代"纵向"与"横向"相结合的研究。20世纪60年代后，西方经济学家对不同经济模式、不同经济干预方式、不同经济发展道路的对比研究更加深入，此外，他们还加强了对不同经济增长率、不同通货膨胀率、不同福利水平等方面的研究，形成了许多标志性的成果，也形成了国别横向比较研究方法与历史纵向比较研究方法两种成熟的科学方法。[1]

2. 现代化的比较经济学分析

第二次世界大战结束以后，有关现代化问题的研究日益成为国际学术界关注的重大课题，这为比较经济学提供了更广阔的发展空间，进而出现了比较经济史的分支学科。比较经济史学既是经济史学的一个分支，也是比较经济学的一个分支。世界各国现代化历程的比较分析是比较经济史学的主要研究话题，这主要有以下两个原因。首先，现代化是一个历史发展的过程，以经济发展的过程作为其主要内容。对现代化的研究就意味着对实现现代化的各个国家现代化以来（多则近二三百年，少则几十年）的经济发展进行历史的比较研究，以帮助目前正在进行现代化的国家吸取经验和教训，比较经济史学研究方法提供了重要的

---

[1]　厉以宁：《经济与改革：西方经济学说读书笔记》，中国大百科全书出版社，2019，第203~209页。

帮助。其次，现代化过程是一个持续的过程，因此对现代化过程进行分阶段的研究也是必要的，这就需要对不同历史阶段的经济进行比较，比如对不同阶段统计资料的比较研究，对每个不同时期的经济发展政策和现代化程度比较研究等，比较经济史学研究方法也提供了重要的帮助。[1]在研究现代化的过程中，比较经济史学通常有两类典型的研究方法：一是历史计量学的分析方法，比如对经济现代化的相关指标进行对比分析，对影响经济现代化的因素进行因果分析等；二是制度分析方法，比如对制度现代化的起源、过程、发展演变或调整变革进行分析，等等。这两种研究方法被广泛认可和运用，因此，比较经济史研究也被认为是研究现代化时的一项不可替代的基础性研究。

这里需要注意区分比较经济史学和发展经济学在研究现代化方面的区别。发展经济学侧重于从生产要素配置与流动、储蓄与消费之间的关系、市场机制与政府职能的作用、部门结构与地区经济结构、经济发展与技术创新、发展过程中的内外均衡等方面来研究经济发展的模式与政策。发展经济学虽然也把现代化问题同制度、文化等因素的作用结合在一起，但它的重点是放在当前，而不是放在历史的总结上。而比较经济史学在研究现代化问题时，更多地从经济史方面，也就是从人类社会经济的历史和阶段性过程的比较方面来研究这一问题，而且通常还会探讨一些更为广泛、更为深刻的问题，比如文化、宗教、伦理对制度现代化和经济现代化的不同影响等。[2]当然也有把

---

[1] 厉以宁：《厉以宁经济史论文选》，商务印书馆，2015，第 312~314 页。

[2] 厉以宁：《厉以宁经济史论文选》，商务印书馆，2015，第 560~561 页。

比较经济史学和发展经济学方法融合在一起的。最有影响力的是世界银行于 2006 年成立的增长与发展委员会,他们研究了 1950 年以来在 25 年或更长时间内年均经济增长率达到或超过 7% 的经济体,全球共有 13 个,主要研究它们的增长原因、结果和内部动态变化。这 13 个经济体分布在亚洲、非洲、拉丁美洲、中东、欧洲,有的经济体自然资源丰富(如博茨瓦纳、巴西、印度尼西亚、马来西亚、阿曼和泰国),而有的经济体则资源匮乏,有的经济体人口在 10 亿人以上(中国内地),而有的经济体人口不足 50 万人(马耳他),其中有 6 个经济体(中国香港、日本、韩国、马耳他、新加坡和中国台湾)持续增长并进入高收入行列,但也有经济体在追赶领跑者的道路上部分甚至完全丧失了增长动力,比如巴西。他们归纳了 13 个经济体的五个共同因素,一是充分利用了国际经济;二是保持宏观经济的稳定;三是积聚了很高的储蓄率和投资率;四是允许由市场来配置资源;五是拥有敢作敢为、值得信赖和精明强干的政府。世界银行增长与发展委员会的这一研究就综合运用了比较经济史和发展经济学的方法。接下来,我们简要介绍一下运用比较经济史方法研究经济现代化和制度现代化的相关成果。

二 比较经济史视角下的现代化

1. 经济现代化的比较分析

经济现代化的核心内容是工业化。对各国工业化过程的比较研究,是比较经济史研究的重要话题,也取得了重要的成果。一个影响较大的理论是第二次世界大战后流行的起飞理论。起飞理论是美国经济学家罗斯托提出的。罗斯托把人类社会分成不同的成长阶段，他认为各国经济现代化过程中都有一个起飞阶段，也就是工业化的开始。他认为，起飞时必须有很大的动力，起飞后，经济就可以顺利发展了。怎样才能起飞呢？罗斯托根据对各个国家的分析认为，起飞时，第一个共同的特点是依靠技术创新。靠技术创新，才能打破经济的停滞状态。没有创新，经济是不能起飞的。创新是指在经济中引进一种新的技术，包括从国外引进，也包括在国内引进。国内引进是指把科研部门的发明成果引进到经济之中，使之在经济中发挥作用，从而降低成本，增加产量，开辟市场，带来积累，这样经济才能动起来。所以实现起飞的关键在于技术创新，在于引进新技术于经济之中。第二个共同的特点是需要经济的主导部门，也就是能够带动整个经济的发展并对经济发展起很大作用的产业部门。这个主导部门可以带动其他产业经济发展，也可以带来所在地区的经济发展，还可以带来一些新兴的产业机会。但是各国的主导部门也不是一成不变的，它根据不同情况会变换。第三个共同的特点是要参与国际分工。现代世界上没有一个工业国是封闭型的经济，没有一个国家是在封闭型的经济条件下实现现代化的。一个国家不可能任何技术都有，它需要从国外引进技术，这样才能促使经济起飞。当然在分工时要防止参加国际分工导致本国的经济畸形发展、单一化，甚至依附于其他国家。因此也需要采取一些经济政策来保护本国经济，抵消国际分工的有害影响。[1]

---

[1] 厉以宁：《经济与改革：西方经济学说读书笔记》，中国大百科全书出版社，2019，第210~215页。

　　但不同国家的起飞也有不同的特点。从比较经济史的分析来看，不同国家的起飞特点取决于四个因素。第一是制度因素。在什么样的所有制条件下，起飞就具有什么样的特点。在社会主义公有制的基础上，起飞主要靠国家投资来实现。在资本主义私有制基础上也有两种情况，有一些国家的起飞完全依靠私人投资，也有一些国家在很大程度上要依靠国家投资。第二是资源因素。各国的资源条件不一样，有些国家由于某种矿产比较丰富，它的起飞就依靠这个门类给整个经济带来动力，典型的例子是一些产油国。第三是历史因素。有的国家较早发展某种工业，这一历史因素对它比较有利，它可以开辟很大的市场。还有些国家在竞争愈来愈激烈的情况下发展某种工业，这固然对它不利，但它在技术发展中也可能后来居上，它可以采用新的技术，不必走老路，这对它又是有利的。第四是文化因素。各国的文化传统不同，各国已经形成的风俗习惯和道德观念不一样，这也使各国的起飞各有特点。东方国家受东方文化的影响，这和西方的情况就不同。这对于比较研究各国的工业化、现代化也是很重要的。[1]

　　还有一类经济方面的比较经济史研究，是对各国现代化过程中经济发展战略的比较研究。经济发展战略是指一国在一定的经济理论指导下，为了实现自己的发展目标而采取的系统性措施。世界上各个发达国家在历史上都曾经处在不发达阶段，它们都经历过从不发达阶段到发达阶段的过渡，各个发展中国家或迟或早也会摆脱不发达状态，

---

[1]　厉以宁：《经济与改革：西方经济学说读书笔记》，中国大百科全书出版社，2019，第212页。

但由于各个国家本身的情况不一样，所处的客观条件不一样，所以可能存在着不同的经济发展战略。从经济现代化的比较来看，世界并非只有一种经济发展战略，也没有某一种经济发展战略对所有国家都是适用的，但可以通过国际比较，总结各国经济发展战略的经验和教训，然后根据本国的情况来确定最适合自己的经济发展战略。比如开放经济有两种战略，即基本外向型经济和基本内向型经济。基本外向型的国家或地区主要是面向世界市场生产的，在这种基本外向型开放经济中，一个国家或地区可以更好地利用本国或本地区的经济优势，建立以国外市场为主的产业部门。即使本国或本地区缺少原料或劳动力，也没有关系，可以进口，然后利用本国条件进行加工，但产品主要是销往国外的。基本内向型经济主要面向国内市场，为了适应国内市场的需要，它建立以内销为主的产业部门。为了保护国内市场，需要防止来自国外的同类产品的竞争，也就是说，需要采取保护关税、进口限制等政策。这两种经济发展战略各有优缺点，各有各的适用范围，一是要看各国国内市场容量的大小，二是要看各国资源的自给程度，因此需要根据各国条件的不同而选择和应用。[1]

2. 制度现代化的比较分析

从世界史来看，一个国家从封建社会转变为资本主义社会被视为制度现代化的开端。各个国家如何进入资本主义社会的比较研究，也是比较经济史研究的热门话题。从进入资本主义社会的类别比较来看，一类是原生型的资本主义，另一类是非原生型的资本主义。西欧

---

[1] 厉以宁：《关于经济问题的通信》，上海人民出版社，1984，第 184~186 页。

的资本主义属于原生型的资本主义。虽然原生型资本主义在荷兰、英国、法国、意大利、德国、西班牙的产生和发展途径不同，但基本都是来源于封建社会内部矛盾激化，资产阶级力量的兴起，进而产生了暴力革命或者非暴力的改革。除了原生型的资本主义外，在亚洲、拉丁美洲等国家产生的资本主义属于非原生型的资本主义，虽然各个国家资本主义发展的历程也不同，但大都是受到外来殖民势力的征服和占领，之后在殖民者的要求下走向资本主义发展道路。[1]

　　一个国家从封建社会或资本主义社会转变为社会主义社会，更被视为制度现代化的重要进步。但社会主义经济制度模式也是多样的，关于社会主义经济制度模式的比较研究也是比较经济史研究的重要主题。20世纪80年代之前，世界上有三种实际运行的社会主义经济模式：苏联模式、南斯拉夫模式、匈牙利模式，还有三种纯理论模式：兰格模式、布鲁斯模式、奥塔·锡克模式。

　　苏联的经济模式被称为中央集权模式，基本特征如下：全部经济决策集中在一个层次，即最高层次；垂直领导，以纵向联系为主，企业间横向联系是不重要的；计划有法令性质，完成计划的情况是对各级政府和企业的评价标准；重财政，轻金融，银行作用很小，预算拨款是决定性的；突出实物平衡（苏联大部分物资由国家统一调拨，自由采购的物资很少）；非灵活的工资和物价体系。这种模式，在理论上并未规定究竟是以条条为主，还是以块块为主，但实际上往往是以条条为主。这主要是因为，要有效地控制宏观经济，以条条为主似乎

[1]　厉以宁：《资本主义的起源——比较经济史研究》，商务印书馆，2015，第3~6页。

更为有利。这种模式的好处：一是能在较短时间内按中央决策机构的意图达到一定目标；二是宏观控制较严，可以避免生产上的大起大落的情况；三是在严格宏观控制的条件下，可以使物价基本稳定。这种模式的弊病：一是企业缺乏积极性，生产效率较低；二是往往只重视新建企业，忽视老企业的革新，企业自身实现的技术改造很少；三是消费增长慢于生产增长；四是一旦发生比例失调，短期内很难纠正；五是一旦中央决策失误，经济中缺乏内在的制约力量，将给经济造成难以挽回的损失。[1]

南斯拉夫的分散型模式的基本特征是：生产资料社会所有；实行企业自治，企业享有独立的自主权，重大问题由工人委员会决定；企业收入除上缴税款外，由企业独立分配，自负盈亏，企业自己筹集扩大再生产资金；企业之间互相提供产品，不经国家调拨，价格由供求决定；国家用法律保证经济秩序，力求通过经济政策使企业按国家的要求进行生产；在各级政府机构中，地方的经济权力大，中央的经济权力小。这种模式的好处是企业有灵活性，能充分发挥积极性。它的弊病：一是消费是同步型的（消费增长和生产增长同步），积累率低；二是价格由供求决定，难以稳定；三是企业间存在激烈竞争，扩大再生产由企业自身决定，使就业问题难以解决；四是国民经济不但可能出现结构性失衡，而且有可能出现周期性失衡。[2]

---

[1] 厉以宁：《经济与改革：西方经济学说读书笔记》，中国大百科全书出版社，2019，第232~233页。

[2] 厉以宁，《经济与改革：西方经济学说读书笔记》，中国大百科全书出版社，2019，第233~234页。

匈牙利的集权与分散结合型模式的基本特征是：中央决策机构主要解决有重大战略意义的问题，不直接给企业下指令性计划，企业根据市场情况制订自己的计划，国家起协调作用；国家运用物价、税收、信贷、工资等经济手段使企业的生产符合国家计划要求；实行三种价格，即国家计划价格、浮动价格和自由价格；在一定限度内扩大企业自主权，即在国家指导下，企业有权制定本企业生产销售计划，根据混合价格制度决定价格，上交国家税利后有权支配其余收入，在法律规定范围内，制定工人的劳动报酬并可增雇和解雇劳动者；经济上是中央、企业两级管理，地方的经济权力比较小。这种模式的好处：一是消费介于滞后型和同步型之间，既可增加消费，又可增加积累；二是企业有动力也有压力，对推动技术进步和提高经济效益有积极性；三是国家基本上能控制全局。这种模式的弊病：一是当企业和国家计划发生矛盾时，虽然国家能通过行政管理和经济手段来影响企业，但过程较慢；二是物价仍有可能失控，局部市场的不协调也不可避免。[1]

再比较三种纯理论模式。第一种，兰格模式。兰格是波兰经济学家，他的经济理论模式有下述特点：一是假定只有单一的国家所有制；二是企业不以追求利润为目的；三是不存在生产资料的市场，但存在消费品和劳动力市场；四是投资是中央决定的，按比例分配；五是价格是以中央制定的生产资料价格为基础，但在消费品和劳动力市场存在的条件下，消费品价格和工资按价值规律的作用而确定；六是收入分配以不存在物质刺激为基础，工人只取得工资，不分红。兰格的理

---

[1]　厉以宁：《经济与改革：西方经济学说读书笔记》，中国大百科全书出版社，2019，第234~235页。

论模式实际上把不能调和的东西结合在一起了。在这个模式中，生产资料不是商品，但消费品和劳动力是商品，这样价值规律必然冲击生产资料的生产，同时，不允许企业有利润留成，又没有工资以外的物质刺激，这样也就否定了企业和职工的积极性。兰格模式本质上还是修改后的中央集权式模式。第二种，布鲁斯模式。布鲁斯也是波兰经济学家，他的理论模式的特点有两个：一是三级决策，中央决策主要解决根本性的问题，企业决策主要考虑营利，个人决策主要是对消费品和就业的选择，三者发生矛盾时，要根据社会利益来协调；二是宏观决策与微观决策分工，计划是宏观决策，目标是经济平衡，微观决策是考虑市场机制的作用，目标是取得效益，二者分工不同，但无主次之分。这种模式属于集权与分散相结合型模式，但又稍倾向于集权型模式，因为它重视宏观经济平衡，但也考虑到企业的营利性，重视价值规律在企业生产和销售中的作用，所以比兰格模式进了一步。布鲁斯模式与实际中的匈牙利模式有较多的相似之处。第三种，奥塔·锡克模式。锡克是捷克经济学家，他的理论模式的特点：一是所有权应当分散，企业职工应当成为企业所有者，拥有企业股票，拥有的股票数与在企业的工龄有关，可以据此分红，工人拥有的股票不能出售，也不能继承，职工死亡，企业以一定价格把股票收回，因为股票是分散的，所以谁也控制不了企业；二是组织企业管理委员会来管理企业，委员会由工人、技术人员、管理干部结合组成，委员会有权任命经理；三是职工收入来自三个部分，即劳动报酬——工资、物质刺激——奖金、工人作为企业所有者的收入——股票分红；四是区分计划与市场的关系，计划主要在三个方面起作用，投资方向、积累与消费比例、公共服务项目，其余由市场调节，市场能够比计划更好地满足消费者的需要；五是经济中最主要的是价格问题，最后应实现自由市场价格，但应有个过渡。奥塔·锡克模式接近分散型模式，但仍强调国家计划的一定作用，所以并非是南斯拉夫模式。通过以上比较，可以发现，社会主义经济模式没有绝对的模板，苏联模式也是有弊端的。社会主义经济中的计划管理方式可以是多种多样的，指令性计划不是唯一的形式，也不等于行政命令手段，更不是一成不变的，要根据各个国家的实际情况，研究指令性计划的范围。宏观经济稳定是个值得注意的问题，只有适合各国国情的经济模式才能保证宏观经济稳定。[1]

第二节　经济现代化的基本规律

一　经济现代化的经济学分析框架

1. 生产力与生产关系

马克思主义政治经济学为我们分析经济现代化提供了科学框架。在马克思看来，经济现代化的实质是一定规模的人类协作的劳动体系和生产关系，它既摆脱了个人劳动的生理局限，发展了社会劳动的生产力，并随着技术的演变，在人类协作的基础上发展出机器协作的劳动体系和生产关系，即工业化过程。因此，经济现代化是由工业化带

---

[1]　厉以宁：《经济与改革：西方经济学说读书笔记》，中国大百科全书出版社，2019，第236~238页。

动的，是通过不断调整的生产关系不断推动生产力发展的过程。这一发现与马克思和恩格斯所处的时代相关。19 世纪上半叶，恰恰是现代化潮流在西欧迅速发展并急速扩张的年代，作为现代化潮流的亲历者，马克思和恩格斯敏锐地注意到现代工业的兴起所造成的社会变革，并发现了生产力决定生产关系，生产关系反作用于生产力的科学论断。[1] 简而言之，所谓经济现代化，就是适应生产力需要而调整生产关系，不断促进生产力发展。

经济现代化的核心是发展生产力，生产关系的调整目标也是发展生产力。但是在这一框架基础上，我们需要注意，经济现代化不是凭空发生的，而是在之前生产力的客观基础之上发展起来的。每个国家都不能盲目地遵从其他国家经济现代化的先决条件，而是需要最大限度地利用过去遗留下来的财富，任何脱离本国传统的现代化，或者没有成效，或者根本无法进行。举例来看，在 19 世纪末 20 世纪初，即资本主义进入垄断阶段之后，各个主要工业国的经济现代化特征是不一样的。在英国和美国，资本主义成分在经济中所占比重较大，而封建成分在经济中所占比重较小，所以它们的市场比较完善，政府对经济的参与程度也相对小一些。在德国、俄国和日本，资本主义成分在经济中所占比重有强（如德国）有弱（如俄国和日本），但封建成分在经济中所占比重却比较强，于是在德国形成的是较强的资本主义经济与封建经济的结合，在俄国和日本形成的是较弱的资本主义与封建

---

[1] 钱乘旦、刘成、刘金源：《世界现代化历程·总论卷》，江苏人民出版社，2015，第46 页。

经济的结合，这些结合成为它们的经济特征。[1]

2. 多维度的经济现代化

经济现代化的核心内容是工业化，但这里的工业化或者经济现代化并不是单一维度的。事实上，从人类社会经济发展的长期视角来看，重要的不是经济增长，或不仅仅是增长，而是协调。18世纪末以来，经济现代化的传统是片面强调工业的发展，轻视农业的发展；片面强调产值的增长和对设备的投资，轻视产品的适用性和对人力的投资；片面强调消费品的充裕，轻视人的生活方式同消费品数量之间的关系以及消费品充裕可能带来的不确定的后果。甚至可以说，工业化往往被抬高到不适当的位置上，而工业化以及与其他产业的协调，以及经济背后的东西（例如人的地位和人的发展）则被忽视了。而事实上，这一看法是不对的。真正的经济现代化必须既要考虑经济增长，还要考虑包括社会和其他产业为此付出的代价，既要考虑工业革命是以生产技术的革命为特征，还要考虑工业革命也是生产资料到生产组织管理方式的一系列变革，既要考虑消费品本身的生产，也要考虑对消费方式的评价，既要考虑"物"的角度，也要考虑"人"的角度，这是一个多维度的概念。[2]

比如工业化与农业的问题，不能因为工业化导致了农业衰退。相反，农业可以借助工业的技术，提升农业生产率，提升农民绝对收入水平，或者建设更多的农村人均公共设施。再比如工业化与城市化的平行推进问题。美国是工业化在前，城市化在后。但在西欧，基本上

---

[1] 厉以宁:《厉以宁经济史论文选》，商务印书馆，2015，第311页。

[2] 厉以宁:《厉以宁经济史论文选》，商务印书馆，2015，第319页。

是平行推进。平行推进可以为工业化带来更多的人才供给，但是也可能会出现"城市病"的问题，这需要注意。另外还要注意工业化与其他经济社会领域的协调，这也是防止陷入"中等收入陷阱"的重要保证。"中等收入陷阱"包括三个原因：一是"发展的制度障碍"，是指一些阻碍发展的制度障碍长期没有改革；二是"社会危机陷阱"，是指贫富差距扩大带来的社会动乱等；三是"技术陷阱"，是指技术创新的停滞。这三个原因都需要靠协调发展来解决。

另外，只有把经济现代化理解为不仅仅是物的现代化过程，而且也是人的现代化过程，才能对经济现代化的未来发展方向有更准确的认知。美国社会学家丹尼尔·贝尔提出了"后工业社会"概念，认为工业社会指的是不同社会经济制度的工业化的社会，从时间上说，大约是从18和19世纪之交到20世纪中期。后工业社会则是指工业社会以后所要经历的社会。在美国和西欧发达资本主义国家，从20世纪60年代以后，都将处于后工业社会时代。贝尔认为，从人的角度来分析，前工业社会的特征是：社会生活单位只是扩大了的家庭，所谓福利就是填饱肚子；人受自然界的支配，按传统的方式，单纯用体力进行劳动。工业社会的特征是：世界已经成为技术的和合理化的世界，能源代替了体力，能源和机器改变了劳动的性质，社会上等级森严，管理井井有条，这时，活动的单位是个人，福利是按平均每人拥有的物质产品来衡量的，人受技术的支配，人被当作工具来对待。与过去相比，社会的效率大大提高了，但人们会感到工业生活的冷酷无情。后工业社会的特征则是：社会是一个"公众"的社会，社会单位是社会而不是个人，福利的标准是按照服务和舒适（包括保健、教育、娱乐和文艺）所衡量的生活质量标准来判断的，人们需要的是更多和更好的服务，信息成为主要的资源，等等。贝尔的观点不是全新的，因为在贝尔以前，甚至早在19世纪初期，空想社会主义者圣西门就已经提到过类似的问题了，而马克思更是深入系统地阐述了这一问题。不管如何，这一观点对我们都很有启示。经济现代化的发展过程中，必须把工业化问题与人的问题结合起来考虑，假定人始终未曾摆脱受物支配的地位，人始终是技术的依附者，那么现代化就难以实现。当然，人的现代化不能等到工业高度发达了之后再去考虑人的问题，而是在当前的阶段就要综合考虑。[1]

二　经济现代化的影响因素

经济现代化或者工业化究竟是怎样发生的，是哪些因素在促成工业化或者工业革命？经济学家对工业革命起因开展了研究，提出了许多理论或者假设，这些解释可以彼此补充。诺贝尔经济学奖获得者罗伯特·索洛提出索洛模型，并以此获得诺贝尔经济学奖，他认为一个国家的经济增长可以由要素（资本、劳动力）增长和全要素生产率（Total Factor Productivity）的增长来解释。资本包括资金、工厂、机器、道路、知识产权以及土地、矿产、燃料、环境质量等自然资源；劳动力主要是人的作用，与劳动力供给、教育、技能、纪律、激励等相关，全要素生产率主要是技术变革和创新，包括科学技术、工程、管理、企业家才能、制度创新，等等，这里也涉及人的作用。接下

---

[1]　厉以宁:《厉以宁经济史论文选》，商务印书馆，2015，第452~462页。

来，我们概括地从这三个方面的因素来论述。

1. 资本

资本投资是工业化的重要问题，没有投资就不可能有工业化。在工业化以前，每人的投资均摊是很少的，比如要开一个矿、修一条路，一个人只要有一把铁锹就可以了。随着工业化的不断推进，平均每个人所需的投资额越来越大，需要购买原材料，购买机器设备。工业化需要解决的第一个问题就是资本从哪里来。最早实行工业化的国家是英国，然后是法国、德国。有的人认为工业化的钱是从海外掠夺来的，但事实上，工业化的钱是来自国内的，并非来自国外。以英国为例，英国工业化开始的时候是 18 世纪中后期，当时西印度公司比东印度公司对英国来说更重要，西印度公司主要从事奴隶贸易，从事种植园的生产，比如甘蔗。这些赚的钱去哪里了呢？西印度公司的经营者利用这笔钱主要是在英国国内买豪华的住宅，歌舞升平，自己当议员，而没有把钱投到工业上去。那么，最早从事工业的资本从哪里来呢？英国最早一批工场主基本上是从工匠、小商人、小业主慢慢发展起来的，最早的资本主要来自他们自己的储蓄和借款，或者利润的再投资。西印度公司的商人和东印度公司的商人对商业不是完全没有投入，但主要投资在商业航运而非工业上，因为在他们看来工业是很费事的事情——当时工业投资期很长，利润率也没有把握，而且他们瞧不起那些小商人。到 19 世纪后期，证券市场发展起来了，这时候一些大商人开始购买工业方面的股票，工业资本才得到快速增强。[1]

---

[1] 厉以宁：《改革开放以来的中国经济：1978-2018》，中国大百科全书出版社，2018，第 341~342 页。

2. 技术创新

技术创新是工业化的根本动力。从英国工业化历史来看，曾经发生过一次燃料危机。英国最早炼铁是靠砍树烧木材，工业要烧木材，居民家庭也要烧木材，所以英国北部地区的大片森林都被砍伐了，土地荒了。这时就开始开采煤，工业化需要大量的煤，但是表层煤都挖完了，采掘深层煤最难的问题是没有动力排水。蒸汽机就是在这个情况下发明出来的，首先运用于煤矿排水，水排了以后就可以往深层次挖了。煤挖出来之后怎么运出去？修运河、铁路。煤从此作为主要燃料，蒸汽机时代开始了。[1] 由此可见，技术创新往往是从危机开始的，从工业化的一般进程来看，产业升级也往往来自要素成本的上升，这时企业就会寻找新的出路，突破要素瓶颈，利用技术进步来增加供给和降低生产成本。20 世纪 70 年代初，美国要素成本上升和经济停滞并发，引发了滞胀问题。政府无法应对滞胀，因为宏观经济调控政策显得无能了：滞，需要有宽松的宏观经济措施；胀，需要有紧缩的宏观经济措施；滞与胀并发，宽松既无效，紧缩也无效。这怎么办？最终还是依靠连续的企业技术创新走出困境。从 20 世纪 70 年代后期以来，美国的企业技术创新有了较大突破。技术创新，增加了供给，缓解了要素成本带来的压力；技术创新，加强了企业在国际市场上的竞争力，消除了经济增长停滞的压力。这就使美国不仅再一次在技术方面处于世界领先地位，而且在 20 世纪 90 年代仍保持经济比较繁荣的景象。[2]

---

[1]　厉以宁:《改革开放以来的中国经济：1978-2018》，中国大百科全书出版社，2018，第 345 页。

[2]　厉以宁:《山景总须横侧看——厉以宁散文集》，商务印书馆，2014，第 273 页。

3. 人的作用

人才供给是工业化的决定性因素。工业化初期的人才从哪儿来？人才包含两方面：熟练的技术工人和企业家。工业化过程中，熟练技工并不是从农村出来的，因为农民中没有熟练技工，农民不适应工业化的国家。手工业的工匠是最早的熟练技工。最早的技术师画图、设计、造机器，当时也叫工程师，主要来自钟表匠。在所有的工匠当中，最熟悉、最懂得机械齿轮转动，而且会造出这种齿轮的就是钟表匠。工业化初期，英国靠大量的钟表匠、木匠作为最早的技工，采取师傅带徒弟的方法传授技艺，培养熟练技工。熟练技工的规模化源自德国最早开展的职业技术教育。19 世纪后期，德国开始办学校，招人当学徒、技术工人。而美国进一步发展了职业教育，认为光培养普通的人才不行，还要培养高素质的工程人才。由于英国很晚才涉足职业教育，先开展职业教育的美国和德国在人才方面就超过了英国。企业家的产生取决于社会的政治和经济条件，企业家在初期并不被人重视。在英国，最早开设工厂的都是小业主、小老板，上层社会瞧不起他们，所以当时企业家的地位很低。慢慢情况发生了变化，从小商人、小业主起家的企业家逐渐把工厂做大，做大之后就知道要培养自己的孩子，后代就受人尊重了。后来，大商人、银行家开始做投资，于是就又产生了金融家兼工业企业家。[1]

在工业化推进或者经济现代化的过程中，要使每个人尽可能发挥

---

[1] 厉以宁：《改革开放以来的中国经济：1978-2018》，中国大百科全书出版社，2018，第 343~344 页。

个人身上的人力资本的作用，因此人力资本的提升也是推进工业化的重要动力。人力资本是相对于物质资本而言的，是体现在人身上的资本，表现为智力、知识、技术、能力等。提升人力资本的核心在于发挥教育的重要作用，加大对教育的投资。工业革命从某种程度上也可以定义为人的智力的一次次解放，比如18世纪末期对蒸汽机的利用，19世纪末期对内燃机和电力的利用，20世纪中期起对电子计算机的利用，等等，都是一次又一次的智力的解放，即人的智力资源的开发。每一次巨大的技术变革，不仅意味着生产资料到生产组织管理方式的变革，而更重要的是意味着人类在智力开发的道路上的一次飞跃，意味着人类的知识和信息的积累，并使得社会在向以智力为优势，而不是以物质产品数量为优势的阶段前进。[1]

第三节　制度现代化的基本规律

一　制度现代化的经济学分析框架

1. 经济基础与上层建筑

马克思主义政治经济学为我们分析制度现代化也提供了科学框架。在马克思看来，生产力决定生产关系，经济基础决定上层建筑，不同的制度环境其实对应着不同的经济基础，对应着不同的生产关系。因

---

[1]　厉以宁：《厉以宁经济史论文选》，商务印书馆，2015，第320页。

此，所谓制度现代化，就是适应经济基础需要而不断调整上层建筑。

但我们在理解制度现代化的时候，也必须联系经济现代化一起分析，因为制度现代化伴随着经济基础的提升。举例而言，从奴隶社会制度、封建主义制度、资本主义制度到社会主义制度的演变是制度现代化的基本趋势，这一过程也伴随着经济基础的提升。再以资本主义制度的起源为例，这是一种制度的现代化，比如私有制制度、市场交易制度、新型雇佣关系制度、新教伦理规范制度等新的制度出现，但是这些新的制度共同影响带来封建主义制度到资本主义制度的演变是需要一定的经济基础条件的，即以经济现代化为基础。有的制度其他国家也出现了，但没有经济现代化作为基础，所以没有产生资本主义制度。正是因为制度现代化和经济现代化往往不可分割，所以马克思认为，资本主义制度虽然是一种制度的进步，但其本质是一种生产方式的进步，是生产资料资本家私人所有制以及资本剥削劳动的生产方式，替代了之前的落后的生产方式。

这一框架还可以用来分析为什么资本主义社会必然会向社会主义社会转变。资本主义以高效率的市场经济取代了封建主义低效率的自然经济和管制经济，极大地解放了生产力。马克思曾经说过，资产阶级在它的不到一百年的阶级统治中所创造的生产力，比过去一切世代创造的全部生产力还要多，还要大。[1] 但资本主义对殖民地的掠夺，资本对劳动的剥削，严重的两极分化，又是其巨大的不足。资本主义的内在矛盾是生产的社会化与生产资料的私人占有之间的矛盾，从

---

[1] 《马克思恩格斯选集》第 1 卷，人民出版社，2012，第 405 页。

长期来看，会制约生产力的发展，必须依靠制度的变革来解决这一问题。无产阶级处于资本主义社会的最底层，既无生产资料，又无政治权利，因而最富有革命的彻底性，在革命斗争中能够联合起来，形成反抗资产阶级的强大力量。资产阶级为了维护自己的阶级统治，必然要运用国家的暴力工具来镇压无产阶级和劳动人民的反抗。因此无产阶级也必须用暴力推翻资产阶级，最终必然发展为夺取政权的政治斗争。无产阶级变为统治阶级之后，就可以实行制度的变革，对生产资料所有制进行改造，进一步发展生产力，并逐步创造消灭阶级和阶级差别的条件，为向共产主义过渡做准备。由此可见，这一过程也是制度现代化与经济现代化的统一。

2. 制度调整与变革的经济学分析

理论上，从奴隶社会制度、封建主义制度、资本主义制度到社会主义制度的演变过程是有必然性的，但在实践中并不一定是直线发展的。这里先介绍几个概念。一是制度，通常是指社会经济制度，也就是通常所说的社会经济形态、生产方式。制度更替是指从一种社会经济形态、生产方式转变为另一种社会经济形态、生产方式。比如从封建主义制度转向资本主义制度就是一次重大的制度更替。二是体制，是指统治阶级维护社会制度所选择的统治方式。一种社会制度之下可以有不同的体制，往往刚建立这种制度时的体制与后来的体制不一样。体制可划分为刚性体制和弹性体制，不同社会制度下的刚性体制和弹性体制的内容也不相同。总的来说，刚性体制是一种僵硬的、不灵活的体制，弹性体制是一种柔性的、较为灵活的体制。在同一制度之下从一种体制转换成另一种体制被称为制度调整，也被称为制度改革，制度调整可能是自动进行的，也可能是被动进行的。制度调整可能不只一次，而可能是多次的。但如果体制是刚性的，又不能及时地进行制度调整，就有可能在社会内部产生体制外异己力量和体制外权力中心，着力于建立新的制度，这时就会发生制度更替。[1]

以封建社会为例，封建社会可以分为刚性体制和弹性体制。西欧封建领主制的体制就是一种刚性体制。在刚性体制下，社会等级制和身份制严格，社会流动不易，土地也不能自由交换。中国最初也是封建领主制的刚性体制，但后来逐渐演变形成的封建地主制体制是一种弹性体制。在弹性体制下，封建统治者未采用严格的等级制和身份制，容许纵向的和横向的社会流动，土地的拥有不一定同人们的身份或等级联系在一起；地主不代表贵族身份，也不是只有贵族才能成为地主，平民可以做官，做官的后代也可以成为普通的平民百姓，权力结构可以变化，权力的行使方式也灵活多样。在刚性体制下，由于权力结构固定，权力行使方式僵化，所以各权力之间易出现空隙，便于体制外异己力量滋生成长，再发展壮大形成体制外的权力中心，与体制内的权力中心发生冲突，最终导致封建社会的崩溃和资本主义社会的诞生；而弹性体制下的封建制度应变能力很强，遇到危机可以自我调整，不易产生体制外权力中心，从而能够长期存活下来。简而言之，不改体制，丢掉制度；改革体制，制度还有可能延续下来（见图 2）。[2]

---

[1]　厉以宁：《资本主义的起源——比较经济史研究》，商务印书馆，2015，第 1~7 页。

[2]　厉以宁：《资本主义的起源——比较经济史研究》，商务印书馆，2015，第 447~450 页。

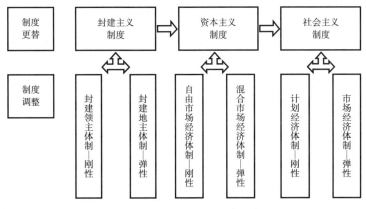

图2　制度更替与制度调整示例

在中国历史上，所发生的变化就是实现了制度调整，中国逐渐成为弹性体制的封建社会。从春秋战国时代起，中国已建立了封建制度，开始是属于刚性体制的封建社会，主要表现是重门第、讲等级，社会垂直流动渠道不畅，社会水平流动受限制，人身依附关系存在也是一个明显的特色。"安史之乱"后，尤其是北宋之后，中国封建社会变为了弹性体制。地主同佃户没有人身依附关系；商人可以买地，平民可以占有土地，有土地不等于有贵族身份；科举制度使仕途公开化；贵族身份可以世袭，但官职是非世袭的；佃户、雇工都是人身自由的；租佃制已普遍推行；人们可以自由迁移，城乡可以自由迁移。在弹性体制下，没有体制外的异己力量，没有西欧那样的市民阶层。换言之，中国只存在体制内的异己力量，比如封建割据势力、农民起义军、皇族内部争夺权力者。因此，王朝更替和权力角逐改变不了社会性质，变来变去，仍是封建王朝统治。另外，中国也没有体制外的权力中心。中国封建社会中的城市从来不曾自治，更谈不上独立。城市一直是政治中心，直接受中央控制。城市官员由中央任命，而且是流动性的，回避在本地任地方官。因此，中国的城市不可能成为体制外权力中心。相比西方而言，中国封建社会的长期存在，由此可以得到解释。[1]

资本主义作为一种社会经济制度，同样存在着制度调整的过程。资本主义制度自从确立以来，体制也在不断变化。回顾历史，在西欧国家确立资本主义制度以后，一开始是刚性的完全自由的市场经济体制，随着工业化和城市化的进展，社会矛盾不断加深，贫富两极分化，社会冲突不断。随后，政府意识到问题，开始顺应民众需求，对企业制度进行完善、建立市场信用体系、开展社会公益事业、实现全民普选制度、政党通过公开竞选方式组成政府，选民可以监督政府官员行为，等等，这些都属于制度调整之列。对资本主义制度调整起更大推动作用的事件则是 1929 年世界经济危机的爆发和持续。在当时严重的经济危机冲击下，失业人数激增，社会动荡加剧，社会上要求政府对社会和经济承担更多责任的呼声大为高涨。西方国家的政府相继采取了资本主义制度调整的措施，如干预经济以增加就业，关注民生问题以缓解社会矛盾。到第二次世界大战结束以后，一些西方国家在维持就业、促进经济增长和推行社会福利政策方面采取了比较有力的措施，实际上已经变成了弹性的混合市场经济体制。二战后的半个多世纪内，西方国家的经济从总体上来说是平稳发展的，尽管各国的经济增长率有高有低，各国政府的经济政策有所差异，各国资本主义

---

[1] 厉以宁：《资本主义的起源——比较经济史研究》，商务印书馆，2015，第 473~498 页。

的制度调整进度也有快有慢，但各国社会基本上都能够接受制度调整的现实，保持弹性的混合市场经济体制，使得资本主义制度依然存在。2008年美国发生了金融危机，并且很快就影响到实体经济，西欧国家也几乎无一例外地受到波及。资本主义制度的内在矛盾再次被大家认识到，但资本主义国家仍然普遍认为，资本主义制度虽然需要调整或改革，但并不想用社会主义制度替代资本主义制度，而是想用社会主义的某些做法弥补资本主义制度的不足，增强经济体制的弹性，维护资本主义制度。总结而言，如果以1929年为分界线，1929年以前的资本主义可以称为自由市场经济体制下的资本主义，这是刚性体制，1929年以后的资本主义可以称为混合市场经济（或者像德国经济学界经常采用的"社会市场经济"）体制下的资本主义，这是弹性体制。混合市场经济体制下的资本主义有以下特征：一是反映于自由市场经济运行基础上的国家干预力度增大了，政府在认为必要时对经济进行的调节力度加强了；二是反映于私营经济为主的条件下的国家对经济的股权参与或国有化比重增大了。正是因为资本主义制度变为了弹性体制，因此资本主义制度一直延续下来。[1] 社会主义制度也是如此，社会主义计划经济体制相对而言是比较刚性的，社会主义市场经济体制相对而言是比较弹性的，苏联长期坚持社会主义计划经济的刚性体制不变，就带来了制度的变革，这就是苏联和东欧国家20世纪80年代末90年代初发生的情况。而中国、越南等国家与时俱进地转变为了社

---

[1]　厉以宁:《经济与改革：厉以宁文选（2008–2010）》，中国大百科全书出版社，2019，第141~157页。

会主义市场经济的弹性体制，使社会主义制度的优越性更充分地发挥出来，也使得社会主义制度继续保持并越来越繁荣。这也可以得出一个结论，任何一个国家不能错过制度调整或者改革的时机，如果不抓紧时机进行改革，将刚性制度变为弹性制度，可能将使制度失去生机、活力，从而丢掉制度。只有致力于制度调整，才会让制度长期稳定，充满活力。

二 制度现代化的影响因素

制度现代化的目标是什么？有哪些因素会影响制度现代化的进程？上述的经济学分析框架有助于我们回答这两个问题。

1.“历史终结论”的误读

美国政治学家弗朗西斯·福山写过一本十分有名的著作——《历史的终结与最后的人》，他基于柏拉图提出的人的“欲望、理性、激情”三重需要，认为得到别人自发的承认是非常荣耀的，也是人的最终追求，而资本主义自由民主制度实现了这样的需要，因此历史将终结于资本主义“自由民主制”，自由民主制下的布尔乔亚（bourgeoisie）是“最后的人”。这一理论也被称为“历史终结论”。然而，这一理论受到了左派和右派的共同质疑。左派认为，资本主义自由民主制度带来贫富极化，贫穷者如何得到别人自发的承认呢？右派认为，人本身能力是不平等的，资本主义自由民主制度表面上一人一票的平等，实际上是不合理的。许多国家的实践也证明了“历史终结论”并不符合事实。事实上，这些质疑都源于很多人对于“历史终结论"的误读。福山后来也解释道，他所说的"历史终结论"是指理念的终结，而非某种具体制度的终结，"历史终结论"终结的是自由民主的理念，而不是终结于千篇一律的制度。

这也可以用来解释制度现代化。制度现代化可以终结于和平、发展、公平、正义、民主、自由的全人类共同价值，这是一种理念，但理念和制度是不同的，同样的理念下可以有多种制度。制度现代化并非是终结于某一种制度，换言之，制度现代化的目标并不是千篇一律的。

由此推论，无论是从目标还是进程上来看，制度现代化都不等于西方化和欧洲化。西方化和欧洲化的含义在于：西方或欧洲的制度本身和制度观念本身被看成是现代化的主要内容，似乎其他社会可以忘掉自己的历史传统而采纳西方的或欧洲的标准与制度。但事实上，现代化总是在传统与现代化相适应的基础上实现的。从制度现代化的目标来看，一个国家只有最大限度地利用过去遗留下的财富，立足各自的国情，才能使现代化的努力富有成效，也才能对现代化的战略目标做出有益的选择，否则现代化可能是徒劳的。[1] 从制度现代化的进程来看，制度从传统社会向现代社会的转变不是单一模式而是多种模式，文明的进步也不是单线而是多线的。传统社会有多样性，现代社会的转变方式和发展也必然具有多样性。[2] 即使是相同的制度现代化的目标，制度现代化的进程也可能是不同的。以不同社会主义国家向

---

[1] 厉以宁：《厉以宁经济史论文选》，商务印书馆，2015，第 562~563 页。

[2] 厉以宁：《资本主义的起源——比较经济史研究》，商务印书馆，2015，第 2~3 页。

共产主义社会转变的进程为例，无产阶级取得政权以后，必须要改造旧的生产关系、建立新的生产关系，这一目标是一致的，但这一过程在不同国家也会有所不同。比如，对生产资料私有制的改造，早在《1844年经济学哲学手稿》中，马克思就已经认识到，消灭私有制实际上将经历一个极其艰难而漫长的过程，因为只有生产力高度发展，现存生产关系才能成为一种不堪忍受的力量，生产力的高度发展被视为建设共产主义绝对必需的实际前提，如果没有生产力的巨大发展，共产主义社会将没有任何物质基础，它将建立在纯粹的理论上面。因此，在生产力并未高度发展之时，让公有制和非公有制经济同时发挥作用，是符合实际的制度现代化进程，这正是中国特色社会主义市场经济体制的独特创造，与苏联等其他国家历史上的制度现代化进程是不同的。

2. 利益集团、路径依赖与思想先行

制度现代化过程中有两个不利因素，或者是阻碍制度调整或改革的因素，也被称为"拦路虎"，一个是利益集团，一个是制度惯性。利益集团是指与经济利益目的相联系的一种无形组织，它们彼此认同，有着共同或基本一致的社会、政治、经济利益目的，因此它们往往有共同的主张和愿望，使自己的利益得以维持或扩大。比如中世纪欧洲城市中，手工业者、商人、军人、教士等各成一个集团。殖民时代的英国，有东印度利益集团，主要从事香料、鸦片贸易、掠夺印度；有西印度利益集团，主要从事糖、烟草、奴隶贸易。英国的工业革命时期，企业主、雇工、独立手工业者三者都有利益集团。在制度调整或者改革的过程中，有的利益集团已存在多年，已经有了基本固定的

利益来源，制度调整之后，只要他们的既得利益受损，他们就会千方百计阻挠改革。[1]

制度惯性又称"路径依赖"，是指一个人或一群人在旧制度下生活久了，在旧道路上走惯了，觉得自己已经适应了，不想改变也不愿改变。英美交通规则的例子可以很形象地说明制度惯性的概念。英国的汽车是靠左边行驶的，美国的汽车是靠右边行驶的。为什么呢？中世纪的英国，商路经常遭到盗匪抢劫，因此商队一般自带刀剑，既护身，又护货。商队的车辆一律靠左边行驶，商人走在车辆的右侧，时刻关注对面过来的车辆和行人。如果相安无事，两个车队擦肩而过。如果一有动静，或半路杀出了劫匪，站在车辆右边的商人很容易拔出刀剑厮杀，动作敏捷，又不会误伤同伴。久而久之就成为一种习惯，即车辆一律靠左行驶。到美洲大陆被发现时，火药枪支已经被普遍使用了。商队在美国运送商品时，一般车辆靠右，持长枪护卫的人则站在车辆的左侧。如果发现前面有土匪，端起长枪便可瞄准射击，行动又快又方便。久而久之就形成了美国后来车辆一律靠右边行驶的习惯。但是20世纪，汽车已经代替马车成为主要交通工具了，为什么英国汽车仍靠左行驶、美国的汽车仍靠右行驶呢？这就是制度惯性或者路径依赖的影响。也就是说，一种行为方式一旦被人们习惯使用了，人们便不会轻易更改。比如二战以后，英国社会的等级观念开始转变。与战前相比，英国社会认识到过去那种重门第、重出身、重社

---

[1] 厉以宁:《经济与改革：厉以宁文选（2015-2017）》，中国大百科全书出版社，2019，第64~76页。

会等级的观念已经不适合二战结束以后的新形势了，大家都认为这种观念的延续，只会把英国变得死气沉沉、失去活力，挫伤人们的进取心、积极性。但说是一回事，做又是另一回事，大多数英国人的思维方式依旧受到 19 世纪社会的影响，观念转变过程极其漫长，这就是制度惯性的作用。[1]

怎样摆脱制度现代化过程中的这两种不利因素呢？必须靠思想先行，使人们的思想得到解放。做通了思想工作，利益集团便认识到，如果制度不调整，可能会带来制度的更替，利益损失更大，如果积极支持制度调整，说不定还能得到一些利益的补偿，这样利益集团就会主动支持制度调整或改革。做通了思想工作，人们也会意识到，制度惯性会导致未来的福利受到损害，所以必须尽快主动适应新的要求。这样，制度现代化就可以顺利推进了。

---

[1] 厉以宁：《山景总须横侧看——厉以宁散文集》，商务印书馆，2014，第 259~263 页。

第 三 篇

从来新路新人找

——中国式现代化之同与殊

忆秦娥
送以平弟赴大兴安岭落户

江山好，
茫茫林海烟尘少，
烟尘少。
岁寒风雪，
明年春早。
莫愁塞外多荒草，
从来新路新人找，
新人找。
前程无限，
一天方晓。

厉以宁一九六八年作

人类认识遵循着由特殊到一般、再由一般到特殊的循环往复过程。上一篇我们从世界各国现代化的特殊性中总结出了一般性的规律，这一篇我们需要把一般性的规律应用到中国现代化的特殊性中来。这也就是矛盾的一般性和特殊性的辩证关系。

历史规律的普遍性和历史条件的多样性，决定了各国选择现代化道路的一致性和多样性。诞生于中华民族危难之际的中国共产党，自成立之初就以实现中华民族伟大复兴为初心使命，在马克思主义指导下，将世界现代化一般性规律与中国国情特殊性相结合，成功开创了中国式现代化道路。中国式现代化既有世界各国现代化的共同特征，也有基于国情的中国特色，在一般性和特殊性相结合的基础上表现出以下几个特征。

第一，中国式现代化是符合中国国情的现代化。中华民族有着5000多年的文明历史，中华优秀传统文化的丰富哲学思想、人文精神、教化思想、道德理念等，是中国现代化建设取之不尽的精神富矿。中国式现代化传承了中华优秀传统文化中开放、融合、进取等重要思想，讲求各种文明包容互鉴，充分借鉴人类有史以来各种文明的先进部分，博采众长、融会贯通、为我所用，同时紧跟时代、与时俱进，是兼具中国性和世界性、传统性和现代性的现代化，创造了人类文明新形态。此外，中国还是世界上第一人口大国、最大发展中国家，如此巨大体量的国家进入现代化，在世界上前所未有。无论是推进城镇化，还是全面小康，无论是提高人口素质，还是建立世界最大规模的社会保障体系，这些都既是中国式现代化的重大任务和成就，也可谓决定世界现代化进程里程碑式的标志。

第二，中国式现代化是以人民为中心的现代化。实现人的现代化是社会主义的本质要求，也是中国式现代化的核心目标和任务。以人民为中心的现代化是指现代化既为了人民，也依靠人民。新民主主义革命时期，党团结带领广大农民"打土豪、分田地"，实行"耕者有其田"，帮助穷苦人翻身得解放，赢得了最广大人民广泛支持和拥护，夺取了中国革命胜利。新中国成立后，党团结带领人民完成社会主义革命，组织人民自力更生、发愤图强、重整山河，尤其是改革开放以后，人民生活得到了前所未有的改善。党的十八大以后，中国大地打响了声势浩大的脱贫攻坚战，现行标准下9899万农村贫困人口全部脱贫，832个贫困县全部摘帽，12.8万个贫困村全部出列，区域性整体贫困得到解决，中国全面建成小康社会，走在迈向共同富裕的光明大道上。中国式现代化新道路有力证明，一切为了人民，充分调动最广大人民的积极性、主动性、创造性，是发展中国家走向现代化的法宝。

第三，中国式现代化是社会主义性质的现代化。西方资本主义国家工业化起步较早，在生产力方面领先于其他国家，资本主义生产方式曾显示出其先进性和优越性，但这并不意味着现代化只有一条路径。回顾世界近代史，资本主义现代化最大的弊端在于其建立在对外殖民掠夺、对内剥削人民的原始积累基础上。因此，即使资本主义的现代化取得了巨大成就，这一模式也不可能成为所有国家学习的对象。中国式现代化克服了资本主义现代化所固有的先天性弊端，没有走依靠侵略扩张或残酷剥削实现现代化的老路，而是在无产阶级政党领导下，通过无产阶级革命和建立社会主义制度解放与发展生产力，发挥社会主义制度优势，用几十年时间走过了西方资本主义国家几百年的工业化历程，走出一条中国式现代化新道路。

第四，中国式现代化是规划科学的现代化。1956年，毛泽东在全国政协第二届二次会议的报告中指出："我国人民应该有一个远大的规划，要在几十年内，努力改变我国在经济上和科学文化上的落后状况，迅速达到世界上的先进水平。"用中长期规划指导经济社会发展，是中国共产党治国理政的重要方式，也是循序渐进推进现代化的战略抓手。新中国成立初期，党提出了工业、农业、交通运输业、国防"四个现代化"的战略目标，并提出从第三个五年计划开始的"两步走"战略。改革开放后，党提出"三步走"战略。进入新世纪，党提出"两个一百年"奋斗目标。党的十九大站在新的更高的历史起点上，对实现第二个百年奋斗目标做出分两个阶段推进的战略安排，提出到2035年基本实现社会主义现代化，到21世纪中叶把我国建成富强民主文明和谐美丽的社会主义现代化强国。自新中国成立以来，我国已经编制和实施14个五年规划（计划），中国的现代化道路如同"接力赛"般按照规划的宏伟蓝图不断前进。

第五，中国式现代化是各个领域协调可持续发展的现代化。从历史来看，西方资本主义国家的现代化在创造巨大物质财富的同时，往往忽视其他领域的协调发展，造成环境污染、资源枯竭等严重后果。罗马俱乐部发布的《增长的极限》对此进行了深刻的阐述。中国式现代化将各个领域协调可持续发展作为本质要求。新中国成立之初，我国实施了重工业优先发展的战略，但毛泽东特别强调要学会统筹兼顾、"弹钢琴"等思想方法和工作方法，并发表了《论十大关系》等重要著作。党的十八大以来，习近平将协调发展作为现代化的必要条件，他在十八届五中全会第二次全体会议上强调："要在坚持以经济建设为中心的同时，全面推进经济建设、政治建设、文化建设、社会建设、生态文明建设，促进现代化建设各个环节、各个方面协调发展，不能长的很长、短的很短。"物质文明、政治文明、精神文明、社会文明和生态文明全面进步的现代化，人与自然和谐共生的现代化，全体人民共同富裕的现代化，城乡协调发展、区域协调发展的现代化，已经成为中国式现代化的显著特征。

"从来新路新人找"，中国式现代化道路是中国共产党的伟大创造。中国式现代化的基本特征来源于中国共产党对世界现代化一般性规律的科学借鉴，来源于对中国国情和历史的深刻分析，来源于马克思主义的科学指导，来源于中国特色经济学的科学创新与繁荣，来源于中国特色社会主义伟大实践的深刻总结。在当前许多声音把"现代化"等同于"西方化"的误读下，中国式现代化拓展了发展中国家走向现代化的途径，给世界上那些既希望加快发展又希望保持自身独立性的国家和民族提供了全新选择，丰富了世界现代化的理论，创造了人类文明新形态，是无比宝贵的精神财富。

本篇将围绕这些问题进行探讨。

第六章　中国式现代化同与殊的经济学分析

　　中国式现代化包括相互联系的两个方面的问题：一是如何使中国从一个发展中国家逐步成为经济现代化的国家，使中国进入发达国家的行列；二是如何不断坚持和完善国家制度，实现制度现代化，使社会主义制度的优越性充分发挥出来。从这两个方面的基本逻辑来看，中国式现代化与世界现代化的普遍规律是一致的。当然，中国式现代化也是有特殊性的：从经济现代化来看，具体体现在中国是发展转型和体制转型相结合的双重转型；从制度现代化来看，具体体现在中国在将马克思主义、中国传统文化和中国国情相结合的基础上创新了许多独具特色的中国式制度。

第一节　经济学视角下的中国式现代化一般性

一　一以贯之的经济现代化逻辑

从经济现代化的视角来看，中国式现代化一以贯之的逻辑可以归纳为"为中国人民谋幸福、为中华民族谋复兴"，这也是中国共产党自 1921 年成立以来的初心使命。为中国人民谋幸福是规范分析视角下的逻辑，也就是中国共产党始终把中国人民的解放、发展、权利、幸福作为奋斗目标，将人民群众满意不满意作为衡量中国式现代化道路好坏与否、经济现代化好坏与否的第一评价标准，进而实现中国人民从当家作主到解决温饱，从总体小康到全面小康，再到在更高水平上实现全面发展的伟大飞跃。为中华民族谋复兴是实证分析视角下的逻辑，也就是中国共产党基于马克思主义政治经济学基本原理，立足中华民族在不同时期的社会主要矛盾，把握"生产力与生产关系"辩证关系的科学规律，明确各个时期的主要任务，并团结带领中国人民完成不同阶段的国家经济现代化建设，实现中华民族从站起来、富起来到强起来的伟大飞跃。

1. 为中国人民谋幸福

世界经济现代化历程上一直追求的"民富"，可以视为"为中国人民谋幸福"的一般性规律。在各个历史时期，中国共产党始终坚持以人民为中心，把人的自由发展、人的幸福生活、人民的福祉作为经济现代化的中心目标来追求。而且当经济发展中出现矛盾之时，是否"为中国人民谋幸福"这一优先标准也决定着现代化的道路选择。

1840 年以来，由于西方列强的一次次入侵，加之统治阶级的腐朽和社会制度的落后，中国逐步沦为半殖民地半封建社会，战乱频仍、社会动荡、经济凋敝、民不聊生。广大人民长期处于帝国主义、封建主义和官僚资本主义的压迫下，毫无人权和幸福可言。中国共产党团结带领中国人民取得了新民主主义革命的胜利，建立了新中国，为中国人民的生命、自由和人身安全提供了根本保障，为中国人民各项权利得到有效保障和不断发展创造了根本条件。新中国成立之后，中国通过一系列制度的改革，充分保障人民权利，持续提高人民生活水平。新中国成立之初，面对农业生产基础单薄、"靠天吃饭"、粮食产量较低的现实困难，很多人处于食物匮乏和营养不良的境地。中国通过改革农村土地制度，稳定和完善农村土地承包关系，大力推进农田水利设施建设，使农业综合生产能力不断提升。改革开放以后，中国先后提出解决温饱、总体小康社会、全面建设小康社会、全面建成小康社会、在更高水平上实现全面发展等目标，为人民的福祉规划了科学的蓝图，并稳步实现了规划的目标。如今，在粮食保障方面，中国以占全球 6.6% 的淡水资源和 9% 的耕地，养活了世界近 20% 的人口，从根本上消除了饥饿，持续改善了人民的营养水平。在消除贫困方面，中国在 2020 年彻底消除了绝对贫困，全面建成了小康社会，创造了彪炳史册的人间奇迹。在人民生活水平方面，1952 年，中国人均国内生产总值仅为 119 元，而 2021 年已经上升为 8.1 万元。此外，人民的饮水安全获得切实保障，人民的基本居住条件显著改善，人民的出行更加便利快捷，国民的健康水平持续提高，社会救助制度不断完善，邮电通信水平全面提升，人民各项权利都得到了切实保障。[1] 中国人民已经进入了在更高水平上实现全面发展的新阶段。

2. 为中华民族谋复兴

世界经济现代化历程上一直追求的"国强"，可以视为"为中华民族谋复兴"的一般性规律。在各个历史时期，中国共产党在马克思主义政治经济学基本原理指导下，始终围绕这一主题，通过科学分析和判断不同时期我国社会的主要矛盾，确定不同阶段面临的主要任务，实事求是、层层递进，团结带领人民救国、兴国、强国，使中华民族伟大复兴进入了不可逆转的历史进程。

1840 年鸦片战争以后，中国逐步成为半殖民地半封建社会。我国社会的主要矛盾是帝国主义和中华民族的矛盾、封建主义和人民大众的矛盾。在民族危难之际诞生的中国共产党，坚持以马克思主义为指导，明确在新民主主义革命时期面临的主要任务是反对帝国主义、封建主义、官僚资本主义，争取民族独立、人民解放，为实现中华民族伟大复兴创造根本社会条件。完成这一任务是实现中华民族伟大复兴的必要前提，党团结带领中国人民浴血奋战、百折不挠，推翻"三座大山"，彻底结束了旧中国半殖民地半封建社会的历史，建立了人民当家作主的中华人民共和国，中国人民从此站起来了，中国发展从此开启了新纪元。

---

[1]《〈为人民谋幸福：新中国人权事业发展 70 年〉白皮书》，中华人民共和国国务院新闻办公室官网，2019 年 9 月 22 日，http://www.scio.gov.cn/ zfbps/ndhf/ 39911/ Document/ 1665100/ 1665100.htm。

中华人民共和国成立后，在错综复杂的国内国际环境中逐渐站稳脚跟。党的八大提出，我国社会的主要矛盾是人民对于经济文化迅速发展的需要同当前经济文化不能满足人民需要的状况之间的矛盾。党明确在社会主义革命和建设时期面临的主要任务是，实现从新民主主义到社会主义的转变，进行社会主义革命，推进社会主义建设，为实现中华民族伟大复兴奠定根本政治前提和制度基础。建立社会主义制度是我国一切进步和发展的重要基础，党团结带领中国人民自力更生、发愤图强，完成社会主义革命，确立社会主义基本制度，推进社会主义建设，实现了一穷二白、人口众多的东方大国大步迈进社会主义社会的伟大飞跃，激发起中国人民万众一心全面建设社会主义的空前激情和冲天干劲，建立起独立的、比较完整的工业体系和国民经济体系，为开创中国特色社会主义提供了宝贵经验、理论准备、物质基础。

改革开放以后，我国社会的主要矛盾是人民日益增长的物质文化需要同落后的社会生产之间的矛盾。党明确在改革开放和社会主义现代化建设时期面临的主要任务是，继续探索中国建设社会主义的正确道路，解放和发展社会生产力，使人民摆脱贫困、尽快富裕起来，为实现中华民族伟大复兴提供充满新的活力的体制保证和快速发展的物质条件。改革开放是决定当代中国前途命运的关键一招，实现了新中国成立以来党的历史上具有深远意义的伟大转折。党团结带领中国人民解放思想、锐意进取，确立党在社会主义初级阶段的基本路线，开创、坚持、捍卫、发展中国特色社会主义，推进了中华民族从站起来到富起来的伟大飞跃。中国大踏步赶上了时代，实现了从生产力相对落后的状况到经济总量跃居世界第二的历史性突破，实现了人民生活从温饱不足到总体小康、奔向全面小康的历史性跨越。

党的十八大以来，中国特色社会主义进入新时代，我国社会的主要矛盾转化为人民日益增长的美好生活需要和不平衡不充分的发展之间的矛盾。党明确新时代面临的主要任务是，实现全面建成小康社会的第一个百年奋斗目标，开启全面建成社会主义现代化强国的第二个百年奋斗目标新征程，朝着实现中华民族伟大复兴的宏伟目标继续前进。新时代是实现中华民族伟大复兴的关键时期，党团结带领中国人民自信自强、守正创新，统揽伟大斗争、伟大工程、伟大事业、伟大梦想，推进了中华民族从富起来到强起来的伟大飞跃。党和国家事业取得历史性成就、发生历史性变革，全面建成小康社会目标如期实现，党心军心民心空前凝聚振奋，为实现中华民族伟大复兴提供了更为完善的制度保证、更为坚实的物质基础、更为主动的精神力量。

二 一以贯之的制度现代化逻辑

从制度现代化的视角来看，中国式现代化一以贯之的逻辑可以归纳为，基于"经济基础与上层建筑"辩证关系的科学规律，创立、改革、调整、坚持和完善社会主义制度，充分发挥制度促进经济基础提升的积极作用，为中国式现代化提供强大的制度保障。

1.三次制度突破的一致性

在中国共产党领导下，在不同时期，中国大致经历了三次制度现代化的突破。

第一次突破是 1949 年的制度更替。1949 年以前中国长期是半殖民地半封建制度，到 1949 年中华人民共和国成立，我国建立了新民主主义社会制度，这是一种制度替代另一种制度。新民主主义社会制度在经济上实行国营经济领导下的合作社经济、个体经济、私人资本主义经济和国家资本主义经济五种经济成分并存的经济制度。但新民主主义社会不是一个独立的社会形态，而是由新民主主义转变到社会主义制度的过渡性制度。

第二次突破是 1956 年的制度调整，也就是社会主义改造的完成，正式建立了社会主义制度。中国共产党在全国范围内组织了对于农业、手工业和资本主义工商业进行的社会主义改造。社会主义制度下，生产资料私有制转变为社会主义公有制，并建成了社会主义计划经济体制。

第三次突破是 1979 年开始的制度调整，也就是社会主义计划经济体制向市场经济体制的转换。从十一届三中全会开始，社会主义计划经济体制逐步向社会主义市场经济体制转换。1993 年，党的十四届三中全会审议通过《中共中央关于建立社会主义市场经济体制若干问题的决定》，明确了建立社会主义市场经济体制。[1] 不过，直到当前，我国仍处于继续坚持和不断完善社会主义市场经济体制的阶段。

这三次制度突破的一致性在于，都是为了建立、巩固、坚持和完善社会主义制度，第一次突破是为了建立社会主义制度，第二次、第三次突破都是社会主义制度下的制度调整，这也就形成了一以贯之的

---

[1]　厉以宁：《一番求索志难移：厉以宁论文选 2008-2010》，中国大百科全书出版社，2015，第 164 页。

逻辑。正因如此，经常有一些人把改革开放前后两个时期根本对立起来，这一观点是错误的。正如习近平所说，"我们党领导人民进行社会主义建设，有改革开放前和改革开放后两个历史时期，这是两个相互联系又有重大区别的时期，但本质上都是我们党领导人民进行社会主义建设的实践探索。中国特色社会主义是在改革开放历史新时期开创的，但也是在新中国已经建立起社会主义基本制度并进行了二十多年建设的基础上开创的。……虽然这两个历史时期在进行社会主义建设的思想指导、方针政策、实际工作上有很大差别，但两者决不是彼此割裂的，更不是根本对立的。……不能用改革开放后的历史时期否定改革开放前的历史时期，也不能用改革开放前的历史时期否定改革开放后的历史时期。改革开放前的社会主义实践探索为改革开放后的社会主义实践探索积累了条件，改革开放后的社会主义实践探索是对前一个时期的坚持、改革、发展。"[1]

2. 坚持和完善社会主义制度

中国式现代化是社会主义性质的现代化，这是一以贯之的。但这里涉及一个对社会主义进行科学界定的问题。尽管社会主义作为一种思想和学说已有很长久的历史，但究竟什么是社会主义，解释不一。例如，在以往的著作中，通常把公有制、按劳分配、计划经济三者并列为社会主义的本质特征，而且也往往从马克思、恩格斯、列宁那里摘引一些语录来证实这种观点。事实上，在马克思、恩格斯的著作中，社会主义是在生产力高度发达的基础上建立的，社会主义作为有计划、按比例分配

---

[1] 习近平：《论中国共产党历史》，中央文献出版社，2021，第3~4页。

社会总产品的社会组织，可以充分发挥出自己的优越性。然而，后来的实际情况表明，社会主义制度产生于经济不发达的国家。经济不发达的社会主义国家，在革命胜利后，面临着既要坚持社会主义道路，又要实现现代化的任务。这是马克思、恩格斯没有遇到的问题。不仅如此，在生产力水平较低的条件下，社会主义不可能自觉地有计划、按比例分配社会总产品，假定硬性地靠命令来分配社会总产品，那只会阻碍生产力的发展，使社会主义社会的效率低下，使社会主义制度失去吸引力。这同样是马克思、恩格斯当初不曾讨论的问题。列宁首先提出计划经济这个概念。十月革命之后，14个资本主义国家武装干涉苏维埃政权，列宁全面实行了战时共产主义政策，这近似一种典型的计划经济。但战后列宁的思想转变了，认为计划只是手段，创造性地发展了马克思主义政治经济学理论，采用了新经济政策，其实是一种混合经济。[1]

因此，把公有制、按劳分配、计划经济并列为社会主义的本质特征，并非与马克思、恩格斯、列宁的原意相符，但至少可以看出，在社会主义制度理论中一直缺少对社会主义本质的简明而科学的概括。理论界关于社会主义的理解的混乱，与此也不无关系。邓小平完成了这一科学的概括，他指出："社会主义的本质，是解放生产力，发展生产力，消灭剥削，消除两极分化，最终达到共同富裕。"[2] 这一界定在制度现代化的理论上有重要意义，因为抓住了本质，而把非本质的东西排除在社会主义定义之外了。根据这一界定，就可以认识到，公

[1]　厉以宁:《大变局与新动力——中国经济下一程》，中信出版集团，2017，第128~129页。

[2]　《邓小平文选》第3卷，人民出版社，1993，第373页。

有制和按劳分配是实现社会主义根本任务的保证，计划经济本身不是目的，而是发展经济的一种手段；就可以认识到，计划和市场都是手段，可以综合运用，在社会主义制度下结合起来；就可以认识到，坚持和完善社会主义制度，是为了服务社会主义的本质，比如计划经济体制束缚了生产力，就需要进行经济体制的改革；就可以认识到，对外开放是为了更好地吸收人类的文明成果，促进生产力的发展；就可以认识到，为什么要鼓励一部分人、一部分地区先富起来？是因为同步富裕不切实际，人为拉平收入差距反而限制了生产力发展，只有一部分人、一部分地区先富起来，先富帮后富，生产力才能迅速发展，才能逐步实现共同富裕。因此，制度现代化判断的依据就是生产力标准，也就是邓小平提出的"三个有利于"：是否有利于发展社会主义社会的生产力，是否有利于增强社会主义国家的综合国力，是否有利于提高人民的生活水平。这就可以理解，改革开放初期有关姓"社"、姓"资"的争论，恰恰忽略了社会主义的本质，把一些非社会主义本质的东西当作社会主义本质而坚持不放，结果导致了僵化的制度，束缚了生产力的发展，阻碍共同富裕的实现，从而有损于社会主义本质。[1]

　　正是基于以上的逻辑，我们才认识到，社会主义制度的现代化，就是指在社会主义革命取得胜利并建立了社会主义制度之后，要根据生产力与生产关系、经济基础与上层建筑之间关系的原理，改革不适应生产力发展的经济体制和上层建筑。如果不改革，或者不抓紧时机进行改革，那么最后将丢掉社会主义制度，这就是苏联的教训。而通过制度的

---

[1]　厉以宁:《转轨与起飞——当前中国经济热点问题》，陕西人民出版社，1996，第2~4页。

不断完善，不仅可以保住制度，还可以使社会主义制度的优越性更充分地发挥出来，使社会主义现代化建设更有成效，使社会主义经济运行得更好。[1]这一认识也是改革开放以后伟大实践总结出来的重要经验。我国改革开放已进行了 40 多年，取得了举世公认的伟大成就，正是因为我们认识到，社会是不断发展的，调节社会关系和社会活动的体制机制随之不断完善，才能不断适应解放和发展社会生产力的要求。随着我国迈入新发展阶段，改革也面临新的任务，必须拿出更大的勇气、更多的举措破除深层次体制机制障碍，坚持和完善中国特色社会主义制度，推进国家治理体系和治理能力现代化；同时坚持和完善社会主义基本经济制度，使市场在资源配置中起决定性作用，更好发挥政府作用，使一切有利于社会生产力发展的力量源泉充分涌流。[2]

第二节 经济现代化视角下的中国特殊性

一 发展经济学与两类转型

1. 发展转型

发展经济学主要是研究经济现代化的问题。在传统的发展经济学

[1] 厉以宁：《转轨与起飞——当前中国经济热点问题》，陕西人民出版社，1996，第4~5页。

[2] 习近平：《正确认识和把握中长期经济社会发展重大问题》，《求是》2021年第2期，第4~10期。

中，经济现代化的核心就是发展转型，是指从农业社会转向工业社会。从农业社会转向工业社会，必须要克服传统社会结构对于现代化的制动作用。主要原因在于，传统的社会结构和经济结构是封闭的、自给自足的，生产者被牢固地拴在土地上，拴在狭小的活动范围内，这既束缚了生产要素的流动与供给，也阻碍了与发展转型联系在一起的社会结构的变更。如何才能顺利转型呢？这就需要发挥后发优势，避免后发劣势。举例来说，一方面，传统社会结构之下的劳动力价格低廉，这就是后发优势，这就可以为发展转型提供大量低成本的劳动力。另一方面，传统社会结构的国家在技术上同发达国家的差距很大，这就是后发劣势，因此必须抓住时机引进先进的技术。由于发挥后发优势、避免后发劣势都需要把握时代的机遇，因此发展转型就像赶班车一样，错过了这一趟班车，就必须等很久才能搭上下一班车，现代化也会延误。正是由于机会难得，所以必须通过有效的制度冲击，使传统社会结构解体，进而使其影响大大减弱，这样才能推动发展的转型。[1]

为了实现发展转型，发展经济学对制度冲击问题也进行了深入的分析。其实早在19世纪时，德国经济学家李斯特就开始探讨这一问题，他希望回答一个较晚走上工业化道路的国家（德国）应当遵循什么样的经济理论和采取什么样的经济制度，才能赶上先走上工业化道路的国家（英国），他发现英国的古典经济学说指导下的制度对于当时德国这样一个后起的国家是不适用的。二战以后，发展经济学对农

---

[1]　厉以宁：《厉以宁经济史论文选》，商务印书馆，2015，第569~572页。

业社会如何向工业社会过渡，以及与此有关的资本、土地、劳动力、技术等生产要素重新组合和发挥作用等问题进行了深入研究，比如资本形成的条件与过程、人力资本的形成与作用、企业家的成长、技术的创新等，并开始了关于制度的探讨。当时许多发展中国家，农民被牢牢地束缚在土地（如氏族共有的土地、地主掌握的租佃制土地，或者是种植园主拥有的土地）之上，又陷于贫困境地，所以工业化所必需的前提条件（如资本积累、劳动力充足供给、土地交易市场的形成、企业家队伍的成长等）都不存在，更不必说技术人才的涌现和产权保护法律的制定了。因此，如果不对传统制度进行改革，是无法顺利进行工业化的。[1]

当时，有的国家采用了社会主义制度，并建立了计划经济体制，有的国家采用了资本主义制度，并建立了市场经济体制。这两种制度和体制都被认为是打破了传统社会结构，都被认为是通往工业社会的道路。西方资本主义国家主要采用的是资本主义制度，建立了市场经济体制，而苏联等社会主义国家主要采用的是社会主义制度，建立了计划经济体制。在世界工业化的历史中，这两种制度和体制对发展转型的促进有快有慢，也都曾经有效地推动了工业化，尽管最终结果不同。

2. 中国经济的双重转型

中国共产党领导的新民主主义革命成功后，成立了新中国，我国建立了社会主义制度，并向苏联学习推行了社会主义计划经济体制。

---

[1] 厉以宁:《中国经济双重转型之路》, 中国人民大学出版社, 2013, 第309~312页。

在这一系列的制度冲击下，中国的传统社会结构基本被打破，封建的、半封建的土地制度已经消失；家族制度与家长统治在农村中已在相当大的程度上动摇了，在城市中则基本上不再存在。这表明 1949 年前后，中国经济发展的社会环境发生了实质性的变化。[1]

　　当时我国选择计划经济体制，是符合当时的历史背景的。1949 年中华人民共和国成立，当时西方发达国家对中国是抵制的，不跟我国来往，所以我国主要跟苏联阵营和部分第三世界国家来往。我国当时可以学习的，并且跟中国能够联系上的、对中国有帮助的，就是苏联十月革命以后建立的计划经济体制。在当时受到封锁的历史条件下，我国很自然地向苏联学习。此外，当时新中国从国民党那里接过来是一个烂摊子。国民党时期私营经济是不发达的，国民党主要的大矿山、钢铁公司、铁路都是官僚资本国营的，大矿山和大钢铁企业都归国民党的资源委员会管。新中国把这个摊子接收过来，私营企业没有能力运行，因此只有学苏联开展国有化。进一步来看，改革开放之前采用计划经济体制既是外部环境决定的，也是主观要求决定的，因为这一体制有助于解决两个问题。一是短缺问题。凡是建立社会主义的国家，都是生产力还不发达的国家，并不是如马克思当年所讲的在发达的资本主义基础上建立社会主义。比如十月革命的俄国是西方帝国主义国家中最不发达的一个国家，中国也是不发达的半殖民地半封建社会。在这种情况下，只有通过计划经济组织全国的生产，安排各种原材料的分配，在短期内使经济上去，才能解决亟需产品的短缺问

---

[1]　厉以宁:《转型发展理论》，同心出版社，1996，第 5 页。

题。二是资本主义社会不平等问题。通过计划经济能够把重要的生产都组织起来，原材料经过配置，最后产品也能得到公正分配，贫富差别就可以缩小，于是公平问题初步得到解决。[1]

在计划经济体制下，中国初步建成了独立的、比较完整的工业体系和国民经济体系，为现代化建设打下了坚实的物质基础。但随着现代化实践的推进，计划经济体制解决了一定的问题，但是也有许多解决不了的问题。

首先，计划经济越来越不能解决短缺问题。第一，要解决短缺问题，就必须调动生产者的积极性，可是在计划体制下企业越来越没有积极性。因为计划体制下的企业不是真正的市场主体，不过是行政机关的附属物；个人在平均主义分配模式下也越来越没有积极性，没有生产者的积极性就无法使产量大幅度上升，无法解决短缺问题。第二，增加供给，必须建立在市场基础上，要满足市场需求。而计划体制是排斥市场的，完全是根据计划实行的。增加的供给中有一部分是无效供给，生产了就进仓库被积压起来。无效供给不仅解决不了短缺问题，反而使短缺更加严重，因为资源被浪费了。第三，增加供给，就必须增加投资。投资应该是有效投资，生产出来以后能够提高生产力，能够满足市场需要，然而计划体制下很多投资是无效投资，因为不承担风险，躺在国家身上吃大锅饭，所以很多投资迟迟不能形成生产力。这样浪费了资源，使资源短缺更严重。第四，计划体制是一个

---

[1] 厉以宁：《一番求索志难移：厉以宁论文选2008-2010》，中国大百科全书出版社，2015，第167~168页。

封闭的体制，在封闭体制之下不能实现与国外资源的转换。因此，计划经济体制越来越无法解决短缺问题。[1]

其次，计划经济体制越来越不能解决公平问题。第一，共同富裕是最大的公平。计划体制下连短缺都不能解决，怎么能达到共同富裕呢？贫穷不是社会主义，如果贫困很普遍，就不能够实现最大的公平。第二，机会均等是公平。计划体制下最大的权力是分配的权力，分配的权力就掌握在那些机构和负责人的手里。比如说当年到农村插队，队里有好几十个知青，上面来了几个招工指标，给谁完全由当地的领导说了算，送礼、走后门就是从这个时候盛行的。所以说分配权力的滥用是极不公平的表现。第三，生产要素的充分流动是公平。计划经济时期的户籍制度，使得劳动力不能流动，农民不能到城里来找工作，更谈不上创业。[2]因此，计划经济体制也越来越无法解决公平问题。[3]

在改革开放之初的经济情况下，市场经济体制有助于中国解决短缺和公平的问题，因此，我国开启了从计划经济体制向市场经济体制的转型。中国式现代化道路是发展转型（从农业社会转向工业社会）和体制转型（从计划经济体制转向市场经济体制）重叠在一起的双重转

---

[1] 厉以宁：《一番求索志难移：厉以宁论文选 2008-2010》，中国大百科全书出版社，2015，第 168~169 页。

[2] 厉以宁：《一番求索志难移：厉以宁论文选 2008-2010》，中国大百科全书出版社，2015，第 169~170 页。

[3] 厉以宁：《一番求索志难移：厉以宁论文选 2008-2010》，中国大百科全书出版社，2015，第 167~168 页。

型的道路，也可以概括为"转轨发展"，即"在转轨中发展，在发展中转轨"。这也是中国经济现代化道路的特殊性。

在双重转型中，重点是体制转型，即从计划经济体制转向市场经济体制，并要以体制转型带动发展转型。这是因为，计划经济体制对中国经济的束缚和限制是全面的：既包括城市，又包括农村；既包括工业，又包括农业；既包括城市居民，又包括农民。如果不打破计划经济体制的束缚和限制，中国就不可能实现从传统农业社会向工业社会的转变，不可能实现使中国成为现代化国家的目标。[1] 而且体制转型是非常困难的。这是因为，第一，计划经济体制对经济的控制是政治和经济合一的，广大农村和城市工商业之前是按照政府严格的命令而改造为计划经济体制下的集体农业组织和国有国营的企业模式，不易挣脱，而且已经形成一整套完整的体系，从政治、经济、社会、文化各个方面支配着城乡居民的生产和生活，使人们产生了"制度惯性"或"路径依赖"。而且多年以来，计划经济体制已经造成了一种习惯的舆论环境，仿佛只有实行和遵循计划经济体制生产和生活才符合规范，离开了计划经济体制就等于离经叛道，走上了邪路。在改革前期，经济中只要发生了失业、通货膨胀、经济秩序紊乱等情况，一部分人就会说"还是计划经济好""这一系列问题都是背离了计划经济体制而带来的"，于是就会有"回到计划经济体制"的呼声，这在20世纪80年代是常见的。如果不是中央最高层坚持改革开放的大政方针，当时很有可能退回计划经济体制。第二，要从计划经济体制过

---

[1] 厉以宁：《中国经济双重转型之路》，中国人民大学出版社，2013，第1~2页。

渡到市场经济体制，必须首先进行所有制改革，无论城市和农村都应如此，以重新构造社会主义经济的微观经济基础，使企业真正成为市场主体，使投资者承担投资风险，使经营者承担经营风险，这影响了许多人的利益，也是非常具有挑战的。[1]

中国的双重转型特征，也决定了中国经济现代化的特征。首先，由于中国双重转型涉及面太广，挑战性太多，因此转型的过程中需要注重社会稳定问题，而社会稳定又同就业紧密联系在一起。前面讨论过，就业和物价稳定孰先孰后是经济学伦理讨论的重要问题。中国双重转型的特征也决定着中国经济现代化要注意"就业优先，兼顾物价稳定"。为什么要就业优先呢？因为对发展中国家来说，现代化的标志之一是农业人口在全部人口中的比重的下降，于是发展中国家在走向现代化的过程中都面临着从农村释放出大量多余劳动力的问题，这就必须加快本国经济发展，拓宽就业门路，增加就业机会，以缓解多余劳动力的就业问题。在中国改革开放初期，坚持"就业优先，兼顾物价稳定"十分重要。在中国计划经济转向市场经济时，产生了两类失业。一是过去在计划经济体制下长期存在的隐蔽失业的公开化。例如，农村富余的劳动力源源不断地涌入城市，寻找工作。而城市中原先在国有企业内工作的职工，有不少是计划安排的，同样存在人浮于事的情况，一旦转向市场经济，企业改制了，多余的职工就会分流出来。如果企业不改制，在市场竞争中垮掉了，也会把劳动者推向市场。这些都意味着隐蔽失业的公开化是难以避免的。二是大量知青回

---

[1] 厉以宁：《中国经济双重转型之路》，中国人民大学出版社，2013，第313~316页。

城找工作，而且每年新达到就业年龄、愿意工作却找不到工作岗位的城镇青年为数甚多，其中包括了高等学校和中等专业学校的毕业生。因此，当时的中国必须把解决就业问题放在政策目标的首位，当然，这并不意味着防止通货膨胀问题不重要。"就业优先"的本质是"发展优先"和"民生优先"，在中国转型发展阶段，除非出现了恶性通货膨胀，否则就一定要实现"就业优先"的发展战略。[1]

其次，"中国经济怕冷不怕热"，这也与中国双重转型的特征以及"就业优先"的需要相关。中国经济增长快一些，经济热一些，人们的收入也会相应地增加，即使物价在高增长的过程中会上涨，由于人们的收入也增加了，就不会发生社会动荡。经济增长快一点，许多问题都比较容易解决，其中包括了解决失业问题。但经济减速甚至停滞比什么都可怕，这是因为中国与西方国家的国情是不一样的。在那些国家，工业化已经进行了二三百年，农村的富余劳动力早已完成转移，现在的农民有自己的家庭农场，有自己的住宅，城乡生活条件一样，社会保障体制覆盖全社会，所以农民是不会涌到城市打工的。在那里，人口净增长率很低，农业人口在人口中所占的比例只有百分之几，只要经济增长率维持在 2%~3%，本国公民的就业不会出现大问题。中国则不同，中国城镇化率还比较低，随着城镇化的推进，将有大批人要进城务工。由于新的工作岗位是在经济增长过程中涌现出来的，因此现阶段必须高增长，否则失业人数就会上升，社会稳定形势

---

[1] 张卓元、厉以宁、吴敬琏主编《20 世纪中国知名科学家学术成就概览·经济学卷》（第二分册），科学出版社，2014，第 447 页。

就会严峻起来，大家失业了，没有收入就会导致社会动荡。因此，中国经济怕"冷"不怕"热"。而且一旦"冷"了，很有可能不仅是某个地区或某个行业的"冷"，甚至可能带来总体经济的"冷"，这就会带来严重的经济问题。[1]这也如同骑自行车一样，必须骑得快，才能又直又稳。自行车骑得太慢，龙头把握不稳，容易两边摇晃。停住不骑，自行车就歪倒了，经济发展与此有相似之处。在发展中求稳定，以发展保持稳定，要比单纯为稳定而稳定好得多。[2]

再次，"中国经济好比一辆汽车，刹车容易启动难"，这也与中国双重转型的特征相关。这是因为，紧缩是政府调控所致，所以刹车的主动权掌握在政府手中。假定政府实行紧缩政策，财政闸门一关，信贷闸门一关，经济增长立刻就被刹住了。然而经济的启动却不由政府决定。为了刺激经济增长，即使政府采取宽松的政策，但如果这时民间市场主体还处于培育的过程中，或者市场主体还没有完全自主决策，或者民间投资者依然对投资前景没有信心，他们必定处于观望状态，不愿轻易做出投资决定；如果这时的消费者对失业问题还有所担心，他们宁愿少购买，也不愿多花钱，于是就形成了"可买可不买的不买"的状况。在这种条件下，经济将会迟迟无法复苏。[3]

最后，城乡二元体制改革是中国经济现代化的重要特征。城乡二

---

[1] 张卓元、厉以宁、吴敬琏主编《20世纪中国知名科学家学术成就概览·经济学卷》（第二分册），科学出版社，2014，第447页。

[2] 厉以宁：《经济学的伦理问题》，生活·读书·新知三联书店，1995，第110~115页。

[3] 张卓元、厉以宁、吴敬琏主编《20世纪中国知名科学家学术成就概览·经济学卷》（第二分册），科学出版社，2014，第447~448页。

元体制是计划经济体制的支柱之一，中国工业化道路的独特性与城乡二元体制是密切相关的。新中国成立以后到 20 世纪 70 年代末，中国基本走的是与农村分离的工业化道路；从 70 年代末开始，由于农村实行家庭联产承包责任制，使得农村出现了大量剩余劳动力，这也是中国经济现代化和城市工业化的重要人力资本来源。[1] 但城乡二元体制限制了农村剩余劳动力的流动，城乡户籍依然分明，进城务工的农民及其家属不能享受城市居民的福利，如何让农民安心在城市里工作呢？城乡二元体制也抑制了农村的活力。因此，城乡二元体制改革是中国经济现代化的必然要求，需要加快推动城乡户口一体化，畅通农村承包地的流转和宅基地的置换，提高土地使用效率和农民财产性收入，鼓励人力资本的自由流动，助力城镇化发展，为中国经济发展提供新的动力。[2]

二　经济运行与两类非均衡

1. 非均衡

在经济运行中，非均衡是相对于瓦尔拉均衡而言的。瓦尔拉均衡是假设存在着完善的市场和灵敏的价格体系条件下所达到的均衡。非均衡是指不存在完善的市场，不存在灵敏的价格体系的条件下所达到的均衡。因此，非均衡又被称作非瓦尔拉均衡。根据瓦尔拉的学说，

[1]　李庆云、鲍寿柏主编《厉以宁经济学著作导读》，经济科学出版社，2005，第 155 页。

[2]　张卓元、厉以宁、吴敬琏主编《20 世纪中国知名科学家学术成就概览·经济学卷》（第二分册），科学出版社，2014，第 450~451 页。

既然市场是完善的，价格体系是灵敏的，每一个参加市场交易的人对于现在的和未来的价格都有完全的信息，对现在的和未来的供求状况都有充分的了解，价格随着供求的变化而随时进行调整，那么在任何一种价格条件下，需求总量必定等于供给总量，社会中的超额需求和超额供给都是不存在的，任何交易的实现，都以均衡价格为条件。没有达到均衡价格，不会成交，只有价格均衡了，才可能进行交易。根据这样的学说，生产的过剩、商品的滞销、经常性的失业以及与超额需求有关的通货膨胀也就不会出现。对于这种不符合经济实际的瓦尔拉均衡分析，虽然早就引起一些西方经济学家的尖锐批评，但直到20世纪60年代初，经济学界关于非均衡的研究仍是局部性的、非系统的，这包括凯恩斯的经济学说。20世纪60年代后期，新凯恩斯主义学派开展了系统的非均衡研究，并有了较大的进展。非均衡的研究表明，在市场不完善和价格不能起到自行调整供求的作用的条件下，各种经济力量将会根据各自的具体情况而被调整到彼此相适应的位置上，并在这个位置上达到均衡。显然，非均衡所达到的均衡，并非市场完善前提下的均衡，而是市场不完善前提下的均衡；并非是与零失业率或零通货膨胀率同时存在的均衡，而是伴随着失业或通货膨胀的均衡。换言之，非均衡实际上也是一种均衡，只不过它不是瓦尔拉学说中所论述的那种均衡，而是存在于现实生活中的均衡。[1]

2. 中国经济运行的两类非均衡

新中国成立以后，中国经济的运行无疑是非均衡的，但仅仅指出

---

[1] 厉以宁：《非均衡的中国经济》，经济日报出版社，1990，第1~2页。

中国经济的非均衡还远远不够，因为西方经济学中所说的非均衡，暗含了一个假定，即企业作为微观经济单位已经具有充分活力，因此，经济非均衡现象主要来自市场的不完善、价格的不灵活、信息传递的不畅通等。但是事实上，经济运行的非均衡分为两类。第一类非均衡是指市场不完善条件下的非均衡，这就是西方经济学家讨论的非均衡。第二类非均衡是指市场不完善以及企业缺乏利益约束和预算约束条件下的非均衡，也就是参加市场活动的微观经济单位并非自主经营、自负盈亏的独立市场主体，这是西方经济学家不曾讨论过的非均衡，而计划经济体制下的中国经济运行就属于第二类非均衡。中国经济现代化的过程中，需要先使经济由第二类非均衡过渡到第一类非均衡，然后再使第一类非均衡中的非均衡程度逐渐缩小。在第二类非均衡的情形中，中国经济除了存在"工资刚性""就业刚性""福利刚性"等问题之外，还存在"企业刚性"，也就是指企业实际上不负盈亏或负盈不负亏，从而企业破产难以实现，这带来了中国经济的许多问题。不消除"企业刚性"，中国经济只可能长期处于第二类非均衡状态中。[1]

由于计划经济体制下的中国经济处于第二类非均衡状态，所以在中国经济现代化或者经济体制改革的过程中，不应当以放开价格作为体制改革的主线，而应当以所有制改革为主线，明确产权关系，重新构造社会主义的微观经济单位，确立市场主体。如果企业仍然是政府部门的附属物，企业缺乏活力，政府和企业之间的关系依旧是上下级

---

[1]　厉以宁:《非均衡的中国经济》，经济日报出版社，1990，第2~4页。

关系，那么，放开价格只能导致剧烈的通货膨胀，使改革难以收效。所有制改革包括以下四部分。第一，产权改革。通过对国有和乡镇企业进行股份制改革，减少行政干预，建立产权清晰的现代企业制度，建立证券市场和企业上市制度。第二，所有制结构的调整，或者说，从所有制的单一化走向所有制的多元化。这是指：建立以国有经济和国家控股经济、城乡集体经济、个体经济、私营经济、混合所有制经济、中外合资经济、外商独资经济各占一定比例的所有制体系，把国有经济保持在适当但必要的范围内，扩大非国有经济、非公有制经济的比例。第三，探索并建立新的公有制形式，例如，公共投资基金、职工持股制度、农民专业合作社制度等。第四，对广大农民来说，土地集体所有制的所有权和农民使用权可以分离，土地权益需要确定，住房产权也需要确定，而且确权工作应当落实到户，这既有利于保障农民的合法权益，也能让农民在公开市场进行出让、租赁、入股等交易，让土地要素自由流动，进而激发农民的活力。建立了多种经济成分为内容的所有制体系和新公有制的微观经济基础，中国也就从第二类非均衡过渡到第一类非均衡了，之后就可以通过培育市场，推动要素市场化自由流动，使得市场逐渐完善，进而使得中国经济由第一类非均衡向均衡状态靠拢。[1]

中国经济的非均衡特征还论证了一个道理，中国经济现代化的动力在民间。改革开放以来的历史可以证明这一点，无论是农业承包制、乡镇企业的发展、经济特区的建立、股份制企业的设立，都标志

---

[1] 厉以宁:《大变局与新动力——中国经济下一程》，中信出版集团，2017，第129~130页。

着中国民间蕴藏着巨大的经济潜力。民间市场主体的积极性一旦被调动起来，中国经济发展就有了源源不断的动力。这里还要特别强调民营经济的重要作用。中国之所以在改革开放之后能够在发展中取得这样显著的成绩，一个重要的原因是民营经济作为国民经济的重要组成部分迅速成长壮大了。民营经济是中国经济的重要动力和活力来源，甚至可以称为"无民不稳""无民不富""无民不活"。"无民不稳"是就民营经济发展对缓解就业压力的重要作用而言的。民营经济解决了大量就业问题，为社会稳定做出了重要贡献；"无民不富"是就民营经济发展所掀起的创业热和创新热而言的，民营经济有利于让更多的人致富；"无民不活"是就民营经济发展对活跃城乡经济和使流通渠道畅通而言的。据统计，改革开放以来，民营企业贡献了50%以上的税收，60%以上的国内生产总值，70%以上的技术创新成果，80%以上的城镇劳动就业以及90%以上的企业数量，民营经济发展了，经济活力增强了，中国经济也就更加活跃了。因此，公有制经济和非公有制经济都是社会主义市场经济的重要组成部分，都是我国经济社会发展的重要基础。从第二类非均衡过渡到第一类非均衡，既需要改革后的国有企业作为市场主体，也需要民营企业作为市场主体。无论是"国退民进"还是"国进民退"，都不应是国家的方针。国家的方针应该是国有企业和民营企业的共同发展，它们之间既有合作，又有竞争，进而形成双赢的格局。这既是对经济增长最有利的，也是对社会安定和谐最有利的。[1]

---

[1]　厉以宁：《中国经济双重转型之路》，中国人民大学出版社，2013，第4页。

第三节　制度现代化视角下的中国特殊性

新中国成立之初，中国主要向苏联学习，建立了社会主义制度，因此中国的制度现代化历程与1917年以后苏联各个历史阶段的制度现代化有一定的相似性。不仅如此，按人均国民收入和农业人口在总人口中所占比例，中国的制度现代化历程与相似经济结构的发展中国家制度现代化也有一定的相似性。[1]但除了这些相似性之外，中国的制度现代化还有自身的特殊性，具体体现在中国在将马克思主义、中国传统文化和中国国情相结合的基础上创新了许多独具特色的中国式制度。本节试举两个例子。

一　中国特色的规划制度

1. 世界上的规划制度

用中长期规划指导经济社会发展，是一国政府推动经济社会发展的一种重要方式。自新中国成立以来，中国已经编制实施14个五年规划（计划），有力推动了经济社会发展、综合国力提升、人民生活改善。

从世界经济的历史大视野来看，规划制度并非中国独有，许多国家

---

[1]　厉以宁:《厉以宁经济史论文选》，商务印书馆，2015，第569页。

都实施过各种形式的规划制度，但实施效果却参差不齐，很少能像中国一样长期坚持并取得了重大发展成就。德国历史学派奠基人弗里德里希·李斯特是倡导国家规划的先驱者之一。从实践上看，现代国家规划制度的雏形最早出现在第一次世界大战期间，如德国制定了全国性的经济规划制度，目的是在战争期间迅速管理和配置非常稀缺的战略物资资源。

联共（布）第十六次代表大会上制定并通过了苏联 1928~1932 年国民经济计划，这标志着五年规划（计划）制度在全世界的诞生。苏联通过两个五年规划，初步建起了独立的比较完整的国民经济体系，实现了以重工业为主的工业化，工业总产值迅速跃升至欧洲第一、世界第二。

由于苏联的巨大成功，当时的五年规划制度被许多发展中国家视为通往工业化道路的灵丹妙药。于是，20 世纪 30 年代后，世界上出现了席卷全球的计划化浪潮，约占世界总人口三分之一的国家采用了计划经济体制，大部分模仿苏联的五年规划制度。受经济大萧条和凯恩斯主义的影响，美国也于 1934 年成立了国家规划委员会，通过制定规划推动联邦项目的实施，取得了积极成效。第二次世界大战后，规划制度进入鼎盛时期。许多战后国家由于面临物资和资源的紧缺，都引入了中央计划体系，由政府对经济进行干预，以更加理性地管理资本和市场。比如，法国和日本引入了宏观经济规划，荷兰、挪威、比利时、英国、意大利和丹麦等国家也纷纷效仿。此外，大部分非洲国家从殖民统治下独立以后都选择了规划制度，这一时期在世界各个国家勃兴的规划制度被世界银行称为一项改变世界经济版图的伟大人类实验。

　　然而好景不长，从 20 世纪 60 年代开始，规划制度开始出现危机，尤其是 20 世纪 70 年代非洲的发展规划总体上宣告失败，世界逐渐出现了去计划化的浪潮。随后苏联和东欧开始了规划制度的改革，主要是以"滚动"年度计划的方式增强规划的灵活性。然而随着苏联解体、东欧剧变，1991 年 4 月，已存在 70 年的苏联国家计委被撤销，宣告了五年规划制度在苏联的终结。随着社会主义国家开始从计划经济向市场经济转型，在此过程中，大部分国家都抛弃了计划体制，也抛弃了规划制度，只有少数几个国家保留了下来。与此同时，在全球新自由主义思潮的影响下，美国、欧洲和东亚等国家和地区也逐步取消了规划制度。于是，世界银行 1996 年的年度报告《从计划到市场》对规划做了总结评价："这种制度远不像表面上看起来那么稳定，其原因是计划方式内在的低效率是无处不在的"。

　　直到 2008 年全球经济危机以后，规划在发展中国家又迎来了新的兴起。这主要来自中国奇迹的示范效应。中国经济在 2008 年全球经济危机中表现出巨大的韧性和弹性，一大批非洲、拉美的发展中国家在学习中国经验时重新认识到规划的重要作用，并模仿中国经验或邀请中国的专家机构帮助他们国家制定中长期发展规划。

　　巧合的是，在 2007 年，也就是规划制度在全球第二次兴起的前一年，美国著名智库凯托学会的高级研究员兰德尔·奥图尔写了一本书，书名是 *The Best-Laid Plans: How Government Planning Harms Your Quality of Life, Your Pocketbook, and Your Future*，中文的意思是政府制定的看上去最周密的规划如何损害了你的生活质量、你的钱袋和你的未来。2016 年，这本书出了中文版，书名为《规划为什么会失败》。这本书研究了美国的规划，归纳了规划制度失败的两个原因：一是信息问题，即规划编制者收集信息和预测未来的能力是有限和片面的，没有人能够收集到所有信息和数据，并在持续变化的环境中对未来进行预测和安排；二是激励问题，即规划编制者和实施者是不同的主体，必然存在委托代理问题。这本书出版之后，影响很大，一些发达国家的学者认为，计划经济的"计划"英文是 plan，"规划"的英文也是 plan，所以规划其实就是披着"马甲"的计划经济，而计划经济已经被实践证明是低效率的。这样来看，规划没什么好处，反而有坏处，所以应该放弃规划。事实上，当时世界上还采用五年规划制度的国家也没几个。对于这种说法，马克思有一个形容费尔巴哈的很形象的比喻放在这里很恰当，费尔巴哈在批判黑格尔唯心论的同时把他的辩证法也一并抛弃了。马克思将费尔巴哈比喻为一个糊涂的老太婆，倒洗澡水的时候把孩子也一起倒掉了。

实践是检验真理的唯一标准，如果规划没有什么作用，甚至像兰德尔·奥图尔所说还会损害我们的福利，那中国为什么从"一五"到"十四五"一直在做规划呢？而且实践证明，在一个五年接着一个五年的接力赛下，中国的五年规划制度是非常成功的。其中的奥秘就在于中国式五年规划制度的特殊性。

2. 中国式规划

新制度经济学的宗师威廉姆森把每一种制度都定义为一种特殊的契约，契约签订之前是谈判，契约签订之后是治理。按照这一逻辑，我们把规划制度分为规划编制（谈判）、规划实施（治理）两个维度。自规划制度诞生以来，虽然不同国家规划制度的形式看似相同，但是从规划编制和规划实施两个维度来分析，可以分为三种类型。从规划编制维度来看，可以分为机械性全面计划（全面计划＋难以调整）、适应性宏观计划（宏观计划＋科学调整）、指导性抽象计划（抽象计划＋无须调整）三种类型。从规划实施维度来看，可以分为控制性任务治理（自上而下＋约束为主）、激励性目标治理（凝聚共识＋激励约束）、放任性自发治理（自下而上＋激励为主）三种类型。

相互组合后，我们可以归纳为三种类型的规划制度。

一是机械性全面计划与控制性任务治理的组合，也就是在规划编制中对经济社会等方方面面的内容做出非常详细的计划，由于规划内容面面俱到，每一项调整都需要重新计算，因此调整相对较难；在规划实施中以自上而下的行政指令为主，重点运用指令性指标进行约束控制。苏联的五年规划制度总体可以归为此类型。

二是适应性宏观计划与激励性目标治理的组合，也就是在规划编制中主要制定宏观战略层面的计划，并且可以根据环境的变化及时调整；在规划实施中，既注重自上而下的行政指令，也鼓励自下而上的灵活创新，能够综合运用约束性、预期性指标进行激励和约束。中国的五年规划制度总体可以归为此类型，尤其是改革开放以后的五年规划。

三是指导性抽象计划和放任性自发治理的组合，也就是在规划编制中主要制定一些更为宏观抽象（比如价值层面）的计划，因此无须根据环境的变化来调整；在规划实施中，主要是以自下而上的自发治理为主，以激励为主，很少运用指标约束。法国等一些西方资本主义国家的五年规划制度总体可以归为此类型。

回顾我国五年规划的历程，虽然中国共产党最初学习了苏联模式，但对我国的规划制度一直在不断探索、改革、发展和完善，运用马克思主义基本原理和中华优秀传统文化加以创造，建立了"适应性宏观计划＋激励性目标治理"的科学规划制度。具体而言，中国五年规划是一种宏观战略规划，是一种规范性政策而不是禁止性政策，主要为各级政府设置了一个框架，在这个框架内，各级政府可以制定出不同的行动方案，这些方案彼此联系，有时又相互矛盾，因此灵活调整和自主决策的空间较大。此外，这种宏观战略规划还可以实时评估和调整。中国的五年规划不是僵化的五年一度的一次性工作，早在改革开放前就已经是中央和地方在每个年度不断研究、协商、试验、评估、调整的年度计划，是一个自上而下和自下而上双向发力的循环过程，这些做法让中国避免了规划一旦出台就无法调整的困境。尤其是面对艰巨的宏观经济挑战时，比如新冠肺炎疫情对市场带来的冲击，中国果断在政府工作报告中不明确经济增长的具体目标，显示出"适应性宏观计划"的特点。在规划实施的过程中，中国的五年规划一方面有对各级政府的目标约束，另一方面还有对市场主体的目标引导和激励，是"激励性目标治理"的具体表现。

相较而言，第一类和第三类规划制度可以视为刚性的规划制度，而中国的规划制度本质上是一种柔性的、较为灵活的弹性规划制度。为什么弹性规划制度在实践中如此有效呢？刚性规划制度认为政府和市场是对立的，要么只重视政府的作用，要么只重视市场的作用，而弹性规划制度的重要优势就是实现了政府和市场"两只手"的有机统一、相互补充、相互协调、相互促进。具体来说，中国五年规划的编制既是政府对不同发展阶段的宏观战略性问题进行长期性、延续性的科学计划，也能充分吸纳市场的诉求，适应市场需要，对目标、内容、任务进行不断调整。中国五年规划的实施也不仅仅是政府的事情，而是将各个层级不同领域的政策主体相互连接成为一个庞大的网络，引导或激励各类经济主体的活动，塑造或制约各级政府的行为。因此，中国的五年规划，不是简单下达行政命令，而是在尊重市场规律的基础上，用改革激发市场活力，用政策引导市场预期，用规划明确投资方向，用法治规范市场行为。这种弹性规划制度既能够运用计划这只"看得见的手"，提供公共服务，促进社会进步，也能够运用市场这只"看不见的手"，提供良好投资环境，促进经济增长，通过"有效的市场"和"有为的政府"，在实践中破解了这道经济学上的理论难题，形成了中国特色的科学制度。

二　中国特色的开发性金融制度

1. 战略性长期项目的融资制度

一个国家的工业化、现代化、产业升级、可持续发展都需要战略性长期的融资。一般而言，项目融资可能的资金来源包括四种：政府财政、国有金融机构、私有金融机构以及资本市场融资。

对于战略性长期项目（如大型基础设施或风险较高的项目）而言，由于其资金需求额度较大，财政资金很难满足其需求，而且项目实施过程中的监督成本比较高，财政资金还很容易出现委托代理问题，所以在战略性长期项目上，财政资金并非主要的资金支持手段。私有金融机构是间接金融市场的主体，但是单个机构的资金实力往往较弱，且私有金融机构以追求自身短期利益最大化为宗旨，少有机构有意愿参与长期项目的融资。资本市场融资与之类似，由于资本具有逐利倾向，且长期项目风险较高，所以资本市场也少有动力去支持长期项目。因此，政府财政、私有金融机构、资本市场都不能成为一国战略性长期项目融资的主要来源，这种现象通常被称为长期融资领域的"政府失灵"和"市场失灵"现象。

最后一种资金来源的方式是国有金融机构。国有金融机构的性质决定其天然兼具政府公共职能（强调公共性和社会性）和金融中介职能（强调竞争性和营利性）。然而，金融抑制理论认为这两种职能如果在同一个金融机构上共存，必然会带来金融资源配置的低效率和扭曲。因此大部分国家将国有金融机构分设为国有政策性金融机构和国有商业性金融机构，前者侧重于实现政府公共职能，后者侧重于实现金融中介职能。然而，由于不强调竞争性和营利性，政策性金融机构一般以保本微利或者财政补贴方式来维持机构运行，机构可持续生存能力较弱。第二次世界大战后60多年的实践证明，以财政补贴为生存基础的政策性金融机构基本上都失败了，成功的不多。相对而言，由于对金融中介职能的强调，国有商业性金融机构需要在市场中与私有金融机构竞争，这使得国有商业性金融机构总是更有动力去支持短期、低风险、收益高的项目。因此，无论是国有政策性金融机构还是国有商业性金融机构，在解决一国战略性长期融资需求方面一直问题重重。

2. 中国式开发性金融

为了解决战略性长期项目的融资难题，中国在理论与实践相结合的探索中，成功创造了开发性金融制度，并建立了开发性金融机构。

开发性金融制度是国有金融制度的新形式，认为政府公共职能和金融中介职能可以通过金融制度的设计实现共存、相互促进，进而提升金融配置效率。在理论方面，开发性金融机构继承和发展了金融约束理论。该理论认为由于现实中市场的不完全竞争和不完全信息的特征，完全的金融自由化无法培育出社会需要的金融市场，因此给定宏观经济环境稳定等前提条件，由市场准入限制、存款监管等组成的一整套政府的动态金融约束政策有助于而不是阻碍金融深化，可以促进金融资源的有效配置。换言之，在一定前提下，政府有选择地对金融体系干预有助于提升金融资源配置效率，这一理论对金融抑制理论和金融自由化理论是一种发展。

开发性金融制度还可以用两类非均衡理论来阐释。开发性金融制度可以同时帮助解决中国经济运行中的两类非均衡问题，一是通过培育市场主体解决第二类非均衡问题，二是通过应对市场失灵解决第一类非均衡问题。在培育市场主体方面，西方发达国家成熟市场机制的形成经历了漫长的过程，付出了巨大的制度变迁成本，而许多发展中国家并没有市场机制自由进化、重新发育的时间和空间，因此可以发挥开发性金融作用，开发性金融机构通过前期规划、早期培育、资本市场孵化等流程，帮助不成熟的项目主体进行信用建设和市场建设，将这些项目主体培育为相对成熟的市场主体。在应对市场失灵方面，一系列文献指出，金融市场会有普遍且顽固的市场失灵，比如信息不对称、正外部性、私人银行的顺周期行为以及资本市场的短期主义，而不同收入水平的国家都可以通过设立开发性金融机构来干预和应对市场失灵问题。进一步来看，开发性金融已经突破了传统金融中介的职能，即只作为节约交易费用和增进资源配置效率的安排。开发性金融还承担了服务市场经济制度建设和发展的职能，本质上是政府发展经济的创新手段。更深入地来看，开发性金融是凯恩斯主义之后、新自由主义之外的产物，开发性金融是以发展的方式解决发展中的问题，盈利和生存只是开发性金融的必要条件，发展才是开发性金融的终极目的。因此开发性金融既注重防范发展中的风险，更注重开拓经济增长空间，是"发展是硬道理"在金融业的直接体现和表现形式。

在实践中，以中国国家开发银行为代表的开发性金融机构通过创新的制度设计取得了巨大的成功。开发性金融机构是以服务国家战略为宗旨，以国家信用为依托，以建设市场为核心，以中长期投融资为载体，以机构可持续发展为经营原则，以市场运作为基本方法，以债券发行为主要资金来源的金融机构。具体而言，开发性金融机构需要包括以下几个核心特征。一是具有独立法人地位（以此区分政府设立的基金）；二是财务可持续和自主发展（以此区分援助机构、政府财政支出、赠款、靠财政补贴或不以营利为目的的政策性金融机构）；三是实现公共政策目标（以此区分商业性金融机构）；四是享受政府支持（可以是一国所有，也可以是多国联合设立，享受主权级国家信用）；五是资产端和负债端的长期性（尤其是负债端主要靠发行国家信用的长期债券，以此区分国有商业性金融机构）。这一制度设计，不仅实现了政府组织优势和市场优势的相互促进，而且在自身可持续发展和支持长期项目融资方面卓有成效。连金融抑制理论的提出者Mckinnon在看到中国国家开发银行的实践后，也坦言"在与国家开发银行有了交往之后，我改变了自己原有的看法，国家开发银行正在开发一个精心设计的运行机制，在大型项目上促使多个企业和政府进行合作，以较强的道德准则和法律压力来保证贷款的偿还。通过超边际联合方式进行贷款融资，国家开发银行有效克服了货币的外部性问题"。因此，中国式开发性金融制度也是中国制度现代化的一项科学创新。

第七章　中国式现代化的知行合一

回顾 1840 年以来中国现代化的进程，太平天国运动、戊戌变法、义和团运动、辛亥革命等，都以失败告终。直到马克思主义传播到中国，直到中国共产党登上历史舞台，中华民族才终于迎来凤凰涅槃、浴火重生的曙光，中国式现代化道路才正式开启。无论是建立新中国、改革开放、中国特色社会主义进入新时代，中国式现代化道路都是思想解放与实践探索相伴同行的，在思想解放中探索实践，在实践探索中创新思想，将知行合一融入现代化的宏伟征程中。

第一节　改革开放以前的中国式现代化

一　近代的中国现代化

1. 中国现代化的开端

在西方国家开始工业革命并逐渐实现工业化以前，在漫长的岁月中，中国一直是世界上最富裕强盛的国家，是世界上其他国家所羡慕的经济中心。这种情形大约维持到 18 世纪晚期。此后，中国就已经落后于西方，而且差距越来越大，但当时的清朝统治者毫无察觉。1840年，中国的 GDP 总量远远大于英国，然而从 GDP 结构上看，中国和英国的差距却大得惊人。中国的 GDP 是由农产品和手工业品构成的，中国的出口品主要是茶叶、丝绸、瓷器、桐油、猪鬃等。中国也出口棉纺织品，但都是手工纺织的产品。而当时的英国工业化已进行了数十年，英国的 GDP 中，包括了各种机器设备、蒸汽机、钢铁等。英国的棉纺织品是机器制造的。英国的主要交通工具已经是火车和轮船，而中国的主要交通工具仍然是马车和帆船。当时中国的人口总量大大超过英国，然而人力资源结构，尤其是受现代化教育的程度远不如英国。[1]1840 年爆发了中英鸦片战争，中国被打败，割地赔款，被迫五口通商，洋货涌入。鸦片战争后，中国人民认识到世界形势已不同于过去，无数仁人志士开始苦苦寻求中国现代化之路，这也可谓是"中国现代化的开端"。一部分人率先提出了"师夷长技以制夷"的主张，主张学习洋务，引进坚船利炮，强军而后强国，但对于中国的制度却依旧麻木不仁。甲午战争的失败宣告了洋务运动的破产。当时中国的失败主要不在于武器装备的差距，因为双方的武器装备基本上是相等的；也不在于国家实力的悬殊，因为当时中国的产值大大高于日本，中国的军队人数几乎为日本的 5 倍。有识之士认为，中国的失败是在制度上，中国仍然是一个封建专制的王朝制度，而日本经过明治

---

[1] 厉以宁：《改革开放以来的中国经济：1978-2018》，中国大百科全书出版社，2018，第 470~472 页。

维新，已在制度上进行了改革，可以调动国内民众捐献、参军和努力为前线提供各种军需用品。怎么改革制度呢？一派是以孙中山为代表的兴中会（后来与黄兴领导的华兴会合并为同盟会），主张推翻清朝统治，建立民主政府；另一派是以康有为、梁启超为代表的维新派，主张在开明的清政府的主持下，变法维新，合乎世界潮流。维新派因自身力量微弱，难以与清朝主政的慈禧太后抗衡，"百日维新"失败了。孙中山领导的武装起义也遭到了政府的镇压。丧权辱国的《辛丑条约》签订之后，中国的苦难大大加重，清政府不得不从20世纪初开始实行"新政"，企图挽救摇摇欲坠的清朝统治。然而改革的启动已太晚了，民众都不看好。1911年10月，孙中山领导的革命派发动了武昌起义，紧接着全国许多省份都举行起义，革命声势之大前所未有。清政府派北洋军南下镇压起义，但北洋军实际上听命于袁世凯。袁世凯评估当时全国的形势，认为这是自己夺权的最佳机会，就在南北议和的过程中，乘机逼清朝末代皇帝溥仪退位，同意给予优待，终于南北统一，实行共和制，建立中华民国，袁世凯当上了"中华民国"的大总统。由于袁世凯背弃了承诺，孙中山领导了"二次革命"，因军力不济，失败了，由此开始了袁世凯的独裁政治。不久后，袁世凯倒行逆施，把国号由"中华民国"改为"中华帝国"，引起全国共愤，各省宣布独立。袁世凯身亡后，开始了北洋军阀和其他派系军阀割据称霸的时代。[1]

---

[1] 厉以宁:《新文化运动与西学东渐》,《北京大学学报（哲学社会科学版）》2015年第52（6）期，第5~12页。

2. 马克思主义在中国的传播

在寻求现代化的过程中，在无数仁人志士不屈不挠的努力下，各种主义和思潮都进行过尝试，资本主义道路没有走通，改良主义、自由主义、社会达尔文主义、无政府主义、实用主义、民粹主义、工团主义等也都"你方唱罢我登场"，但都没能解决中国的前途和命运问题。孙中山先生的《建国方略》被称为近代中国谋求现代化的第一份蓝图，但在半殖民地半封建社会的条件下，中国现代化没有也不可能取得成功。直到马克思主义在中国传播之后，在中国共产党的领导下，中国人民才走出了漫漫长夜，成功开启了中国式现代化征程。

马克思主义在中国的传播，与新文化运动密不可分。1915 年，陈独秀创办《青年杂志》（后更名为《新青年》），发表了胡适的《文学改良刍议》、陈独秀的《文学革命论》、鲁迅的《狂人日记》等文章，开启了新文化运动，掀起了一场思想革命，沉重打击了统治中国两千多年的传统礼教、传统道德观，启发了广大群众的民主觉悟、革命觉悟。1917 年 1 月 4 日，蔡元培就任北京大学校长。他改革学校的领导作风，充实学科、学制，倡导平民教育，首行男女同校。他采取"思想自由、兼容并包"方针，大量引进新派人物，陆续聘请陈独秀、李大钊、胡适、鲁迅等有名望的人来北京大学，提倡白话文，倡导重民主、重科学的新思潮，《新青年》也由上海迁到北京，北京大学成为新文化运动的中心。新文化运动大体上可以分为两个阶段：在第一阶段，即新文化运动的初期，主要是以西方资本主义的新文化反对封建主义的旧文化。新文化在第一阶段内，许多人的心目中仍然推崇资本主义新文化，并想以此代替封建主义旧文化，希望把中国改造为资本主义国家。在第二阶段，即新文化运动的后期，新文化运动的倡导者和参与者出现了分化：一部分人依旧认为可以把西方资本主义制度搬到中国，把在中国建立和推广资产阶级民主体制作为目标；另一部分人则认为，把西方资本主义制度搬到中国未必符合中国的国情，中国的改革可能有其他出路。李大钊发表了"庶民的胜利"的演讲，认为协约国战胜同盟国，不是因为协约国的武力，而是人类世界的新精神；不是哪一国的资本家的政府，而是全世界的庶民的胜利。这篇演说发表于1919年1月的《新青年》上。在同一时期的《新青年》上还发表了李大钊的另一篇文章《布尔什维主义的胜利》，这篇文章热烈赞扬俄国十月革命的胜利，预言"试看将来的寰球，必是赤旗的世界"。新文化运动的发展预示着分化的加速，一些对西方资本主义制度产生怀疑的人日益倾向于探寻新路。1919年"五四运动"的爆发使得新文化运动中一部分人在新路上走得更远，变得更加激进。1919年1月21日，中国以战胜国身份派代表团参加在法国巴黎举行的凡尔赛会议，但是日本拒绝交还所夺取的德国在山东的权利，并认为日本应当继承德国的权利。英、美、法等国竟不顾中国代表团的要求，把德国在山东的一切权利给予日本。消息于1919年5月2日传回北京，举国上下无不震惊。5月3日，北京大学学生紧急集会，并同其他高校学生商议后决定于5月4日举行大游行。5月4日，北京大学和其他13所高校的学生一共3000多人，在天安门前集合，然后举行示威游行，并火烧了赵家楼曹汝霖住宅。军警赶到现场拘捕学生，随后北京各高校学生实行总罢课，全国各地举行罢课、罢工、歇业等活动声援。这就是伟大的"五四运动"。中国有觉悟的仁人志士已经从"五四运动"

中懂得一个道理：资本主义不能拯救中国，帝国主义资本主义还在压迫中国，只有马克思主义才能救中国，只有组织起来，建立共产主义小组，并进而成立中国共产党，中国才有希望。[1]

概括而言，十月革命一声炮响，给中国送来了马克思主义。"五四运动"促进了马克思主义在中国的传播。在中国人民和中华民族的伟大觉醒中，在马克思主义同中国工人运动的紧密结合中，1921 年 7 月，中国共产党应运而生。中国产生了共产党，这是开天辟地的大事变，中国革命的面貌从此焕然一新。

二　改革开放以前中国共产党领导的中国式现代化

1. 新民主主义革命时期

建党之初和大革命时期，中国共产党制定民主革命纲领，发动工人运动、青年运动、农民运动、妇女运动，推进并帮助国民党改组和国民革命军建立，领导全国反帝反封建伟大斗争，掀起大革命高潮。土地革命战争时期，党从残酷的现实中认识到，没有革命的武装就无法战胜武装的反革命，就无法夺取中国革命胜利，就无法改变中国人民和中华民族的命运，于是开展了前赴后继的革命斗争。抗日战争时期，"九一八"事变后，中日民族矛盾逐渐超越国内阶级矛盾上升为主要矛盾。党实行正确的抗日民族统一战线政策，英勇作战，成为全

---

[1]　厉以宁：《新文化运动与西学东渐》，《北京大学学报（哲学社会科学版）》2015 年第 52（6）期，第 5~12 页。

民族抗战的中流砥柱，直到取得中国人民抗日战争最后胜利。这是近代以来中国人民反抗外敌入侵第一次取得完全胜利的民族解放斗争，也是世界反法西斯战争胜利的重要组成部分。解放战争时期，党领导的人民军队在人民支持下，以一往无前的英雄气概同穷凶极恶的敌人进行殊死斗争，为夺取新民主主义革命胜利建立了历史功勋。经过28年浴血奋斗，党领导人民，在各民主党派和无党派民主人士的积极合作下，于1949年10月1日宣告成立中华人民共和国，实现民族独立、人民解放，彻底结束了旧中国半殖民地半封建社会的历史，彻底结束了极少数剥削者统治广大劳动人民的历史，彻底结束了旧中国一盘散沙的局面，彻底废除了列强强加给中国的不平等条约和帝国主义在中国的一切特权，实现了中国从几千年封建专制政治向人民民主的伟大飞跃，为把我国建设成为现代化强国、实现中华民族伟大复兴创造了根本社会条件。[1]

早在抗日战争时期，毛泽东就已经开始系统思考未来建设什么样的新中国、中国现代化道路怎么走等一系列根本问题。1940年1月，毛泽东发表《新民主主义论》，首次规划了未来"新民主主义共和国"的蓝图。他认为，"新民主主义共和国"的经济建设有以下特点。首先，大银行、大工业、大商业，归国家所有。同时，并不没收其他资本主义的私有财产，并不禁止"不能操纵国民生计"的资本主义的生产发展。其次，实行"耕者有其田"，扫除农村中的封建关系，把土

---

[1]《中共中央关于党的百年奋斗重大成就和历史经验的决议（2021年11月11日中国共产党第十九届中央委员会第六次全体会议通过）》，《人民日报》2021年11月17日。

地变为农民的私产。同时，农村的富农经济也是容许存在的。最后，走"节制资本"和"平均地权"的路，决不能是"少数人所得而私"，决不能让少数资本家、少数地主"操纵国民生计"。毛泽东认为，在中国生产力水平低下时，城乡资本主义对中国生产力发展有积极作用，因此他极具战略眼光地提出中国革命的"双阶段"理论：中国革命的历史进程，必须分为两步，其第一步是民主主义的革命，其第二步是社会主义的革命，这是性质不同的两个革命过程。1945 年，中共七大上，毛泽东向大会提交了《论联合政府》的书面政治报告，其中专门阐述了中国的"工业问题"。毛泽东提出，中国人民及其政府必须采取切实的步骤，在若干年内逐步地建立重工业和轻工业，使中国由农业国变为工业国。在这样的工业国，有进步的比现时发达得多的农业，有大规模的在全国经济比重上占极大优势的工业，还有与工业相适应的交通、贸易、金融等事业做它的基础。由于有国营经济、私人资本主义经济等多种经济成分并存，因此新民主主义经济既会有计划成分，也会有市场成分。对于计划和市场谁居于主导地位的问题，在新民主主义建国方案进行完善和具体化的过程中，毛泽东、刘少奇等中共领导人一致认为新民主主义经济是有计划的经济，反对完全的自由贸易、自由竞争，主张走"大计划、小市场"的经济建设道路。中国共产党领导人的这些伟大构想和理论创新，最终成为了新中国成立之后中国式现代化道路的具体实践。[1]

---

[1] 尹俊、徐嘉：《中国式规划：从"一五"到"十四五"》，北京大学出版社，2021，第 57~62 页。

2. 社会主义革命与建设时期

新中国成立后，中国式现代化道路正式开启。中国共产党通过稳定物价，统一财经工作，完成土地改革，进行社会各方面民主改革，实行男女权利平等，镇压反革命，开展"三反""五反"运动，荡涤旧社会留下的污泥浊水，社会面貌焕然一新。1953 年，党正式提出过渡时期的总路线，即在一个相当长的时期内，逐步实现国家的社会主义工业化，并逐步实现国家对农业、手工业和资本主义工商业的社会主义改造。

解放以前，我国的资本区分为官僚资本（即大资本）和民族资本（即中小资本），当时官僚资本约占全国近代产业资本的 80%。解放后，没收了官僚资本，使之成为全民所有制经济，这就消灭了我国资本主义经济的主要部分。对民族资本则采取逐步赎买的方式。具体地说，是通过国家资本主义形式来改造民族资本。国家资本主义初级形式，在工业方面是加工、订货、统购、包销；在商业方面是经销、代销、代购。国家资本主义高级形式是公私合营，它包括个别企业的公私合营和全行业公私合营两个阶段。国家资本主义初级形式的特点是从流通领域入手，通过企业外部的联系，对民族资本进行改造。国家资本主义高级形式的特点是使社会主义经济成分深入到民族资本企业的内部，使企业生产关系发生质的变化。全行业公私合营以后，国家对民族资本企业的固定资产经过核价，定为私股，按照股息率支付年息，企业的生产资料则由国家统一调配和使用。原定的支付年息期限到了之后，国家不再支付年息，公私合营企业就成为完全社会主义性质的企业。对个体的农业和手工业实行社会主义改造是通过合作化的道路进行的。合作化的结果使个体农业和个体手工业成为社会主义集体所有制经济。[1]

　　1956年，我国基本上完成对生产资料私有制的社会主义改造，基本上实现生产资料公有制和按劳分配，建立起社会主义经济制度，为发展奠定了重要基础。党的八大提出要集中力量发展社会生产力，实现国家工业化，逐步满足人民日益增长的物质和文化需要。党还提出努力把我国逐步建设成为一个具有现代农业、现代工业、现代国防和现代科学技术的社会主义强国，领导人民开展全面的、大规模的社会主义建设。经过实施几个五年计划，我国建立起独立的、比较完整的工业体系和国民经济体系，农业生产条件显著改变，教育、科学、文化、卫生、体育事业有很大发展。遗憾的是，党的八大形成的正确路线未能完全坚持下去，就先后出现"大跃进"运动、人民公社化运动等错误，反右派斗争也被严重扩大化，"文化大革命"更使党、国家、人民遭到新中国成立以来最严重的挫折和损失，教训极其惨痛。从新中国成立到改革开放前夕，党领导人民完成社会主义革命，消灭一切剥削制度，实现了中华民族有史以来最为广泛而深刻的社会变革。在现代化建设过程中，虽然经历了严重曲折，但党在社会主义革命和建设中取得的独创性理论成果和巨大成就，为在新的历史时期的中国式现代化提供了宝贵经验、理论准备、物质基础。[2]

---

[1]　厉以宁：《社会主义政治经济学》，商务印书馆，1986，第8~9页。

[2]　《中共中央关于党的百年奋斗重大成就和历史经验的决议（2021年11月11日中国共产党第十九届中央委员会第六次全体会议通过）》，《人民日报》2021年11月17日。

第二节　改革开放与社会主义现代化建设新时期的中国式现代化

一　社会主义市场经济体制的建立与"思想先行"

1. 思想解放与摸着石头过河

从 1949 年中华人民共和国成立算起，到 1978 年改革开放，已经度过了 30 年，这 30 年左右的时间内，并不是没有人提出要改革、要开放，但阻力很大，几乎寸步难行。最大的阻力在于意识形态方面，因为无论在农村还是在城市，意识形态方面都存在着障碍。为了扫清思想上的障碍，必须解放思想，清除计划经济体制和理论的影响，否则改革与发展都寸步难行。1978 年，全国上下开始了"实践是检验真理的唯一标准"的大讨论。这场大讨论长达半年之久，干部、知识界的人士都参加了这场史无前例的大讨论。正是在这样的氛围中，1978 年 12 月召开了中共十一届三中全会，提出了新的改革思路。[1]

以邓小平为核心的中国共产党第二代领导集体，深入中国实际，参照第二次世界大战结束以来西方发达国家继续推进工业化、现代化的经验，提出了建立中国特色社会主义的理论和改革思路。在思想路线上，重温"实事求是"的原则，正确评价改革开放之前的 30 年，

---

[1]　厉以宁、辜胜阻、高培勇、刘世锦、刘伟、洪银兴、樊纲、洪永淼：《中国经济学 70 年：回顾与展望——庆祝新中国成立 70 周年笔谈（下）》，《经济研究》2019 年第 54（10）期，第 4~23 页。

提出了改革开放的大方针。邓小平指出，从总体上看，20 世纪 80 年代，世界正处于和平与发展的时期，中国一定要抓紧这个机会，坚持"发展才是硬道理"，使经济进一步发展。为此，中国应加快改革和开放的步伐。改革，是指对不适应生产力发展的计划经济体制进行改革；开放，是指要向西方发达国家学习一切科学技术的新成就和成功的经验，使中国经济的发展能跟上世界的步伐，进入富强的行列。然而，改革之路并不是一帆风顺的，"姓社姓资"的问题反复在人民中引起争议。1992 年初，邓小平同志的南方谈话又进一步解放了人们的思想，使中国走上了改革和发展的快车道。因此可以说，中国改革开放的推进，同"思想先行"是分不开的。正是在中国特色社会主义理论的指导下，自 20 世纪 90 年代初，中国的经济开始快速发展。中国人民的生活水平也在经济改革和发展过程中由温饱状态进入小康阶段。从实践中，中国人民也逐渐普遍认识到，没有改革和开放，中国就不会取得如此巨大的成就。[1]

　　中国从社会主义计划经济体制转轨到社会主义市场经济体制，这在全世界既没有先例可援，也没有现成的改革理论可供参考，有的只是资本主义制度调整的经验（如第二次世界大战结束以后西德的改革）或不成功的东欧某些国家的改革教训（如波兰、匈牙利的改革）。中国的政府官员和经济学者不可能从书本上学到社会主义制度调整的理论。因此，改革的总体思路、改革的配套措施以及这些措施推出的

---

[1]　厉以宁:《改革开放以来的中国经济: 1978-2018》，中国大百科全书出版社，2018，第 473~474 页。

时机等，既要大胆，又必须谨慎，"摸着石头过河"就是一种科学的方法。"摸着石头过河"就是指一边继续改革探索，一边通过改革的实践形成经验和教训，边改革边学习。谁都不是先知先觉者，谁也不可能是先知先觉者，"实干兴邦、空谈误国"。[1]这是改革开放的另一项重大经验。

2. 体制改革路线之争

中国经济体制改革最初是从农村开始的。农村改革了，乡镇企业兴起了，经济特区也建立了，从 1984 年开始，需要考虑的是城市经济体制怎么改革。这时社会上出现了两种改革思路。第一种思路是"价格改革主线论"，也是流行于学术界的思路。这一思路认为，只有"管住货币，放开价格"，才能建立起竞争性的市场体系，解决资源配置优化和各生产单位经营自主权这两个提高经济效率的关键问题，使经济转入健康发展的轨道。市场经济体制改革就像穿衣服一样，第一个扣子扣错了，所有下面的扣子全都会扣错，第一个扣子就是价格。当时的国外专家以西德的"休克疗法"为范例，也推崇这种办法。第二次世界大战前，西德经济很强，可是战后西德被英、美、法占领，物价飞涨、物品短缺、黑市猖獗、失业严重，怎么办？西德在美国的帮助之下进行改革，把物价全部放开。西德经济经历了几年的混乱之后开始恢复，20 世纪 50 年代中后期开始复苏，被称为"艾哈德奇迹"。外国专家就建议，西德的经验可以供中国参考。第二种思路是"企业改革主线论"。这一思路认为，中国经济改革的失败可能就是由于价

---

[1]　厉以宁：《厉以宁经济史论文选》，商务印书馆，2015，第 619~622 页。

格改革的失败，中国经济改革的成功必须依靠所有制改革的成功。这一思路主要基于四点原因。第一，西德是个私有制经济的社会，企业都是私营企业，把价格放开企业就会自我调整、优胜劣汰，经过这一关，西德经济就可以发展。但是中国不行，中国是公有制，企业都是国有企业，国有企业没有自主权，亏损还是国家赔，所以与西德条件不一样。第二，西德是在美国援助下启动的改革。当时有"马歇尔计划"，通过进口面包、面粉、黄油、汽油，物价上涨之后可以平抑下来，而中国的改革不可能寄希望于哪个西方发达国家。第三，根据马克思主义辩证唯物主义的原理，内因是变化的根据，外因是变化的条件。放开价格是改善环境，改革的内因是企业改革；不改企业，价格不能起作用。第四，根据马克思主义政治经济学原理，生产第一性，流通第二性，生产决定流通，流通反作用于生产。中国的价格改革是流通领域的改革，而关键是生产领域的改革。不改企业，不改生产领域是不行的。[1]

在这两种思路的争论中，城市开始了体制改革之路。企业股份制改革开始试点，但又受到批判。1988 年夏天，国家开始"管住货币，放开价格"，但"价格闯关"引发了群众性挤提存款和抢购商品，引起了通货膨胀。而"控制货币"实际上是做不到的，因为"控制货币"至多只能抑制投资，但挡不住人们利用手头的现金和动用储蓄存款来购买商品。为了遏制通货膨胀，政府不得已实行了紧缩政策，财

---

[1] 厉以宁:《一番求索志难移: 厉以宁论文选 2008–2010》，中国大百科全书出版社，2015，第 173~175 页。

政抽紧，信贷抽紧，双管齐下，通货膨胀的势头受到了抑制，但付出的代价却是经济发展放缓、失业人数增多、企业相互欠债现象突出。1992年以后，价格改革的步伐大大快于企业改革的步伐，企业改革远远滞后了。到1994年春天，绝大多数商品的价格都放开了，连多年以来一直被认为是价格改革难点的生活必需品价格也都放开了。然而企业改革的进展却非常迟缓，国有大中型企业中，只有极少数企业真正被改造为政企分开、产权明确、自主经营、自负盈亏的商品生产者。绝大多数企业依然处于原地而没有改革。通货膨胀终于又来了，1994年第一季度，通货膨胀率高达20%以上。这么高的通货膨胀率，一部分原因是投资体制和企业体制尚未改革引起的投资规模失控，另一部分原因则是价格改革大大超前于企业改革。以行政手段实行经济的紧缩，成为应付通货膨胀的基本策略，但也成为进一步加剧国有大中型企业困境的手段。直到党的十五大，中央正式提出股份制是公有制的一种实现形式，企业改革随后取得了巨大的成就，两种改革思路之争才告一段落。[1]

二　改革开放与社会主义现代化建设新时期的现代化

1. 现代化成就

改革开放以后，在中国共产党的领导下，我国的改革从农村实行家庭联产承包责任制率先突破，逐步转向城市经济体制改革并全面

---

[1]　厉以宁：《经济漫谈录》，北京大学出版社，1998，第5~10页。

铺开，确立社会主义市场经济的改革方向，更大程度、更广范围发挥市场在资源配置中的基础性作用，坚持和完善基本经济制度和分配制度。党坚决推进经济体制改革，同时进行政治、文化、社会等各领域体制改革，推进党的建设制度改革，不断形成和发展符合当代中国国情、充满生机活力的体制机制。党把对外开放确立为基本国策，从兴办深圳等经济特区、开发开放浦东、推动沿海沿边沿江沿线和内陆中心城市对外开放到加入世界贸易组织，从"引进来"到"走出去"，充分利用国际国内两个市场、两种资源。经过持续推进改革开放，我国实现了从高度集中的计划经济体制到充满活力的社会主义市场经济体制、从封闭半封闭到全方位开放的历史性转变。[1]

为了加快推进社会主义现代化，党领导人民进行经济建设、政治建设、文化建设、社会建设，取得一系列重大成就。党坚持以经济建设为中心，坚持发展是硬道理，提出科学技术是第一生产力，实施科教兴国、可持续发展、人才强国等重大战略，推进西部大开发，振兴东北地区等老工业基地，促进中部地区崛起，支持东部地区率先发展，促进城乡、区域协调发展，推进国有企业改革和发展，鼓励和支持发展非公有制经济，加快转变经济发展方式，加强生态环境保护，推动经济持续快速发展，综合国力大幅提升。党坚持"党的领导、人民当家作主、依法治国"有机统一，发展社会主义民主政治，建设社会主义政治文明，积极稳妥推进政治体制改革，坚持依法治国和以德

---

[1]《中共中央关于党的百年奋斗重大成就和历史经验的决议（2021年11月11日中国共产党第十九届中央委员会第六次全体会议通过）》，《人民日报》2021年11月17日。

治国相结合，制定新宪法，建设社会主义法治国家，形成中国特色社会主义法律体系，尊重和保障人权，巩固和发展最广泛的爱国统一战线。党加强理想信念教育，推进社会主义核心价值体系建设，建设社会主义精神文明，发展社会主义先进文化，推动社会主义文化大发展大繁荣。党加快推进以改善民生为重点的社会建设，改善人民生活，取消农业税，不断推进学有所教、劳有所得、病有所医、老有所养、住有所居，促进社会和谐稳定。党提出建设强大的现代化正规化革命军队的总目标，把军事斗争准备的基点放在打赢信息化条件下的局部战争上，推进中国特色军事变革，走中国特色精兵之路。改革开放和社会主义现代化建设的伟大成就举世瞩目，我国实现了从生产力相对落后的状况到经济总量跃居世界第二的历史性突破，实现了人民生活从温饱不足到总体小康、奔向全面小康的历史性跨越，推进了中华民族从站起来到富起来的伟大飞跃。[1]

这一时期，在计划经济体制向市场经济体制转型的过程中，也有两项制度现代化的重要成就。长期以来，中国的计划经济有两大制度支柱，第一个支柱是国有企业体制，第二个支柱是城乡二元体制，两者支撑了计划经济。改革开放与社会主义现代化建设新时期，这两个制度支柱也经历了现代化变革，即股份制改革与城乡二元体制改革。

2. 股份制改革

尽管 1949 年之前在中国已经有了股份制企业和证券市场，但

---

[1]《中共中央关于党的百年奋斗重大成就和历史经验的决议（2021 年 11 月 11 日中国共产党第十九届中央委员会第六次全体会议通过）》，《人民日报》2021 年 11 月 17 日。

1949 年之后，这些都相继退出了历史舞台。当 1979 年中国经济体制改革刚起步时，国内的企业主要是国有企业，另一部分是集体所有制企业。国有企业是政府直接控制的，产权并未明确地界定，政企不分，生产和销售都由政府规定，企业没有投资权和自主经营权，只不过是政府的附属物。集体所有制企业同样是产权不清楚、不明晰。"集体"的概念一直是模糊的。这些企业实际也归政府控制，生产和销售同样纳入政府的计划，企业不是自主经营者。这就是改革刚开始时的状况。[1]

十一届三中全会召开后，乡镇企业兴起，不少地方的农民自发地采取集股的方式，组成了股份制的乡镇企业，实现"以资带劳，以劳带资。"这些股份制的乡镇企业就是改革开放以后中国股份制企业的雏形。1980 年，历年上山下乡的知识青年纷纷回城了，回城青年有1700 万人，再加上没有上山下乡、继续留在城市的青年 300 多万人，一共 2000 万人以上，他们被称为"待业青年"。他们急需找到工作，但工作岗位远远不足，所以有的城市就发生了"待业青年"包围市政府、请愿等事件。于是股份制问题被提出来，希望可以号召大家集资，以入股形式组织新的企业，也可以让企业通过发行股票增资，扩大规模，以此解决就业问题。[2]

随后是中国经济体制的改革，在"企业改革主线论"的呼吁下，

---

[1] 厉以宁:《改革开放以来的中国经济: 1978-2018》，中国大百科全书出版社，2018，第 362 页。

[2] 厉以宁:《改革开放以来的中国经济: 1978-2018》，中国大百科全书出版社，2018，第 362~363 页。

1984~1986 年间，出现了不少股份制改革的试点。1984 年 10 月，上海市政府发布《关于发行股票的暂行管理办法》；同年，北京市开始了天桥百货公司股份制改革的试点；1985 年，广州绢麻厂、明兴制药厂、侨光制革厂三家国有中小企业进行股份制改革试点；1986 年 12 月，国务院发布了《关于深化企业改革增强企业活力的若干规定》，允许各地可以选择少数有条件的国有企业进行股份制改革。但不久，股份制改革受到了严厉批判，股份制改革受挫。1987 年 5 月，企业承包制正式出台。人们都议论道：企业承包制是股份制改革的替代方案。但承包制并没有解决使国有企业产权清晰和投资主体多元化的问题，企业仍然不能摆脱政府附属物的地位，以及企业承包制对近期利益更为偏好，这些既不利于企业自身的发展，又不利于国民经济的发展，因此企业承包制没有什么成效。1988 年夏天，国家"价格闯关"失败，又宣布暂停物价放开，进行"治理整顿"。企业承包制不灵，"价格闯关"又行不通，国务院再度回到了股份制改革的道路。但当时观点的论争十分严峻，股份制再一次遭到批判和质疑。对股份制持否定态度的人认为，实行股份制就是实行私有化，如果在中国实行国有企业的股份制，无异于把中国引入资本主义道路。此外，股份制可能会侵占国有资产，导致国有资产流失。值得庆幸的是，在这段时间内，股份制改革在实践中仍在推进。1990 年 3 月，国家允许上海、深圳两地试点试行公开发行股票。1990 年 11 月，上海市政府颁布了《上海市证券交易管理办法》；1990 年 12 月，上海证券交易所和深圳证券交易所先后成立并开始营业。1991 年 5 月，深圳市政府颁布《深圳市股票发行与交易管理暂行办法》。1991 年 8 月，作为中国证券业的自律组织——中国证券业协会在北京成立。到 1991 年底，有 8 只股票在上海证券交易所上市，有 6 只股票在深圳证券交易所上市。中国股份制改革在艰难中继续前进，直到邓小平 1992 年南方谈话。邓小平同志在深圳视察时指出："证券、股市，这些东西究竟好不好，有没有危险，是不是资本主义独有的东西，社会主义能不能用？允许看，但要坚决地试。看对了，搞一两年对了，放开；错了，纠正，关了就是了。关，也可以快关，也可以慢关，也可以留一点尾巴。怕什么，坚持这种态度就不要紧，就不会犯大错误。"[1] 南方谈话后，股份制改革终于迈上了加速前进的平台。1997 年，党的十五大报告提出："股份制是现代企业的一种资本组织形式，有利于所有权和经营权的分离，有利于提高企业和资本的运作效率，资本主义可以用，社会主义也可以用。不能笼统地说股份制是公有还是私有，关键看控股权掌握在谁手中。"国有大型企业的股份制改革跃上了新的台阶，人们不再被股份制企业姓"社"还是姓"资"的争论束缚手脚了。紧接着，《证券法》于 1998 年 12 月由全国人大常委会通过，并于 1999 年 7 月 1 日实施。从 1999 年起，国有大企业的股份制改革工作大大加快，上市公司数目也日益增加。中国的股份制改革进入了全面铺开的快车道。[2]

《证券法》实施以后，中国股份制改革和资本市场发展中面临一个重要问题：如何从双轨制转向单轨制。双轨制是指股份分两类：流

---

[1] 《邓小平文选》第 3 卷，人民出版社，1993，第 373 页。

[2] 厉以宁：《改革开放以来的中国经济：1978-2018》，中国大百科全书出版社，2018，第 365~370 页。

通股和非流通股，这主要出现在国有企业改革的初期，实现"先增量股份化，后存量股份化"，即国有企业改制为股份制企业并上市后，增发的股份是流通股，可以在股市中交易；原来的资产虽然折为股份，但不上市、不流通。流通股和非流通股并存，就是股份制的双轨制。双轨制造成的问题越来越明显，甚至增量股份化变成了公司圈钱的手段。于是，我国又实施了股权分置改革，实际上是股份制的第二次改革，它要解决的主要问题就是要把股份制的双轨制变成单轨制，即把流通股和非流通股的分置改为全流通股。一方面，国有股从非流通股转变为流通股是完善股份制和资本市场的重要举措，并不等于国有资产的流失，国有股的监督管理机构会依照法律来妥善处理这一问题。如果国有股继续处在隔绝于资本市场之外的非流通状态，不仅对国有资产本身不利，而且也不利于国民经济。另一方面，国有的非流通股转变为流通股的过程中，非流通股持有者给流通股持有者以一定的补偿是有法律根据的：因为当初国有企业改制为上市公司时都在招股说明书或上市公告书中承诺，其公开发行前股东所持股份暂不上市流通，从而所发行的股票才得以按较高的价格出售。现在，国有股要从非流通股转变为流通股了，这就违背了当初的承诺。按照《中华人民共和国合同法》的规定，这是一种违约行为，违约的一方给另一方带来损失的，应当给予赔偿。至于补偿多少，则由市场决定。股权分置改革方案终于得以实现。到 2006 年年底，股份制的第二次改革基本完成。随后，我国还进行了多层次的、完善的资本市场体系的建设，推动完善上市公司治理结构、确立有效的资本市场监督管理体制、推动混合所有制等改革措施。这就是改革开放以来中国股份制改革的历程。[1]

3. 城乡二元体制改革

中国的城乡二元结构自从宋朝算起，已有 1000 年以上的历史。当时尽管有城乡二元结构，却没有城乡二元体制，那时候人们在城乡之间可以自由迁移。城乡二元体制是 20 世纪 50 年代后期起才建立的，由于计划经济体制的确立，户籍分为城市户籍和农村户籍，城乡二元体制形成了，城乡也就被割裂开来了。从这时开始，城市和农村都成为封闭性的单位，生产要素的流动受到十分严格的限制。在城乡二元体制下，城市居民和农民的权利是不平等的，机会也是不平等的。在某种意义上，农民处于"二等公民"的位置。[2]

而且，农民和城市居民之间的收入差距越来越大，这主要是三个原因。一是物质资本方面的差距。以土地和房产来说，城里的土地是国有的，祖传的房屋有产权，可以用于抵押，贷款可以用来创业，可以用于投资作坊、商店等小本经营。而农民则不一样，土地是集体所有的，实际上农民没有产权，除改革试验区以外，农民自己的房屋不能用来抵押，承包的土地也不能抵押，农民没有物质资本，只能长期生活于贫困之中。二是人力资本方面的差距。影响人力资本的主要因素是受教育的程度。由于城乡教育资源的配置是非均等的，城里的学校投资多、经费足、师资好、设备也齐全。农村的孩子上学，学校

---

[1] 厉以宁:《改革开放以来的中国经济：1978–2018》，中国大百科全书出版社，2018，第 370~379 页。

[2] 厉以宁:《经济与改革：厉以宁文选 2008–2010》，中国大百科全书出版社，2019，第 3~4 页。

差、设备差、师资力量又不足，这样，农民的孩子受教育的条件显然不如城里人的孩子，这必然影响农村年轻人的升学、未来的就业前景、收入前景。三是社会资本方面的差距。社会资本是一种无形的资本，本质是人际关系。农民的社会资本要比城里人的社会资本少得多。城里人要想闯荡市场，自己创业，总有"亲戚的亲戚""朋友的朋友"会帮一把、拉一把。农民却没有这样的资源，他们的熟人少，亲戚同自己一样也住在乡下，与市场无缘。特别是住在山沟里的农民，谁也不认识，对市场经济谁也不熟悉，一旦踏进了市场，没有社会资本可利用，因此城乡居民的收入差距不可能不扩大。[1]

中国的经济体制改革是从农村家庭承包制的推行开始的。农村家庭承包制调动了农民的生产积极性，并为乡镇企业的兴起创造了条件，在当时起了推动改革的重要作用。但实行农村家庭承包制只是否定了城乡二元体制的一种极端的组织形式（人民公社制度），而没有改变城乡二元体制继续存在的事实，城乡依旧隔绝，两种户籍制度仍然存在。而从1984年党的十二届三中全会以后，改革的重心从农村转向城市，即国有企业体制改革，城乡二元体制只是"略有松动"，主要表现于农民可以进城务工，可以把家属带进城镇，城市中的企业可以到农村组织农民生产（如采取订单农业形式），等等。2003年党的十六届三中全会第一次明确提出要建立有利于逐步改变城乡二元结构的体制，这是一次重大的突破，因为城乡二元体制的改革是继国有

[1]　厉以宁：《改革开放以来的中国经济：1978-2018》，中国大百科全书出版社，2018，第482~483页。

企业体制改革之后另一项带有根本性质的经济体制改革。[1]

农村的土地确权和土地流转逐步启动了。农村土地确权在很多地方开展了试点，主要是为农民发放"三权三证"。"三权"是农民承包土地的经营权、农民宅基地的使用权、农民在宅基地上自建住房的房产权；"三证"是农民承包土地经营权证、农民宅基地使用权证、农民在宅基地上自建住房的房产证。农民的"三权三证"是受到法律保护的。有了法律的保护，任何人或单位都不得随意占有农民的承包地、宅基地和宅基地上的房屋。土地确权之后，土地流转就开始了。土地流转是农民土地经营权、使用权的一种体现，土地可以转包，或租赁，或委托经营，或土地折股加入农民事业合作社、工商企业、农业企业，等等。如果要征用农民的土地和拆迁农民的房屋，必须严格按照法定程序行事，需要以农民作为一方，政府或政府同意下的企事业单位作为另一方，双方进行协商，按双方同意的价格成交，以合同为据。土地确权和流转之后，农民的收入开始增加了。这主要是五个方面的原因。一是土地确权以后，农民的财产权明确了，生产经营的信心大增，他们的积极性被充分调动起来，潜力得以发挥。二是通过土地流转，农民不仅获得了转包费、租金，而且纷纷外出务工或经营小本生意，收入增多了。三是农民在宅基地上，拆旧屋，建新房，还可以出租给外地来开店的客人，收入增长很快。四是有些务农有专长的农民，通过土地流转，建立家庭林场、家庭饲养场，走规模经营道

---

[1] 厉以宁：《经济与改革：厉以宁文选 2008-2010》，中国大百科全书出版社，2019，第4~5页。

路，增加了收入。五是一些农民参加了农民专业合作社，既有工资收入（在合作社内从事一定的工作，如管理、耕种、养殖），又有股份分红的收入。随着农村土地确权和推进，城乡二元体制改革逐步深化，农业企业下乡、农村专业合作社和家庭农场的开设也都开始慢慢推进了，城乡的发展迎来了新局面。[1]

　　另一项城乡二元体制的改革是推进新型城镇化建设，主要是为了解决农民的市民化问题，农民市民化实际上就是让农民和他的家属都融入城镇社会。由于1958年以来的户口分为城市户口和农村户口两种，农民在不知不觉中就成为不能离开农村的人。改革开放之后，农民可以进城打工了，甚至还是各工厂的技术骨干，但他们的身份还是农民，他们的孩子不能在公立学校上学，医疗保障等也跟城里人不一样。但我国的国情是地少人多，如果要做到农民和他的家属融入城镇社会，现在的城市规模是远远不够的。于是我国开始了新型城镇化建设。新型城镇化包括"老城区＋新城区＋新社区"三部分。老城区就是现在的城区，重在改造。城里造成污染的企业要往外迁，城里棚户区拆迁，贫民窟式的街道房子要拆迁，让老城区改造成为适合人居住的居住区、商业区、服务区，这就是老城区的任务。新城区在远郊，或者是一些镇的周围，主要是工业园区、高新技术开发区、物流园区，它是城市发展自己支柱产业的地方，是新兴产业的落脚地。新城区最大的特点是工业进园区，好处一是节约能源，各种设施都可以充

---

[1]　厉以宁:《改革开放以来的中国经济：1978–2018》，中国大百科全书出版社，2018，第484~488页。

分利用；二是污染源集中，便于治理；三是企业聚在一起，交流机会多，商业机会也多；四是政府可以加强服务。"老城区＋新城区"都开始实施户籍制度的积分制改革，达到一定的积分，就可以成为城市市民，社会保障待遇完全一致。但是"老城区＋新城区"，容纳人数仍然有限，所以第三个部分的城镇化是"新社区"。新社区的出发点就是各地开始建设的社会主义新农村，新社区有五个方面目标：第一，园林化；第二，要走循环经济的道路，包括垃圾回收和利用、清洁生产、污染清理等；第三，公共服务到位；第四，城乡社会保障一体化；第五，建立社区的管委会，以代替现在的村委会。由于城乡社会保障一体化了，新社区也被称为"就地城镇化"。[1]新型城镇化建设进一步推动了城乡二元体制的改革，也大大加快了我国的经济体制转型。

第三节 中国式现代化新征程与理论创新

一 高质量发展是新时代的硬道理

1. 中国进入新发展阶段

党的十八大以来，中国特色社会主义进入新时代，中国式现代化

---

[1] 厉以宁：《大变局与新动力——中国经济下一程》，中信出版集团，2017，第348~352页。

进入了新发展阶段。为什么说中国式现代化进入了新发展阶段呢？这是一个认识论的问题，需要回到马克思主义经典作家的科学论述。马克思、恩格斯认为，资本主义社会和共产主义社会之间有个过渡时期，共产主义社会第一阶段是资本主义社会向共产主义社会过渡的社会形态。列宁将共产主义社会第一阶段称作社会主义社会，并分为初级形式、发达的、完全的社会主义。毛泽东深刻分析中国国情，认为中国进入社会主义社会之前需要经历新民主主义革命这个历史阶段。在新中国成立之初，毛泽东进一步提出从新民主主义社会进入社会主义社会需要经历一个过渡阶段，并提出了党在过渡时期的总路线。毛泽东还进一步提出，社会主义社会分为两个阶段，不发达的和比较发达的。邓小平深刻总结世界社会主义特别是我国社会主义建设正反两方面的经验，认为社会主义本身是共产主义的初级阶段，而中国又处在社会主义的初级阶段，属于不发达的阶段。党的十八大以来，习近平准确把握世情国情，做出中国进入新发展阶段的科学判断。新发展阶段依然是社会主义初级阶段的一个阶段，但与以往的阶段有所区别。

从历史依据来看，新发展阶段是中国共产党带领人民迎来从站起来、富起来到强起来历史性跨越的新阶段。党成立后，团结带领人民经过28年浴血奋战和顽强奋斗，建立了中华人民共和国，实现了从新民主主义革命到社会主义革命的历史性跨越。新中国成立后，党团结带领人民创造性完成社会主义改造，确立社会主义基本制度，大规模开展社会主义经济文化建设，中国人民不仅站起来了，而且站住了、站稳了，实现了从社会主义革命到社会主义建设的历史性跨越。进入历史新时期，党带领人民进行改革开放新的伟大革命，极大地激发了广大人民群众的积极性、主动性、创造性，成功开辟了中国特色社会主义道路，使中国大踏步赶上时代，实现了社会主义现代化进程中新的历史性跨越，迎来了中华民族伟大复兴的光明前景，中国正在此前发展的基础上续写全面建设社会主义现代化国家新的历史。就现实依据来讲，中国已经拥有开启新征程、实现新的更高目标的雄厚物质基础。经过新中国成立以来特别是改革开放40多年的不懈奋斗，到"十三五"规划收官之时，中国经济实力、科技实力、综合国力和人民生活水平跃上了新的大台阶，成为世界第二大经济体、第一大工业国、第一大货物贸易国、第一大外汇储备国，国内生产总值超过100万亿元，人均国内生产总值超过1万美元，城镇化率超过60%，中等收入群体超过4亿人。特别是全面建成小康社会取得伟大历史成果，解决困扰中华民族几千年的绝对贫困问题取得历史性成就。这在中国社会主义现代化建设进程中具有里程碑意义，为进入新发展阶段、朝着第二个百年奋斗目标进军奠定了坚实基础。[1]

从经济现代化的角度来看，经济新常态是新发展阶段的一个特征。这是因为改革开放以后中国经济实力虽然大幅跃升，但由于一些地方和部门存在片面追求速度规模、发展方式粗放等问题，加上国际金融危机后世界经济持续低迷影响，经济结构性体制性矛盾不断积累，发展不平衡、不协调、不可持续问题十分突出。因此，新时代以来，中

---

[1] 习近平:《把握新发展阶段，贯彻新发展理念，构建新发展格局》,《求是》2021年第9期，第4~18页。

国经济已由高速增长阶段转向新常态，最直观的表现是经济总量呈现 L 型增长，而且面临增长速度换挡期、结构调整阵痛期、前期刺激政策消化期"三期叠加"的复杂局面，传统发展模式难以为继。具体而言，经济新常态在许多方面表现出新变化、新挑战、新特点和新优势。从消费需求来看，过去我国是模仿型排浪式消费，现在消费拉开档次，安全性、个性化、多样化消费渐成主流。从投资需求来看，过去投资空间巨大，现在传统产业和房地产投资相对饱和，新基建、新技术、新业态、新商业模式投资机会大量涌现。从出口需求来看，过去主要国家负债，是拉动全球总需求的动力，我国靠低成本比较优势扩大出口，但疫情之前全球去杠杆、全球总需求不振，而且我国比较优势发生变化，因此出口下降。在疫情影响下，美国又开始加杠杆了，所以中国经济的出口又上升了很多。从生产能力来看，过去长期处于短缺状态，现在传统产业供给能力大幅超出需求，钢铁、水泥、玻璃等产业的产能已近峰值，房地产出现结构性、区域性过剩，各类开发区、工业园区、新城新区的规划建设总面积超出实际需要，因此产业结构必须优化升级，生产效率和资源配置效率必须提升。从生产要素来看，过去有源源不断的新生劳动力，技术差距大，现在劳动年龄人口达峰，能引进的技术大部分都引进了，需要不断提高人力资本质量，加快技术创新。从市场竞争来看，过去主要靠数量扩张、价格竞争、优惠政策，现在必须转向质量型、差异化竞争。从资源环境来看，过去资源和生态环境空间大，现在资源环境承载能力已达上限。从经济风险来看，过去债务规模小、宏观杠杆率不高，现在债务和金融风险逐步显露。从宏观调控来看，过去总需求增长潜在空间大，实行凯恩斯主义的办法就能有效刺激经济发展，比如建高铁、建高速公路，迅速形成了生产力，同时又满足了大家对出行的需求，而现在刺激政策的边际效果明显递减，产能过剩，刺激政策形成的生产力难以消纳。[1]

由于中国进入了新发展阶段，经济进入新常态，加上世界进入百年未有之大变局，"灰犀牛"和"黑天鹅"事件频发，因此中国必须转变原有的发展方式，必须解决"经济结构不合理、资源消耗过多、劳动生产率低下、生态环境遭较大破坏、某些产业和某些产品产能过剩严重"的问题，而且不能再以高速增长为目标，避免错过国内调整结构和改革不合理体制的最佳时机。"十四五"规划不再把 GDP 作为主要指标予以保留，仅将指标值设定为年均增长"保持在合理区间、各年度视情提出"，这是符合新发展阶段和经济新常态的举措。一般来看，政府（包括中央政府和地方各级政府）下达硬性 GDP 增长目标会产生以下四个弊病：一是硬性 GDP 增长目标的制定和下达，往往成为各级政府的压力，它们不顾客观经济形势已经变化，仍为维持既定经济增长目标的实现而竭尽全力，结果导致经济增长质量下降，导致资源浪费和成本上升，并使结构进一步不合理。二是硬性 GDP 增长目标的制定和下达，还将导致产能过剩和政府负债增多，使下一步的经济结构调整更加困难。三是硬性 GDP 增长目标的制定和下达，会迫使宏观经济调控重新走上摇摆不定的老路，使宏观经济调控以微

---

[1] 习近平:《论把握新发展阶段、贯彻新发展理念、构建新发展格局》，中央文献出版社，第 29~32 页。

调、预调为主的方针难以兑现。四是硬性 GDP 增长目标的制定和下达，不符合发挥市场在资源配置中起决定作用的原则，很容易导致行政干预强化、市场规律破坏。因此将 GDP 增长由硬指标改为软指标（比如每年或每季度调整预测值），有利于经济较稳定地增长，把经济工作的重心转到调整结构和提高经济增长质量方面来。[1]

　　这里还需要明确新发展阶段的经济发展红利。红利是指一个国家或地区在特定发展阶段所具有的发展优势，以及利用这种发展优势所带来的好处。改革开放以后，中国经济有明显的人口红利、资源红利和改革红利。在新发展阶段，这些红利还继续存在吗？从人口红利来看，改革开放以来，中国因为有廉价的劳动力，所以经济成本比较低，很多商品能够出口到国外。新发展阶段廉价劳动力消失了，比中国劳动力更廉价的是一些东南亚的发展中国家，如越南、柬埔寨、印度尼西亚，它们发展起来了，承接了产业转移。但中国正在转向技工时代，既比东南亚国家的廉价劳动力有技术，又比发达国家的技工工资低，这就是"新人口红利"。从资源红利来看，新发展阶段中国资源红利已经减少，土地资源没有多少了，矿山资源虽然有但比较少，淡水资源几乎没有了。但是新发展阶段主要的资源不是自然资源，而是智力资源、人才资源、科技资源，这也是当前中国的重要战略，可以称为"新资源红利"。从改革红利来看，改革开放至今，容易改革的部分都改革了，产生了巨大的红利，当前改革进入深水区，虽然是

---

[1]　厉以宁:《论"两个一百年"的奋斗目标和"中国梦"的实现》,《理论学习与探索》2019 年第 6 期, 第 10~13 页。

"难啃的硬骨头"，但是只要坚持继续深化改革，不断调整不适应生产力发展的生产关系，一旦改革成功，就可以激发更大的"新改革红利"。[1]在新发展阶段，中国将跨越中等收入阶段进入高收入阶段，只要充分发挥新的红利，就能顺利跨越"中等收入陷阱"，稳步进入高收入水平国家之列。

2. 坚持高质量发展

中国式现代化进入新发展阶段明确了我国发展的历史方位，那么我们如何推进中国式现代化新征程呢？这是一个方法论的问题，可以归纳为一句话"高质量发展"。改革开放以来，党提出"发展是硬道理"的科学论断。党的十九大提出"我国经济已由高速增长阶段转向高质量发展阶段"。党的十九届五中全会将高质量发展作为"十四五"乃至更长时期经济社会各方面发展的主题。在中国式现代化的新发展阶段，"高质量发展"是我国现代化建设的指导原则和总体思路，可以称为"新时代的硬道理"。

何为高质量发展？从概念看，高质量发展就是从"有没有"转向"好不好"。"好不好"体现在是否贯彻新发展理念，主要体现在：产业体系更加完整、产品和服务质量进一步提高，能够满足人民群众个性化、多样化、不断升级的需求，社会总体的投入产出效率不断提高，分配制度更加体现效率、促进公平，宏观经济循环实现生产、流通、分配、消费各环节循环通畅，国民经济重大比例关系和空间布局

---

[1] 厉以宁：《经济与改革：厉以宁文选 2011-2014》，中国大百科全书出版社，2019，第 199~201 页。

合理，经济发展比较平稳等。

从范围看，高质量发展是整个经济社会系统的高质量发展，"不能有短板"。我国坚持以经济建设为中心，在经历了几十年的高速增长后，人民日益增长的美好生活需要已不仅包括物质生活方面的更高要求，民主、法治、公平、正义、安全、环境等方面的要求也日益增长，满足人民日益增长的美好生活需求，必须在经济、社会、文化、生态等各领域都体现出高质量发展的要求。

从时间看，高质量发展不是一时一事的要求，而是必须长期坚持的要求。在"十四五"乃至更长时期，都务必保持战略定力，坚持高质量发展这一主题，一个五年接着一个五年，在全面建设社会主义现代化国家的征程上砥砺奋进。

从空间看，高质量发展不是只对经济发达地区的要求，而是所有地区都必须贯彻的要求。经济发达地区经历了经济高速发展阶段，需要打破"发展惯性"，通过全面深化改革加快转变经济发展方式，实现高质量发展。经济相对落后的地区要创新思想、因地制宜、扬长补短，结合当地资源禀赋条件，走出适合本地区实际的高质量发展之路。

党的十八大以来，在高质量发展指引下，我国经济发展平衡性、协调性、可持续性明显增强，国内生产总值突破百万亿元大关，人均国内生产总值超过1万美元，国家经济实力、科技实力、综合国力跃上新台阶，我国经济迈上更高质量、更有效率、更加公平、更可持续、更为安全的发展之路。在脱贫攻坚方面，我国以更大决心、更精准思路、更有力措施，采取超常举措，实施脱贫攻坚工程。我国坚持精准扶贫，确立不愁吃、不愁穿和义务教育、基本医疗、住房安全有保障工作目标，实行"军令状"式责任制，动员全党全国全社会力量，上下同心、尽锐出战，攻克坚中之坚、解决难中之难，组织实施人类历史上规模最大、力度最强的脱贫攻坚战。党的十八大以来，全国832个贫困县全部摘帽，128000个贫困村全部出列，近1亿农村贫困人口实现脱贫，提前10年实现联合国2030年可持续发展议程减贫目标，历史性地解决了绝对贫困问题，创造了人类减贫史上的奇迹。2020年，面对突如其来的新冠肺炎疫情，我国坚持统筹疫情防控和经济社会发展，最大限度保护了人民生命安全和身体健康，在全球率先控制住疫情、率先复工复产、率先恢复经济社会发展，抗疫斗争取得了重大战略成果。在保障和改善民生方面，我国在收入分配、就业、教育、社会保障、医疗卫生、住房保障等方面推出一系列重大举措，建成了世界上规模最大的社会保障体系，10.2亿人拥有基本养老保险，13.6亿人拥有基本医疗保险。同时，我国坚持房子"是用来住的、不是用来炒的"定位，加快建立多主体供给、多渠道保障、租购并举的住房制度，加大保障房建设投入力度，城乡居民住房条件明显改善。[1]

3. 构建新发展格局

高质量发展是中国式现代化新征程的总体方法论，具体而言，一方面是要加快构建新发展格局，这是高质量发展的战略选择；另一方面是要深入贯彻新发展理念，这是我国高质量发展的行动指南。

---

[1]《中共中央关于党的百年奋斗重大成就和历史经验的决议（2021年11月11日中国共产党第十九届中央委员会第六次全体会议通过）》，《人民日报》2021年11月17日。

党的十九届五中全会提出要加快构建以国内大循环为主体、国内国际双循环相互促进的新发展格局。新发展格局的落脚点是"格局"，定语是"双循环"。所谓"格局"，就是指构建经济长期健康发展的骨架，优化我国经济的基本格局。构建新发展格局，就是要优化经济发展的供需格局、内需格局、消费格局、分配格局、技术格局、生产格局、空间格局、内外格局，重塑经济持续健康发展的内生性引擎。所谓"双循环"，既指畅通国内生产、分配、需求及其相互之间的循环，也指通过开放促进国内国际双循环相互促进，而不是封闭的国内单循环。

事实上，长期以来，中国经济一直具有"双循环"的特征，大部分行业的生产都离不开进口，大部分行业都有出口。回顾历史，虽然中国经济具有"双循环"的特征，但各个历史阶段，我国的战略重点还是各有侧重的，具体可以分为四个阶段。第一个阶段是改革开放前，这一时期以国内循环为主，进出口占国民经济的比重很小。第二个阶段是改革开放后到 2008 年之前，这一时期以国外循环为主。改革开放后，我国打开国门，扩大对外贸易，并吸引外资。尤其是加入世贸组织后，我国深度参与国际分工，融入国际大循环，形成市场和资源"两头在外"的发展格局，这对我国抓住经济全球化机遇快速提升经济实力、改善人民生活发挥了重要作用。第三个阶段是 2008 年国际金融危机之后到党的十八大之前，这一时期国内循环作用上升。面对严重的外部危机冲击，我国把扩大内需作为保持经济平稳较快发展的基本立足点，推动经济发展向内需主导转变，国内循环在我国经济中的作用开始显著上升。第四个阶段是党的十八大以后，这一时期国内循环占主导地位，逐步构建了国内国际双循环的新发展格局。党的十八大以后，我国坚持实施扩大内需战略，使发展更多依靠内需，特别是消费需求拉动。中国市场和资源两头在外的发展模式已经悄然改变，我国对外贸易依存度从 2006 年峰值的 67% 下降到 2019 年的近 32%，经常项目顺差占 GDP 比重由最高时的 10% 以上降至 2020 年的 1% 左右。截至 2020 年，内需对经济增长的贡献率有 7 个年份超过 100%。

当然，加快构建新发展格局还是国际环境的要求。当今世界正经历百年未有之大变局，资本的逐利性导致美国经济自 21 世纪以来脱实向虚严重，并在 2008 年爆发了金融危机。尤其是发生新冠肺炎疫情以来，世界最主要的特点就是"乱"，而且这个趋势会延续一段时间。国际环境的不确定性冲击了中国产业链安全，传统的"两头在外"模式不可持续，必须加快构建"两个大局""两个循环"。

基于以上背景，从具体抓手来看，构建新发展格局需要"把握一个基点"，即以扩大内需为战略基点，加快培育完整内需体系；"畅通四大环节"，即打通生产堵点、分配堵点、流通堵点、消费堵点；"实现七大循环"，即生产要素流动循环、供给需求动态适配循环、实体经济虚拟经济循环、第一二三产业循环、区域经济循环、城乡经济循环、国内国际双循环（国内促进国际循环，国际促进国内循环）。2022 年 3 月 25 日，《中共中央国务院关于加快建设全国统一大市场的意见》正式发布，进一步明确新发展格局的要求是建立全国统一大市场，而不是各地的小循环。

从具体要求来看，构建新发展格局需要做好以下工作。一是实现科技自立自强，要坚持创新引领发展，坚持问题导向，充分发挥制度优势和市场优势。二是实施扩大内需战略，注重保就业和保市场主体，稳步推进供给侧结构性改革，在合理引导消费、储蓄、投资等方面进行有效制度安排，同时不断扩大中等收入群体，推进共同富裕。三是要提升产业链稳定性竞争力，提高供需体系的韧性，推进更高水平开放，推动"一带一路"建设高质量发展，同时充分运用好数字技术赋能全局的积极作用。

二　贯彻新发展理念

贯彻新发展理念是高质量发展的行动指南，也是关系我国发展全局的一场深刻变革。新发展理念是指创新、协调、绿色、开放、共享的发展理念，这对我国经济高速发展时期的发展理念是一种超越。具体而言，创新是引领发展的第一动力，注重解决动力问题；协调是持续健康发展的内在要求，注重解决发展不平衡问题；绿色是永续发展的必要条件，注重解决人与自然和谐共生问题；开放是国家繁荣发展的必由之路，注重解决发展内外联动问题；共享是中国特色社会主义的本质要求，注重解决社会公平正义问题。

1.创新

在索洛模型中，经济增长可以由要素（资本、劳动力）增长和全要素生产率的增长来解释。全要素生产率增长的主要来源是创新，既包括狭义的创新，比如技术创新，也包括广义的创新，比如制度创新、文化创新、组织创新、人才创新等多个方面。

从历史来看，狭义的创新往往会带来广义的创新，人类发展和社会进步的标志性事件往往最先来源于科技创新，科技创新引发工业革命，并对社会变革和文化创新产生积极影响，进而推动了社会进步。18世纪60年代到19世纪40年代的第一次工业革命，以蒸汽机的发明和应用为主要标志的产业革命，完成了工场手工业向机器大工业的过渡。19世纪中期开始的第二次工业革命，以重化工业及交通运输和通信业快速发展为标志。20世纪中期开始的第三次工业革命，以原子能、电子计算机、空间技术和生物工程的发明和应用为主要标志。还有学者提出世界已经进入以工业4.0时代，人工智能、大数据、云计算、区块链为主要标志的第四次工业革命，以及以绿色革命、能源革命、太空经济、元宇宙为主要标志的第五次工业革命。所有引领工业革命或者把握住工业革命机会的国家，都得益于创新带来的大发展。因此2008年诺贝尔经济学奖得主克鲁格曼认为，全要素生产率不是一切，但在长期中近乎一切。

在中国经济高速发展阶段，经济增长主要依靠加大要素的投入，但高质量发展阶段必须依靠创新作为经济增长的动力。在加入世贸组织之前的2000年，中国的全要素生产率大概是美国的3成，到了2015年，中国的全要素生产率有了进步，但只达到美国的45%，还有相当大的提升空间。因此，在新发展阶段，必须将创新作为牵动经济社会发展全局的"牛鼻子"，立足自主创新，坚持开放创新、协同创新，加强基础研发，让创新在全社会蔚然成风，并推动创新成果不断转化为现实生产力。

2. 协调

协调是指在发展中要注重系统观念，注重发展的整体效能。协调发展主要包括产业协调发展、"新四化"协调发展、区域协调发展、城乡协调发展、物质文明和精神文明协调发展、统筹发展与安全等方面。协调发展理念的特点在于，协调既是发展手段又是发展目标，同时还是评价发展的标准和尺度。

在产业协调发展方面，既要注重三大产业的平衡协调发展，也要注重适应产业结构调整的需要，包括关注新兴产业的发展、清洁循环低碳产业的发展，降低高污染、高耗能以及其他高消耗资源的产业比例等。"新四化"协调发展是指要注重新型工业化、新型信息化、新型城镇化和农业现代化协调共进。区域与城乡发展的不平衡既可能来自于各个地区自然条件和历史文化因素的影响，也可能来自经济体制带来的问题，因此需要发挥社会主义制度优势，打破体制藩篱，通过深化改革、政策倾斜、结对帮扶、补齐短板、挖掘潜力等方式，解决区域和城乡发展不平衡、不协调的问题。物质文明和精神文明的协调发展需要"两手抓，两手都要硬"，只有二者的相互协调才能带来社会和谐红利，这也是最大的制度红利。党的十九届五中全会首次把统筹发展与安全列入"十四五"时期我国发展的指导思想。安全是一个系统的概念，主要包括意识形态斗争、改革进入深水区，拷问着政治安全；增速换挡、转型升级、防患化解重大风险，粮食、能源、战略矿产资源、产业链、基础设施、金融、物流等方面安全和安全生产，考验着经济安全；气候变化、世纪疫情，考量着生态安全；地缘纷争、大国博弈，威胁着国土安全；信息爆炸、网络泄密，挑战着网络安全……因此，需要在发展中树立总体国家安全观，形成集政治安全、国土安全、军事安全、经济安全、文化安全、社会安全、科技安全、信息安全、生态安全、资源安全、核安全、粮食安全等于一体的国家安全体系，应对当下错综复杂的各类发展与安全挑战。

3. 绿色

绿色发展是发展观的一场深刻革命，是永续发展的必要条件和人民对美好生活追求的重要体现，也是潮流所向、大势所趋。

从人类社会发展模式的演变来看，起初都是只重视从自然界索取资源，而不重视环境保护。工业化以前的很长时期内，人类索取资源的数量有限，生存环境总的来说是良好的。工业化以后，逐步出现生态破坏问题。比如燃料问题，浅层煤矿都已采掘完了，为了炼铁和居民生活的需要，便大肆砍伐森林，同时运用工业技术挖掘深层的煤矿，后来又有了石油的大规模开采、天然气的使用和核能的开发，这些都会造成生态破坏。工业化过程中，工厂日益增多，工厂排放的废气、废水、废渣也越来越多。进入 20 世纪以后，尤其是到了 20 世纪中期，接连出现了河流鱼类死亡、田间野鸟死亡、工厂附近居民患病，以及开发沼泽地引起的生态破坏等事件，社会上越来越多的人认识到，如果再年复一年地使环境恶化，使生态遭到破坏，不用说后代子孙无法再在这块土地上生存下去，甚至连这一代人的生存都存在问题。于是从 20 世纪 70 年代起，环境保护成为各国共同关心的问题，绿色发展也被各国政府提上了议事日程。绿色发展，并非不需要经济增长，而是要协调持续经济增长同良好生存环境之间的关系。在各国工业化的探索过程中，曾经出现"先污染再治理"的模式和"边污染边治理"的模式，虽然这两种模式都优于以前长时期内存在的"对污染和治理都不闻不问"的做法，但都遭到社会有识之士的反对，因为环境治理是非常艰难的。因此，必须把环境保护置于发展的前提，也就是实现"经济低碳化"的发展路径。[1]具体而言，一是要在工艺设计、新产品设计方面有较大的突破，减少污染物的排放，减少对环境的负面影响；二是要抓紧新能源和新材料的研究开发；三是要大力发展环保产业；四是要运用市场机制加快推进经济的低碳化；五是要加快形成生态文明的社会氛围。[2]换言之，要坚决摒弃损害甚至破坏生态环境的发展模式，摒弃以牺牲环境换取一时发展的短视做法，要坚持"绿水青山就是金山银山"，通过建立绿色低碳循环经济体系等方式，把生态优势转化为发展优势，在经济发展中促进绿色转型、在绿色转型中实现更大发展。

　　绿色发展还需要加强全球的合作。中国是国际气候公约的重要支持国家，参与并积极践行《联合国气候变化框架公约》《京都议定书》《巴黎协定》的要求。2020年9月，在第七十五届联合国大会一般性辩论上，我国首次提出要在2030年实现碳达峰，2060年实现碳中和的目标，充分体现了一个负责任的发展中大国的担当。因为按照目前的规划，从碳达峰到碳中和，中国准备用30年的时间来实现；而对一般发达国家来说，从碳达峰到碳中和需要花50~70年的时间。中国所用的时间比其他国家更短，任务因此也就更重。

　　为了实现这一目标，中国可谓任重道远，这包括到2030年单位GDP二氧化碳的排放要比2005年下降65%以上，单位GDP的能源

[1]　厉以宁:《经济与改革：厉以宁文选2008-2010》，中国大百科全书出版社，2019，第217~220页。

[2]　厉以宁、傅帅雄、尹俊编著《经济低碳化》，江苏人民出版社，2014，第1~5页。

消耗与二氧化碳的排放也要分别下降 13.5% 和 18%。尽管如此，绿色转型是一个过程，不能一蹴而就，不可能毕其功于一役，要坚持全国统筹、节约优先、双轮驱动、内外畅通、防范风险的原则，并要注意防止以下几个误区：一是减碳不能影响经济增长，否则难以完成减碳任务；二是减碳不能影响能源安全，尤其是要确保民生用能；三是减碳不是能源消费达峰，更不是电力消费达峰，可以新增可再生能源和原料用能。

4. 开放

马克思、恩格斯认为，各民族的原始封闭状态由于日益完善的生产方式、交往以及因交往而自然形成的不同民族之间的分工消灭得越是彻底，历史也就越是成为世界历史。[1] 因此，开放是一个国家经济长期发展的必由之路。但对于社会主义国家而言，在不同时期应该如何处理好对外开放与自身独立的关系，也经历了漫长的探索。从世界现代化历史来看，非原生的资本主义国家，许多是先成为殖民地，之后再成为资本主义国家，这些后发展的国家在现代化过程中不得不依附资本主义世界体系，也被称为"中心—边缘"体系，后发展的国家处于被剥削的地位。社会主义国家的现代化是否一定需要经历资本主义的阶段（也被称之为"卡夫丁峡谷"），并依附资本主义世界体系取得发展呢？马克思认为，可以不通过资本主义制度的"卡夫丁峡谷"，而吸取资本主义制度所取得的一切积极成果。苏联通过创造性的实践证明了马克思的设想，主要就是将世界体系分为资本主义阵营和社会

---

[1]《马克思恩格斯选集》第 1 卷，人民出版社，2012，第 168 页。

主义阵营，实现了自身不依附资本主义世界体系取得工业化的成果，突破了后工业化国家依附性发展的路径，在欠发达的经济基础上逐步实现工业化和现代化，并保持了自身独立性。

中国在苏联的模式基础上再次进行了创造性发展。在改革开放前，确保自身独立性，不依附资本主义世界体系，初步建立了比较完善的工业体系。改革开放后，我国在独立的、比较完善的工业体系基础上，利用了资本主义世界体系，尤其是2001年加入世贸组织后，抓住经济全球化带来的机遇，不断扩大对外开放，实现了经济高速发展。中国的创新之处在于，我国打破了意识形态偏见，强调既要保持自身独立性，也可以利用资本主义世界体系实现现代化发展，既保持了独立自主的现代化发展模式，也保持了科学处理与资本主义世界体系关系的开放性，因此也给其他国家树立了新的榜样。

进入新时代，面对百年未有之大变局，党中央提出加快形成以国内大循环为主体、国内国际双循环相互促进的新发展格局，一方面可以通过畅通国内大循环推动国内经济发展，带动全球经济复苏，另一方面通过持续深化商品和要素流动型开放，稳步拓展规则、规制、管理、标准等制度型开放，进一步提升对外开放的质量和水平，促进高质量发展。新发展格局充分体现了发展内外联动性的辩证统一，是中国对外开放发展的新阶段。

5. 共享

按照马克思、恩格斯的构想，共产主义社会将彻底消除阶级之间、城乡之间、脑力劳动和体力劳动之间的对立和差别，各尽所能、按需分配，真正实现社会共享、实现每个人自由而全面的发展。共享发展就是坚持发展为了人民、发展依靠人民、发展成果由人民共享，通过全民共享、全面共享、共建共享、渐进共享，使全体人民有更多获得感、幸福感、安全感，朝着共同富裕方向稳步前进，这也是社会主义的根本要求。

马克思主义政治经济学的基本理论观点认为生产决定分配，分配反作用于生产。因此，从实践路径来看，共享发展首先要通过全国人民共同奋斗把"蛋糕"做大做好，然后通过合理的制度安排把"蛋糕"切好分好。这是一个长期的历史过程。因此，在现代化新征程上实现共享发展和共同富裕，不是要改变经过改革开放伟大实践建立起来的社会主义基本经济制度，不是要改变改革开放以来形成的、经实践检验证明有效的方针政策，如以经济建设为中心，一部分人、一部分地区先富起来，先富帮后富等，而是要长期坚持"发展是硬道理"。但同时要加快对分配制度的改革，加快推进财税、金融、垄断行业、国资国企、土地制度、户籍制度等改革，消除因所有制歧视、行政性垄断和不公平竞争带来的要素报酬与其贡献偏离，缩小因获得要素机会不同造成的收入差距，缩小因政策或市场准入不同造成的行业间收入差距，缩小因编制内外、体制内外、户籍不同带来的劳动报酬差距等。

在社会主义市场经济体制下实现共享发展，需要科学把握资本的特性和规律。资本不是资本主义的专属物，而是实行社会主义市场经济的必然产物，建设社会主义市场经济，必须有资本。资本的本性是逐利，无论是国有资本、民间资本、社会资本，都是要逐利的，这是资本的行为规律。资本的行为规律，既有促进发展、提高效率的积极作用，也容易带来垄断、恶性竞争、两极分化等消极作用。因此需要为资本设置"红绿灯"，依法加强对资本的有效监管，发挥其积极作用，有效控制消极作用，支持和引导资本规范健康发展，防止资本野蛮生长，但绝不是限制民营企业等非公有制经济发展。

实现共享发展还需要关注弱势群体的发展和保障问题。中国当前已经建成了包括养老、社会救助、医疗等在内的世界上最大的社会保障体系。未来在社会保障方面还需要鼓励制度创新。比如广东建立了"时间银行"制度，鼓励50~60岁左右的人先去照顾80岁以上的老人，照料的时间可以存储起来，等他到80岁的时候，就可以用这个时间兑换下一批50~60岁的人来照顾他，这是共享发展的一种创新制度探索。

促进就业是实现共享发展的重要路径。促进就业，既要注意防止总量性失业，也要注意防止结构性失业，即劳动力供给和企业需求不匹配的失业，一方面企业招不到合适的人，另一方面人们找不到工作。缓解总量性失业，需要保持合理的经济增长，但美国经济学家奥肯认为经济增长和就业增长是不对称的，即不是同时发生的，这也被称为"奥肯定律"，因此还需要大力发展民营企业、鼓励企业迁移到失业率较高的地区等其他政策的配合。缓解结构性失业，一是要加强职业技术培训；二是要鼓励知识技术密集型企业、资本密集型企业、劳动密集型企业并重；三是要鼓励企业向合适地区转移，在产业转移过程中实现区域协调发展、产业升级和解决就业问题；四是要鼓励城乡居民自行创业，发挥他们的积极性和专长；五是要鼓励灵活性就业，作为缓冲剂。

共享发展的最终目标是实现共同富裕。但应当认识到，首先，共同富裕是生产力有较大发展条件下的产物，它不可能同低生产力水平并存。假定经济发展程度低下，那么无论以何种方式进行分配，也无法实现共同富裕，更可能面临的是共同贫困。其次，应当认识到，事物发展的不平衡是普遍规律。由于历史的原因，由于各地区资源分布的不均匀，以及由于各个生产单位和各个劳动者之间内部条件与外部条件的差异，同步富裕是不现实的。共同富裕不等于同步富裕，共同富裕是一个过程，只能逐步实现。最后，让一部分人和一部分地区先富起来，是指通过诚实劳动和合法经营而致富，而不能通过投机或者违法犯罪的形式。[1]在现代化的新征程上，要将高质量发展和促进共同富裕统一起来，正确处理效率和公平的关系，构建初次分配、再分配、三次分配协调配套的基础性制度安排，加大税收、社保、转移支付等调节力度并提高精准性，扩大中等收入群体比重，增加低收入群体收入，合理调节高收入，取缔非法收入，形成中间大、两头小的橄榄型分配结构，促进社会公平正义，促进人的全面发展，使全体人民朝着共同富裕目标扎实迈进。[2]

三　中国式现代化的世界意义

1. 理论意义

长期而言，关于中国式现代化本质特征的理论研究主要有三种观

---

[1] 厉以宁:《厉以宁改革论集》，中国发展出版社，2008，第72~75页。

[2] 习近平:《扎实推动共同富裕》，《求是》2021年第20期，第4~8页。

点：一是"补课论"，二是"趋同论"，三是"创新论"。

　　我国是在生产力比较低下的条件下建立社会主义制度的，这是马克思没有设想的情形，因此我国将马克思主义基本原理与中国国情相结合，提出循序渐进，从社会主义初级阶段逐步过渡到社会主义高级阶段的路径。社会主义初级阶段，人民的生活水平不如资本主义社会，人民的科学文化水平也有待普及和提高，伴随着资本主义发达生产力的意识形态可能会经常侵蚀着人们的意识。由于生产力决定生产关系，我国不能僵化地把社会主义高级阶段的体制完全应用在社会主义初级阶段，而是灵活创新体制机制，在社会主义初级阶段以经济建设为中心，不断提高生产力水平，奠定向高级阶段迈进的基础。于是就有一部分人说，这是在"补资本主义的课"，甚至认为，中国是在落后生产力的基础上建设社会主义的，看来这条道路走不通，所以不得不回转头来"补资本主义的课"，似乎中国要先经过资本主义社会，然后再进入社会主义社会。这一观点是错误的。1840年以来的中国现代化实践已经证明，中国走资本主义道路是走不通的，社会主义初级阶段的生产关系是为了发展生产力，而不可能是去"补资本主义的课"。另一部分人说，当前我们的社会主义市场经济体制和西方资本主义市场经济体制基本相似，尤其在改革深化之后，社会主义同资本主义的区别以后会越来越不明显，社会主义同资本主义在许多方面会越来越接近，因此，中国和西方是"趋同"的。这一观点也是错误的，社会主义国家坚持以公有制为主体和实行按劳分配原则，这是资本主义制度下不可能实行的，是同资产阶级所有制和资本主义分配原则根本对立的。在政治上，社会主义国家坚持人民民主专政，人民是国家的主人，这也是社会主义区别于资本主义的根本标志。在精神文明方面，社会主义国家有共同理想、共同目标、共同道德标准，人与人之间存在着社会主义的新型关系，这也是资本主义社会不可能有的。在我国社会主义经济发展和经济改革的过程中，社会主义与资本主义在经济上、政治上、精神文明上的上述实质性的区别将始终保持着，所以"趋同"是不可能发生的。即使社会主义国家与资本主义国家都以提高生产力为目标，甚至计划与市场相结合的混合经济体制逐步成为主流，社会主义与资本主义的本质特征仍是不同的，比如在资本主义不能摆脱贫富悬殊、两极分化等方面，社会主义是有制度优越性的。因此，"补课论"和"趋同论"都是错误的，中国式现代化是一种"创新论"，是社会主义制度从不完善到完善的发展过程，我国进行的社会主义经济体制改革，是社会主义制度的自我完善，是历史发展的科学要求和必然趋势，目的是为了克服妨碍社会生产力发展的原有经济体制的弊端和缺陷，使社会主义基本制度日益巩固和发展。[1]这与其他国家尤其是资本主义国家的现代化是不同的。

中国式现代化的"创新性"也要求理论的"创新性"，这就包括经济理论的创新、制度理论的创新，乃至各类社会科学理论的创新。历史表明，社会大变革的时代，一定是哲学社会科学大发展的时代。当代中国正经历着我国历史上最为广泛而深刻的社会变革，也正在进行着人类历史上最为宏大而独特的实践创新。这种前无古人的伟大实践，必将给理论创造、学术繁荣提供强大动力和广阔空间。这是一个

---

[1] 厉以宁：《中国经济改革的思路》，中国展望出版社，1989，第49~61页。

需要理论而且一定能够产生理论的时代，这是一个需要思想而且一定能够产生思想的时代，理论工作者不能辜负了这个时代。[1]

在理论创新的过程中，我们还要注意理论成果"东学西渐"的问题。中国式现代化的稳步推进，给世界上那些既希望加快发展又希望保持自身独立性的国家和民族提供了全新选择，为人类对现代化道路的创新探索做出了重要贡献。因此，必须深入挖掘中国式现代化理论成果的世界意义。从已有的理论成果来看，中国的现代化研究和西方的现代化研究有很大区别，中国的现代化研究是立足于本国的需要，因而着眼于本土；西方的现代化研究则把矛头指向别人，想通过学术方式把自己的判断传输给别人。现代化起源于西方，二战后，西方面对一大批新出现的独立国家和新形成的世界格局，一方面想了解这些国家，另一方面想控制这个世界，迫切需要创建一个新的学科，提供新的研究方式和新的视角，西方的"现代化研究"于是应运而生，其目标是影响新形成国家的发展方向，用自己的形象去塑造世界。但中国已有的现代化研究理论成果却是为中国现代化服务的，因此既希望知道各国曾经犯过的错误，也希望知道各国所积累的经验，是用一种批判的眼光观察发达国家的现代化，也从批判的角度考察发展中国家正在经历的现代化。[2]随着中国式现代化进入新发展阶段，未来的中国式现代化理论创新成果则更多需要考虑对其他国家的积极影响，考

---

[1]　习近平：《在哲学社会科学工作座谈会上的讲话（2016年5月17日）》，《人民日报》2016年5月19日。

[2]　钱乘旦、刘成、刘金源：《世界现代化历程：总论卷》，江苏人民出版社，2015，第2页。

虑对世界现代化未来的积极启示，这样中国式现代化理论成果才会更有生命力。

2. 实践意义

中国式现代化是既发展自身、又造福世界的现代化之路，是走和平发展道路的现代化之路。中国式现代化的伟大探索和历程对世界产生了重要的影响，为人类和平与发展贡献了重要力量。

自成立以来，中国共产党始终以世界眼光关注人类前途命运，坚持胸怀天下，在宏阔的世界维度中思考人类前途命运的深刻命题，在推进中国式现代化的同时，为人类和平与发展不断贡献力量。新民主主义革命时期，党团结带领中国人民取得新民主主义革命的伟大成就，在一个人口占全人类四分之一的大国里实现了从几千年封建专制政治向人民民主的伟大飞跃，极大地改变了世界政治力量的对比，既有力地推动了世界被压迫民族和被压迫人民争取解放的斗争，极大地增强了他们反侵略斗争的胜利信心，也有力地推动了维护国际和平事业的斗争，极大地增强了世界和平力量。

新中国成立后，毛泽东提出"中国应当对于人类有较大的贡献。"[1] 为了维护世界和平，中国提出"和平共处五项原则"，同时支持和援助世界被压迫民族解放事业和各国人民正义斗争，反对帝国主义、霸权主义、殖民主义、种族主义。毛泽东还创造性地提出"三个世界"的划分，超越意识形态和社会制度的分歧，联合世界上一切可以联合的力量，结成最广泛的国际反霸权统一战线。为了促进共同发

---

[1] 《毛泽东文集》第 7 卷，人民出版社，1999，第 157 页。

展，中国在现代化建设刚刚起步之时，就积极援助和支持广大亚非拉国家的建设事业。

改革开放以后，邓小平高度关注世界和平与发展问题，提出"应当把发展问题提到全人类的高度来认识，要从这个高度去观察问题和解决问题"，强调"中国和所有第三世界国家的命运是共同的。中国永远不会称霸，永远不会欺负别人，永远站在第三世界一边。"在这一时期，中国坚持走和平发展、开放合作、平等共赢的发展道路，担负大国责任，发挥大国作用，积极促进世界多极化和国际关系民主化，推动经济全球化朝着有利于共同繁荣的方向发展，旗帜鲜明地反对霸权主义和强权政治，坚定维护广大发展中国家利益，推动建立公正合理的国际政治经济新秩序，为维护世界和平、促进共同发展做出了重要贡献。

党的十八大以来，习近平强调"中国共产党关注人类前途命运，同世界上一切进步力量携手前进，中国始终是世界和平的建设者、全球发展的贡献者、国际秩序的维护者"。中国高举和平、发展、合作、共赢的旗帜，积极倡导和推动构建人类命运共同体，推动构建新型国际关系，积极构建全球伙伴关系网络，参与全球治理体系改革和建设，推动共建"一带一路"，为推动建设相互尊重、公平正义、合作共赢的新型国际关系，完善世界经济社会发展和全球治理体系，建设持久和平、普遍安全、共同繁荣、开放包容、清洁美丽的世界做出巨大贡献，中国国际影响力、感召力、塑造力显著提升，中国也成为 G20 等新时期全球治理体系的重要成员之一。尤其是新冠肺炎疫情发生以来，中国积极开展抗击新冠肺炎疫情国际合作，发起新中国成立以来最大规模的全球紧急人道主义行动，向众多国家特别是发展中国家提供物资援助、医疗支持、疫苗援助和合作，展现负责任大国形象，为世界各国人民的生命健康和安全做出重要贡献。

总而言之，从世界意义来看，中国式现代化对世界各个国家既有重要的理论启示，也有重要的实践贡献。当前，中国式现代化又开启了新的征程，新的征程不能简单延续我国历史文化的母版，不能简单套用马克思主义经典作家设想的模板，不能是其他国家社会主义实践的再版，也不是国外现代化发展的翻版，甚至与此前的中国式现代化道路相比也有许多新的要求，仍需要中国在实践中不断探索、不断创新。经验是人创造的，道路是人走出来的。引用厉以宁先生在接受记者采访时的一段话作为结尾，"我不用'中国模式'，因为'模式'往往是固定化的；我用'中国道路'，因为它更容易博采众长。中国发展成就举世瞩目，中国道路丰富了世界发展模式的多样性。中国的经济发展也必然伴随着各种问题，应该一切从实际出发，不相信任何教条，用自己的眼光来进行判断和取舍，不回避发展中存在的问题和来自内外的多重挑战。"这是中国式现代化带给世界的又一重要启示。

结束语　现代化终结于何处？

在本书的最后，我们讨论一个开放的问题，现代化是否会终结？如果会，将终结于何处？这一问题既是一个实证层面的问题，即客观上现代化会向什么方向发展？也是一个规范层面的问题，即现代化应该向什么方向发展？

让我们首先回到马克思主义的科学观点。马克思基于对人类社会发展规律的深刻洞察，展望了共产主义社会的伟大设想，即在高度发达的社会生产力以及与此相关的普遍发展的世界交往的现实性基础之上，在人们科学文化水平、思想觉悟、道德水平极大提高的基础上，实行各尽所能、按需分配原则的劳动者有序自由联合的社会经济形态。在这一形态下，每个人的自由发展是一切人的自由发展的条件，人类从必然王国走向自由王国。马克思的观点可以从两个方面来理解。一方面，共产主义理想的实现有其客观必然性，因为人类最终走向共产主义是以人类社会发展规律以及社会的基本矛盾发展为客观依据的，是一个客观的历史进程。另一方面，共产主义理想的实现有其主观必然性，因为共产主义理想是广大人民群众的共同愿望，人人向往和追求一个没有剥削、没有压迫的理想社会，这种愿望来自人民群众的根本利益和主观需求。这两个方面也可以归纳为两句话："共产主义一定能实现"和"共产主义一定要实现"。从这两个方面来看，马克思既从实证层面对共产主义进行了分析，也从规范层面进行了分析。

那么，我们是否可以说现代化将终结于共产主义社会呢？我们还需要运用马克思主义的科学方法来看待这一问题。从历史发展的必然规律来看，答案是肯定的。但我们也需要知道，马克思所展望的共产主义社会，更多地是指出了未来社会发展的方向、规律、原则和基本特征，而未来社会的具体情形则留给后来的实践去回答。为什么马克思没有提出具体情形呢？其原因在于，马克思主义所揭示的社会形态发展与更替的规律是一般的历史规律，而每种社会形态的形成、发展、更替都是大跨度的历史概念，必须要在漫长的历史过程中才能充分显现出来，甚至这一过程还可能充满艰难曲折，因此不可能把所有的具体情形都设想出来。

事实上，从实践中来看也是如此。马克思主义的理论推断是在生产力高度发达的情况下，资本主义社会向社会主义社会演变。但苏联的具体实践却是在生产力相对比较落后的情况下向社会主义社会演变，这是一种创新。再进一步来看，苏联模式也只是特定历史条件下的产物，虽然在社会主义发展史上，苏联的社会主义模式曾经被神圣化、凝固化，但实践证明，不同国家试图用同样的"一条道路""一种模式"发展社会主义是行不通的，各个国家只有走出适合自己国情的创新道路才能走向成功，这是一个被历史反复证明了的真理。

　　因此，我们可以说现代化最后将终结于共产主义社会，但这是方向、规律、原则、基本特征层面的终结，而不是终结于某一种具体的目标、情形或路径。无论是经济现代化还是制度现代化，现代化追求的是和平、发展、公平、正义、民主、自由的全人类共同价值，但没有实现这些追求的唯一路径或模板化的目标情形。

　　我们还可以用马克思主义政治经济学的基本逻辑来回答这一问题。假定生产力高度发达是各个国家现代化的共同目标之一。从"生产力决定生产关系""经济基础决定上层建筑"的规律来看，伴随着生产力的不断提高、经济基础的不断提升，各个国家的生产关系和上层建筑可能会有一定的相似性，这意味着各个国家现代化的过程会有相似之处。然而，由于"生产关系反作用于生产力""上层建筑反作用于经济基础"，这一互动过程会演变出复杂多样的情形，使得各个国家现代化的过程不可能完全相似，必然各有各的特色。如果生产力高度发达这一目标可以简化为各国基础条件、生产关系、上层建筑和现代化发展路径的函数，那么只要各个国家的基础条件不同，现代化发展路径几乎不可能是一致的。

　　如果把实现现代化目标的过程比喻为一场漫长的旅途，可以更好地理解方向原则与具体情形的关系。比如人们从祖国各地到北京旅行，必须乘坐汽车、火车或飞机等交通工具到达北京车站，在方向和原则方面是相似的。但是到北京旅行这一目标有多种具体情形，有的人只到了天安门，有的人只到了长城，有的人只到了颐和园，这些都是到北京旅行的目标情形。而且每个人的出发点不同，有的从广西出发，有的从上海出发，有的从山西出发，虽然到达北京有快有慢，但是路径并不需要重复，从广西出发的并不需要先到达上海，再转车去北京，也不需要先到达山西，再转车去北京。即使两个人都从广西出发，有的人选择乘坐飞机，有的人选择乘坐高铁，有的人乘坐一段高铁之后再乘坐飞机，路线也是不同的。因此，如果把到北京旅行视为一个现代化的过程，那么现代化的目标和路径既有一定的相似性（都需要乘坐交通工具到北京），也有巨大的差异（旅行的目标地点不同、路线不同、交通工具不同、耗时不同）。

当然，也有人会想，我们是否可以高度抽象地把所有现代化的目标情形和具体路径都穷尽呢？然后根据某一种理论来进行比较，选择一条最优的现代化的路径，这样现代化也可以终结于某一种最优的具体情形了，还可以为世界上的其他国家提供最优的方案和路径。事实上，这是不太可能的。因为在目标实现之前，没有人能预测到未来发生的变化，也没有人能预测到未来的具体情形，更多的是"在探索和发展中前进"。而且所有的重大理论都是在回答时代之问和历史之问，随着时代的发展、问题的变化，理论也在兼容并蓄地发生新的变化，因此，现代化的目标情形不可能终结，现代化的理论不可能终结，现代化的具体路径也不可能终结。正如中国经历了艰辛的探索，才将中国特色社会主义道路作为中华民族最终走向共产主义的必由之路。在中国特色社会主义道路之前，谁能预料到这一新的情形呢？因此，任何一个国家在实现现代化的过程中，都可以发挥各自的创造性，走出适合自身发展的道路，进而向共产主义社会设想的方向原则和美好特征迈进，这一论断或许可以称为现代化的规律。

这是我对这一问题的答案，各位读者，您们认为呢？

跋
十年踪迹十年心

2012 年 2 月，我有幸成为厉以宁先生的学生，至今已有 10 年。

记得那年夏日的一个清晨，天气十分炎热，我从北大中关新园徒步走到蓝旗营拜访厉先生，出了一身汗。"这一屋子书再不整理一下，都没地方站了，乱糟糟的！"师母正看着一屋子书，热得发愁。"要不今天就整理一下？收拾干净了，家里就没这么热了"，我顺口说道。能整理厉先生的书，那可是莫大的荣幸。年轻小伙子说干就干。我小心翼翼地逐一整理，一上午都沉浸在书山中。厉先生和师母看着我满头大汗十分心疼，"你看看有没有想要的书，就拿回家吧"。如获至宝的我竟不知谦让，乐陶陶地挑了一套厉先生的著作，在洒满阳光的路上，拎着两大包书回了家。

没想到，这套书让我得了大便宜。那时，经管学部博士的最大梦想是在国际顶刊发表论文，这主要靠阅读浩如烟海的论文而不是著作，因此常被人称作"满腹经纶皆 paper，博士原来不读书"。但我刚

厉以宁先生指导作者研究（2016 年 2 月 11 日）

翻开厉先生的著作，就被深深吸引了。此后很长一段时间，我都在读厉先生的书，暂停了读论文、写论文的循环日子，完全沉浸在厉先生的精神世界里，品读着深邃的思想，感叹着自己曾经的无知。后来我深刻体会到，倘若不是读了厉先生的书，那我可能至今还不能掌握经济学的整体性分析框架；倘若没有这一框架，那也绝不可能写出真正有价值的论文。

后来，我从图书馆、书店、出版社多方寻找，搜集了厉先生全套的著作，最早的一本是三联书店 1956 年出版的厉先生以笔名翻译的《赫尔岑和奥加略夫的经济观点》。我下定决心通读这些珍贵的著作，并制定了系统的研读计划。这真是个浩大的阅读工程，而且先生每年还有新书出版，我的读书速度居然比不上他的新书出版速度。十年如烟，我从一名北大学生成长为一名北大的教师，如今终于通读了这些著作（书单见附录），有的书还读了多遍，并记录了许多学习感悟和读书心得。在研读的过程中，我深深折服于厉先生的思想深度和广度，于是秉着奇文共欣赏、疑义相与析的初心，在入门十周年之际，把这些学习感悟和读书心得系统地整理成此书，既记录跟随厉先生学习的"十年踪迹十年心"，也纪念与厉先生的十年师生情谊。

厉先生是我景仰的大师，是我一生学习的楷模，更为巧合的是，我与先生还是同乡。记得 2012 年 5 月，先生回江苏调研，让我同行，并对我说，"我是扬州人，你是泰州人，自古是同乡，1996 年之后才调整了行政区划，我这次要回扬州调研，你和我一起回家乡看看吧。"我有幸在厉先生身边耳濡目染地学习了 10 年，无论是陪着先生出差、调研，还是上课、开会，或是一起做家乡饭、聊聊天，总会想起"阳春布德泽，万物生光辉"，人生有此机缘，何其幸也！厉先生不仅耐心地教给我经济学理论知识，还以自身言行教育我怎么做一个好学者，我初步归纳为五个方面，与诸君共享。

一者，学术志向远大。厉先生曾寄语年轻人两句箴言，"一要有远大的理想，二要坚持不懈"。厉先生认为，虽然北大大师云集，但学者要有青出于蓝而胜于蓝的远大学术志向，要有"板凳要坐十年冷，文章不写一句空"的执着坚守，要立志做大学问、做真学问。吾辈之人，不能功利地追求短视而忘记了远大志向，要立足先贤的思想基础，在理论和方法方面继续持之以恒地向前推进，努力创造解释中国又能解释世界、指导中国又能指导世界的创新性理论。

二者，关注国是之要。好的学者，既要成为理论专家，又要成为政策专家，要用理论为中国现代化建设做出积极贡献。中国经济体制改革之初，厉先生就力排众议，率先提出"企业改革主线论"，提出对国有企业进行股份制改革，使无数国有企业重获活力。吾辈之人，不能把研究领域局限在细枝末节、无关痛痒、过于抽象、迎合西方的小问题上，而要关注国是之要，关心党和国家发展的大问题，大胆假设，小心求证，科学建言，始终围绕国家现代化建设不遗余力。

三者，视野格局宏大。好的学者，必须厚积薄发、格局宏大，要善于从哲学高度思考问题，对古今中外融会贯通，理论联系实际，写出的文章才有深刻洞见。厉先生涉猎广泛，对多个学科知识都有研究，勤于开展实地调查，足迹遍布全球各地，他完成的几部经济史宏篇巨著，充分体现了其宽广的视野和深厚的底蕴。吾辈之人，不能让某一种范式或方法论限制了研究的深度和广度，要兼具马克思主义哲学之高度、中华优秀传统文化之深度、古今中外之广阔视野、和而不同之宏大格局，方能以深刻思想洞察世界、以宏大格局影响政策。

四者，言行堪为世范。好的学者，学为人师，行为世范，为人正派，总是以最高标准要求自己。厉先生一生无私，秉着"此身甘愿做人梯"的精神培养人才，桃李满天下，九十高龄还在课堂授课。先生对学生疼爱有加，我读书时总是留我在他家里吃饭，在我结婚时还特地为我写了《人月圆》的贺信。先生有超乎常人之勤奋，笔耕不辍，著作等身，发表的文章更是不计其数，还以笔名"季谦""孟援""山外山"写书撰文。一次，我陪先生参加活动，在车上与先生聊天，先生问，"你说我现在最重要的是什么？"我说，"健康"。他说，"是time，我还有许多事情要做"。那年先生 84 岁，但在我眼里，他根本

厉以宁先生夫妇与作者夫妇（2018 年 11 月 17 日）

不像一个耄耋老人，似乎永远处在一个学者的盛景年华。吾辈之人，必须严于律己，以身作则，常思常省，既要做到事事率先垂范，勤奋不息，弘扬正能量，又要关心关爱学生，将立德树人作为头等要事。

五者，处世乐观豁达。好的学者，往往对人生有超常之见。世界的核心规律是辩证法，要保持乐观豁达的心态。厉先生常说，"心宽无处不桃源，坏事也能变好事，失财免灾"，这既是世界的辩证法，更是一种乐观主义心态。无论是年轻时身处逆境，还是后来秉持前沿的改革观点遭到质疑，先生总是坦然一笑，从不怨天尤人。先生和师母感情十分和睦，从未红过脸，总能以积极心态面对风雨，一路相互扶持，相互关爱。吾辈之人，立志做一流学问，遇到工作和生活上的一切困难，皆要辩证看之，乐观处之，豁达待之，一笑了之，方能无难不克。这种心态不仅影响自己，还能影响他人，造福他人。

这本书得以完成要感谢很多人。

本书的最初结构框架来源于我 2019 年合作完成的《经济学理论和中国道路——厉以宁经济学思想述评及其对发展中国哲学社会科学理论的启示》一文，我送给厉先生斧正，先生看完后说，框架和内容都写得挺好的，光华管理学院正在汇编一本文集，这篇文章可以放在文集当中。这本文集就是后来出版的《一生治学当如此：厉以宁经济理论述评》一书。有了这篇文章的框架雏形，我开始动笔撰写本书，在写作过程中曾就书中有关内容多次向厉先生和师母请教，总是得到他们的鼓励和指导。有时早上九点就到了先生家，我们一直聊到午饭之后，直到保姆多次提醒要午休了，才结束。

本书初稿完成后，有幸得到了著名经济学家张卓元先生、北京大学龚六堂教授、韩毓海教授等师长的殷切指导和热情推荐。受何玉春师母的委托，北京大学经济学院梓材讲席教授平新乔先生对本书主要内容进行了耐心指导，并为本书做序。本书的出版得到了北京大学人文社科人才启动项目（7100603698）的大力支持，并得到了习近平新时代中国特色社会主义思想研究院王浦劬院长和孙熙国、孙蚌珠、李琦、黄宇蓝等诸位领导和同事的悉心指导和帮助。我在为北京大学研究生开设的"新时代经济理论与实践"等课程上讲过书中的主要内容，同学们提出了许多好的意见。我还为人民日报社、中国科学院、国家开发银行等单位就本书的主要观点作过专题报告，得到了广大听众的鼓励和一些建议。本书写作过程中，还有幸得到了全国政协教科卫体委员会驻会副主任丛兵以及人民政协报社、北京大学党委宣传部、北京大学校报编辑部诸位老师以及各位师兄弟的指导和帮助。社会科学文献出版社经管分社的恽薇社长十分关心和支持本书的写作，为本书的出版付出了大量的心血，梁艳玲社长也为本书的出版提供了诸多支持。

在此，谨向以上同志致以诚挚的谢意。

最后，还要特别感谢我的父母和家人，尤其是妻子王天舒，她是最早知道我要写这本书的人，也是本书初稿的第一位读者。虽然她的专业不是经济学，但她的睿智经常带给我很多启发，她还细心地照顾我的生活，让我心无旁骛地写下这本著作，这本书也饱含着她的付出和期待。

由于作者水平有限，书中观点或有不准确或不当之处，恳请读者来信至 jyin@nsd.pku.edu.cn 批评指正。

尹　俊

2022 年 9 月于北京大学朗润园采薇阁

附　录
厉以宁中文著作目录 [1]

序号	时间	书名	类别	主题
1	1979	论加尔布雷思的制度经济学说	专著	经济学理论
2	1980	宏观经济学与微观经济学	合著	经济学理论
3	1982	当代资产阶级经济学主要流派	合著	经济学理论
4	1982	工业区位理论	合著	经济学理论
5	1982	二十世纪的英国经济——"英国病"研究	合著	经济史
6	1983	经济学常识（经济学说史部分）	合著	经济学理论
7	1983	现代西方经济学概论	合著	经济学理论
8	1984	关于经济问题的通信	专著	经济学理论
9	1984	教育经济学	专著	经济学理论
10	1984	西方福利经济学述评	合著	经济学理论
11	1984	消费经济学	专著	经济学理论
12	1985	简明西方经济学	专著	经济学理论
13	1986	厉以宁经济论文选：西方经济部分	专著	经济学理论
14	1986	社会主义政治经济学	专著	经济学理论
15	1986	体制·目标·人——经济学面临的挑战	专著	经济学理论

[1]　该目录未包含主编、合编、译著及非经济类书籍，再版著作只计为 1 本。

序号	时间	书名	类别	主题
16	1986	微观宏观经济学的产生和发展	合著	经济学理论
17	1987	经济体制改革的探索	专著	中国经济
18	1988	国民经济管理学	专著	经济学理论
19	1988	厉以宁选集	专著	中国经济
20	1988	西方就业理论的演变	合著	经济学理论
21	1989	中国经济改革的思路	专著	中国经济
22	1989	当代西方经济学说（上、下）	合著	经济学理论
23	1989	中国经济往何处去	专著	中国经济
24	1990	非均衡的中国经济	专著	中国经济
25	1991	走向繁荣的战略选择	合著	中国经济
26	1992	怎样组建股份制企业	合著	中国经济
27	1992	中国经济改革与股份制	专著	中国经济
28	1994	股份制与现代市场经济	专著	中国经济
29	1994	西方经济学基础知识	合著	经济学理论
30	1995	环境经济学	合著	经济学理论
31	1995	经济学的伦理问题	专著	经济学理论
32	1996	经济·文化与发展	专著	经济学理论
33	1996	转轨与起飞——当前中国经济热点问题	专著	中国经济
34	1996	转型发展理论	专著	经济学理论
35	1997	宏观经济学的产生和发展	专著	经济学理论
36	1998	经济漫谈录	专著	中国经济
37	1998	厉以宁九十年代文选	专著	中国经济
38	1999	市场经济的足迹	专著	中国经济
39	1999	超越市场与超越政府——论道德力量在经济中的作用	专著	经济学理论

序号	时间	书名	类别	主题
40	1999	面对改革之路	专著	中国经济
41	2003	厉以宁北京大学演讲集	专著	中国经济
42	2003	资本主义的起源——比较经济史研究	专著	经济史
43	2004	凯恩斯主义的发展和演变	合著	经济学理论
44	2005	厉以宁经济评论集	专著	中国经济
45	2005	厉以宁论文精选集	专著	中国经济
46	2006	罗马—拜占庭经济史	专著	经济史
47	2007	论民营经济	专著	中国经济
48	2008	厉以宁改革论集	专著	中国经济
49	2008	厉以宁自选集	专著	中国经济
50	2009	难忘的岁月	专著	经济史
51	2010	工业化和制度调整——西欧经济史研究	专著	经济史
52	2010	西方经济史探索	专著	经济史
53	2010	中国经济改革发展之路	专著	中国经济
54	2011	厉以宁论文选	专著	中国经济
55	2013	中国经济双重转型之路	专著	中国经济
56	2013	希腊古代经济史	专著	经济史
57	2014	经济低碳化	合著	中国经济
58	2014	山景总须横侧看——厉以宁散文集	专著	经济史
59	2015	欧洲经济史教程	专著	经济史
60	2015	西方宏观经济学说史教程	专著	经济学理论
61	2015	一番求索志难移	专著	中国经济
62	2015	只计耕耘莫问收	专著	中国经济
63	2015	厉以宁经济史论文选	专著	经济史
64	2017	大变局与新动力——中国经济下一程	专著	中国经济

序号	时间	书名	类别	主题
65	2018	低碳发展宏观经济理论框架研究	合著	中国经济
66	2018	改革开放以来的中国经济：1978–2018	专著	中国经济
67	2018	文化经济学	专著	经济学理论
68	2019	经济与改革：西方经济学说读书笔记（上）	专著	经济学理论
69	2019	经济与改革：西方经济学说读书笔记（下）	专著	经济学理论
70	2019	经济与改革：厉以宁文选（1980~1999）	专著	中国经济
71	2019	经济与改革：厉以宁文选（2008~2010）	专著	中国经济
72	2019	经济与改革：厉以宁文选（2011~2014）	专著	中国经济
73	2019	经济与改革：厉以宁文选（2015~2017）	专著	中国经济
74	2019	新形势下农垦改革发展重大战略问题研究	合著	中国经济
75	2019	中国道路与中国经济发展70年	合著	中国经济
76	2019	广东省深化金融改革的战略布局研究	合著	中国经济
77	2020	改革与突破——厉以宁九十年代经济漫谈	专著	中国经济
78	2020	厉以宁学术自传	专著	经济史
79	2021	实体立国	专著	中国经济
80	2021	沉沙无意却成洲：中国经济改革的文化底色	专著	经济学理论

图书在版编目(CIP)数据

经济学理论与中国式现代化：重读厉以宁 / 尹俊著
. -- 北京：社会科学文献出版社，2022.10（2024.3重印）
ISBN 978-7-5228-0558-0

Ⅰ.①经⋯　Ⅱ.①尹⋯　Ⅲ.①社会主义经济－经济学
－研究－中国②现代化建设－研究－中国　Ⅳ.
①F120.2②D61

中国版本图书馆CIP数据核字（2022）第150088号

经济学理论与中国式现代化
　　——重读厉以宁

著　　者 / 尹　俊

出 版 人 / 冀祥德
责任编辑 / 恽　薇　孔庆梅
责任印制 / 王京美

出　　版 / 社会科学文献出版社·经济与管理分社（010）59367226
　　　　　　地址：北京市北三环中路甲29号院华龙大厦　邮编：100029
　　　　　　网址：www.ssap.com.cn
发　　行 / 社会科学文献出版社（010）59367028
印　　装 / 三河市尚艺印装有限公司

规　　格 / 开　本：787mm×1092mm　1/16
　　　　　　印　张：24.75　字　数：291千字
版　　次 / 2022年10月第1版　2024年3月第3次印刷
书　　号 / ISBN 978-7-5228-0558-0
定　　价 / 98.00元

读者服务电话：4008918866